JN105430

史上最高の航空機設計者

ケリー・ジョンソン 自らの人生を語る

クラレンス・〝ケリー〟・ジョンソン
マギー・スミス
高田 剛 訳

Kelly

More than My Share of It All

by Clarence L. "Kelly" Johnson
with Maggie Smith
Translated by Takada Tsuyoshi

プレアデス出版

史上最高の航空機設計者　ケリー・ジョンソン　自らの人生を語る

妻のナンシーに捧げる

KELLY
More than My Share of It All
by Clarence L. Kelly Johnson with Maggie Smith

Copyright ©1985 by Smithsonian Institution
All rights reserved including the right of reproduction in whole or in part in any form.
This edition published by arrangement with Smithsonian Books through Susan Schulman Literary Agency LLC, New York, and through Tuttle-Mori Agency, Inc.

クラレンス・L・ケリー・ジョンソン

◉目　次

この本を読まれる方に

この本を手に取られた方の多くは、航空機に詳しい方を除けば、この本の主人公である「ケリー・ジョンソン」とはどんな人物だろうと思われるかもしれません。簡単に言えば、ジョンソンは、彼の活躍した時代だけでなく、これまでの全ての時代を通して、最高と評価されている、偉大な成果を残した航空機技術者、設計者、製作者です。それは、この本の付録に示されている、ほぼ五〇の賞や表彰を受けている事にも表わされています。ウェブスターの辞書では、「天才とは、並外れた知的能力の持ち主であり、とりわけ、その能力を創造的な活動で実証した人」と定義されています。本人は否定するでしょうが、この言葉は彼にぴったりだと感じます。

しかし、航空機はこの本の内容の全てではなく、最も重要な要素でさえないかもしれません。しかし、強い個性で偉大な実績を残してきたジョンソンが、自分の言葉で率直に自分の人生を語っているこの本で、航空機は重要で全体を通しての背景となっている要素です。この本では彼は控え目に語っていますが、内容を誇張したり飾り立てず、事実そのもので理解してもらおうとする技術者の気持ち

米空軍准将（退役）　レオ・P・ゲアリイ
コロラド州デンバー　一九八四年

を、読者にはご理解いただきたいと思います。

私がケリー・ジョンソンに初めて会ったのは一九四五年九月でした。それ以来、一九五五年から一九六六年までのほぼ一一年以上を、スカンクワークスでジョンソンとほぼ毎日一緒に仕事をすると言う、素晴らしく楽しく、恵まれた、啓発的な時間を過ごす事が出来ました。この一一年間の最初の頃に、U-2偵察機の構想設計が始まりました。この機体の開発は米国の納税者にとってとても安くついた開発計画でした。その後、さまざまな開発計画に関与しましたが、最後は、迎撃機として開発され、量産されるべきだったのにされなかったYF-12戦闘機の開発計画と、あの圧倒的な存在である「ブラックバード」SR-71偵察機の開発の最初の四年間を担当しました。私にとってこの期間は、かけがえのない、有益な経験でしたが、残念な事にこのような経験をする事はもはや米国ではできないと思われます。端的に表現するなら、ケリー・ジョンソンの真の価値は、彼が成し遂げた事にあるのではなく、それをどのように実現したかにあります。彼のやり方はたいていの場合、いわゆる通常の「開発実行方式」ではなく、むしろそれにとらわれない、通常の方法とは異なる開発実行方法でした。

U-2偵察機とSR-71偵察機は、開発期限と開発予算の枠を守って完了させたスカンクワークスの開発計画の実例です。否定的に見る人もいますが、スカンクワークスはケリー・ジョンソンの着想で生まれ、サム・ナン上院議員からは全く他にはない国家的な資産と称賛され、デビッド・パッカード前国防副長官に国家的に貴重な資産と言われた時も有りましたが、今では本来の姿を失っているように思われます。これは米国にとって、言い訳のできない、無意味な損失です。賢明なる読者諸兄は、スカンクワークスの存在意義とともに、なぜ現在そのあり方が変化してしまったのかをお考えいただきたいと思います。

スカンクワークスについて、またその他の多く事が、この人並み外れた業績を残した、素晴らしい設計者自身が語ったこの本に描かれています。

序文

マギー・スミス
カリフォルニア州　シャーマン・オークス

クラレンス・「ケリー」・ジョンソンは、大型で大胆な設計の「ブラックバード」SR‐71偵察機やYF‐12戦闘機の設計者です。これらの機体は専門家達がそれは不可能だと言っていた頃にも、極秘のうちに音速の三倍の速度の飛行を行っていました。また、彼は優雅でグライダーのようなU‐2偵察機も設計しましたが、この機体は「二万四〇〇〇メートル以上」とされる高度に達するを事が出来ました。

ジョンソンはまた米国最初の実用ジェット戦闘機であるF‐80シューティングスターも設計しました。第二次世界大戦における、双胴型の独特の形状をしたP‐38迎撃戦闘機は、主翼の前縁を流れる気流が音速を越えるために生じる「圧縮性」の影響に遭遇した最初の機体でした。彼は四〇機種以上の機体の設計に関与し、その半分以上は彼のオリジナルな設計でした。

彼は各種の航空機設計に関する賞を数多く受章していますが、中には二度も三度も受賞した賞もあります。それらの賞には、アメリカ国家科学賞、国家安全保障褒章、そして合衆国大統領が民間人に

1983年、国家安全保障褒章をロナルド・レーガン大統領から授与される。
中央は夫人のナンシー・ジョンソン。

授賞する最高の賞である大統領自由勲章が含まれています。

ジョンソンの秘密工場、「スカンクワークス」の正式な名前は「先進技術開発プロジェクト」ですが、革新的な設計の機体を、最小限の期間で、秘密を保って開発した実績で世界的に有名です。「速やかに、粛々と、期限内に」がスカンクワークスのモットーです。

ソ連が一九六〇年に赤の広場で、パワーズ飛行士が乗ったU‐2偵察機の撃墜された残骸を一般に公開した時の、報道各社がその写真を見せた時のジョンソンの対応は、いつも通りのきっぱりとして分かりやすいものでした。ジョンソンは「違う違う、これはU‐2ではない。」とはっきりと断言しました。

ソ連は国土の上空を高々度で偵察飛行するＵ - ２偵察機に何年も手が出せませんでしたが、その時は撃墜に成功しました。しかし、ジョンソンはその残骸の展示がソ連の演出であることを見抜いて、それがＵ - ２機の残骸である事を否定しました。設計開発作業だけでなく、機体の製造状況も工場で見ていたので、ソ連が展示した残骸がＵ - ２偵察機のものではない事が一目でわかったのです。

この尊敬を集めている設計者に対しては、その個性ゆえに尊敬する人もいれば、好きでない人もいる事は事実です。

四四年間働く事になる会社に新入社員として入社したその日に、上司に向って、民間旅客輸送の分野へ参入するために会社が新規開発している全金属製の機体は空力的に不安定だと言い放ちました！　この種の不安定性は一九三〇年代の航空機では一般的に許容されていました。しかし、この若い技術者は、彼が在学していたミシガン大学がその機体の風洞試験を委託された時に、試験の実施を担当していたのです。風洞試験の指導をしていた教授は、試験で判明した不安定性は許容できるとの意見でしたが、ジョンソンはがんとして同意しませんでした。会社の上司、先輩もその不安定性は許容できると考えていました。しかしジョンソンは同意しませんでした。もちろん彼が正しかったのです。彼の意見で再設計した機体は、一九三〇年代から一九四〇年代に世界的にロッキード社を有名にした、ロッキード製双垂直尾翼の輸送機の長い歴史の始まりとなった機体でした。彼のこうして個性的な言動のため、ロッキード社の技術部内で、彼はすぐに「頑固者」のあだ名で呼ばれる事になりました。

ケリー・ジョンソンはいつも自分の原理原則に従って行動しました。

一九五〇年代の初頭に、米海軍が垂直離着陸可能な機体の開発を計画し、ロッキード社はその機体の開発を受注しましたが、当時のエンジンの出力の大きさを考えると、この種の機体は安全ではないとして、彼は米海軍に開発は中止すべきだと率直に進言した事が有ります。

彼は一九五〇年代の後半に、水素燃料を用いる機体の開発を断った事もあります。この技術は、当時としてはあまりにも進んだ技術でした。契約で初期検討を行った所、スカンクワークスの彼の後継者の表現を借りれば、「太っちょの機体」になることが分かったので、ジョンソンは開発を断りました。

彼はU‐2偵察機の開発では、契約金額は二〇〇〇万ドルでしたが、余ったからと二〇〇万ドルを政府に返した事が有ります。しかも、契約では二〇機を製作する事になっていましたが、契約金額の枠内で更に六機を製作してしまったのです。

「僕は一二歳の時から、自分が何をしたいのか分かっていたよ。」とジョンソンは言っています。

現在ではジョンソンは正規の業務からは引退しましたが、ロッキード社の顧問はしていて、スカンクワークス内に部屋を持っています。彼はまだ忙しく働いていますが、仕事を始める時間は、現役の時のように午前六時ではありません。午前六時に出社していたのは、三時間の時差がある東海岸にある顧客の事務所と連絡を取るには良い時間だったからです。

この本は航空の歴史や特定の機体の開発の経緯を対象とした本ではありません。この本は彼が働いた時代にあって、偉大な航空機設計者だったケリー・ジョンソン自身が、自らの人生を語った内容を記録したものです。

第1章　貧しくとも志は高く

真冬のミシガン州北部は、その地で新しく生活を始めようとする若い移住者にとっては、寒くて厳しい環境の土地だった。私の父は意図的にこの土地を選んだのではなかった。

一八八二年、二四歳だった私の父であるピーター・ジョンソンは、生まれ育ったスウェーデンの小さな町マルモに婚約者のクリスチーヌ・アンデルソンを残して、より良い生活を求めてアメリカ合衆国へ旅立った。スウェーデンは国民皆兵制度を採っていた。父は間もなく陸軍に徴兵される予定だったが、軍隊には行かないと決めたのだ。

彼は働いて貯めた六〇〇ドルで、ネブラスカ州で土地を購入する事にした。中西部の豊かな土地に将来を賭けるつもりだった。

シカゴまで行った時に、「新世界」で待っていたのは明るい未来ばかりではない事を思い知らされた。シカゴで知り合った連中が悪い人間だった。文字通り船から降りたばかりの、世間知らずの外国人を食い物にしようとする連中が何人かいた。ピーター・ジョンソンはネブラスカの農場を購入する費用だと信じて、彼らに六〇〇ドルを支払った。新しく知り合いになった連中は彼を汽車に乗せた。ネブラスカ州行きではなく、ミシガン州北部行きの列車だった。ピーターはマーケットと言う町で汽車を降りた。季節は冬で、ネブラスカ州にしてはひどく寒いと彼は思った。

だまされた事が分かった時、彼はこの見知らぬ土地でどうやって生きていくのかを考えなければならなかった。彼の本業は石工だったが、この真冬に見つかった唯一の仕事は、鉄道線路の枕木の敷設作業だけだった。彼はその仕事に就き、やがてその土地の建設業者を見つけて、煉瓦職人として働く事にした。

ピーターがクリスチーヌを呼び寄せる事が出来たのは数年後だった。二人は結婚し、マーケットから近い、鉱山町のイシュペミングに住んだ。私は一九一〇年二月二七日にその町で生まれた。

私、クラレンス・レオナルド・ジョンソンは、九人兄弟の七番目の子供だった。一家はとても貧しかった。子供達は全員、成長するのに合わせて、家計を助けていた。

生まれ故郷についての最初の記憶は、そこがとても美しい場所だったことだ。貨車に鉄鉱石を満載した貨物列車が、東や西に走って行くのが町の高台から見えたが、それさえもとても美しく見えた。私は森の中に小さな隠れ家を作り、夏でも冬でも、犬のプトシーを連れてそこへ行っていた。

私達は住まいを三回変わったが、どれも借家で大きな家だった。最後の家は良く憶えている。緑色に塗った大きな木造の家で、サミット通りの丘の上にあった。その家は冬にはとても寒かった。薪ストーブの薪を補充するために、父は晴れた日に、持ち馬のマックを小型のそりに繋いで、七、八キロ離れた森へかばの木を切りに行っていた。私は八歳になるころには、父親に付いて行くようになった。あまりにも寒いので、母はお湯を入れた水差しで私の足を温めてから、服を一杯着せてくれた。母はバケツ型の保温容器に、お弁当用に暖かいコーヒーとサンドイッチを入れてくれた。父と私は倒木を探した。薪にするにはそれが一番手間がかからないからだ。木挽き用の鋸を使う時には、片方の端を私が引いて父の手助けをしていた。しかし、父はたいていは斧で木を切っていた。作業が終わると、一輪車で三杯分以上の薪をそりに積んで、一仕事を済ませた楽しい気分で家に帰った。毎年、クリスマスツリーも森で採取した。こうした遠出では、だれにも会った事はなかった。この一帯は住んでいる人は少なかったのだ。

家には薪ストーブと石炭ストーブがあり、料理と暖房に使っていた。その石炭も、線路から拾ってきてお金を節約していた。列車はいつも石炭をこぼしていくので、南京袋に一袋拾えば、一日分には十分だった。姉のアリスと私は学校が終わった後に、それぞれにそりと南京袋を持って行って石炭を拾っていた。機関車の機関士は我々の事を知っていて、汽車から落ちている石炭が少ない時には、少し石炭を落としてくれる事もあった。

冬の寒さが厳しいので、父の仕事ははかどらない事が多かった。レンガに雪が積り、凍りつくので、レンガを積めないのだ。しかし、比較的暖かい日には、古いドラム缶を利用して仕事をしていた。ドラム缶の底に通気用の穴を開け、中で薪を燃やし、その周囲に凍ったレンガを並べるのだ。レンガが暖まると、再び凍りつく前に、できるだけ急いでレンガを積んだ。仕事はいつも天候しだいだった。

しかし、条件さえ良ければ、父は一日にレンガを二〇〇〇個も積む事ができた。

母は家族の面倒を見たり、家事をするのに加えて、賃仕事もした。町の裕福な家庭の洗濯を引き受けていた。バスケットに一杯分の洗濯物で二ドルもらえた。毎日、母は洗濯をした。洗濯機はないので、洗濯板を使って手で洗濯したのだ。家の地下室は洗濯物を干せるほど広くなかったので、夏でも冬でも洗濯物は外に干していた。

冬は当然ながら洗濯物は凍りつくので、アイロンをかけて乾かさなければならなかった。姉のイダ、フレダ、アグネスは母の仕事を手伝った。私も手伝った。私は毎週、最低でも二回は洗濯物の受取りと配達を、荷車か冬はそりで行った。私はそれを他人に見られるのが嫌だった。セント・ジョージの祭日のパレードで、大通りが人で一杯だった時の事は良く覚えている。私は家まで、ずっと裏道を通って帰った。その時には、将来、イシュペミングに帰ってくる事があれば、裏道ではなく表通りを歩けるようになろうと決心した。

私はイシュペミング郊外の森が大好きだった。町の南東の森の中に、自分だけの秘密の場所を見付け、いつもそこへ行っていた。気温がマイナス一〇度を下回る日にも出掛けていた。火は焚かずに、木々が寒さでピシピシと音を立てるのに聞き入り、狐や他の動物の足跡が雪の上に残っていないか探した。兎を追いかけたりもした。私は差し掛け小屋の作り方を探検家の本を読んで知った。松の太い枝を切って、直径が五、六センチの頑丈な枝を二本の木の間に渡し、そこに枝を編んで立てかけた。枝を縦にして置くと、小枝が重なって屋根の役割をする。こうして雨でも濡れない隠れ家が出来た。同じ様に、枝を編んで床にした。前側は開けっぱなしにして、動物を眺める事ができるようにした。隠れ家には食べ物を少し置いていた。たいていはパンとバターだけで、それをブリキの缶に入れて蓋をしていた。犬のプトシーを連れて行った時は、それを犬と分けて食べた。私は毎年、差し掛け小屋を作り直した。夏になると小屋は崩れ落ちたり、乾いてぱさぱさになって雨を防げなくなるからだ。差し掛け小屋は、兄のエミルから斧を借りれば、一日で作る事ができた。

学校にはいつも興味があった。学校へは喜んで行っていて、一番で学校に入れるように早い時間に登校していた。しかし、私より後に来て、私を押しのける生徒がいた。しかも彼は私をクラレンスではなく、女の子のようにクララと呼ぶ間違いを犯した。彼はセシルと言う名前だった。彼は少しのろまだったが、まずい事に私より三〇センチも背が高かった。そのため、彼と決着を着けようと思ったが、その時のために何か策を考えておく必要があった。

休み時間に、口論ではなく力づくで決着をつける事になった。他の子供達は我々二人を対決させた。相手をやっつける方法は一つしか無い事は分かっていた。そこで、私は彼の膝の後を蹴って彼を倒し、その上に飛び降りた。ぱきっと大きな音がした。彼の足の骨が折れたのだ。

校長のランシー女史と二年生の担任のハス先生は、どうしたら良いのか分からなかった。セシルは足の骨が折れて倒れているし、私は意図的にやった事を認めていた。先生は私の手の甲を物差しで叩いたが、強く叩いたので物差しが折れてしまった。しかし私は泣かなかった。その事で他の子供達に私を高く評価してもらった。

セシルは裕福な家庭の子供で、彼の親が苦情を言ってくると思ったので、私は家に帰るのをためらった。鞭で打たれるのではないかと心配したのはその時だけだった。家に帰った時、母親は私を叩かないと言ってくれたが、私は家には入らないと言って、森の隠れ家に駆けこんで、その晩はそこで過ごした。季節は晩春だったので、寒くはなかった。犬のプトシーと私は置いてあった古いパンにバターを塗って食べた。翌日の午後三時ころ家に帰った。学校は休んだが、家では暖かく迎え入れてもらった。

翌日、学校に行くと、他の生徒達は、私の取った行動を見て、クラレンスと言う名前は私にはふさわしくなく、喧嘩好きなアイルランド人の名前にすべきだと決めた。その頃流行っていた歌に「エメラルドの島から来たケリー」と言う歌があり、皆はその歌詞の「緑のネクタイをしたケリー」の部分を歌ってくれて、私をケリーと呼ぶ事にした。それ以後、私はケリーと呼ばれる事になった。

私達は最初の頃はとても経済的に困窮していた。そのため、母は洗濯を引き受けるだけでなく、床磨きも引き受けていた。ある日、母は繁華街にある大きな商店のセルウッドの床磨きの仕事をもらった。店の床の広さは、私にはほとんど一エーカー（約四〇〇〇平方メートル）もあるように思えた。しかし、私とアリスも母を手伝い、一日で樫の板の床をきれいに磨いてしまった。

私達はその頃はとても貧乏だった。ランプ用の灯油は一缶一五セントか二〇セントだったが、缶を持って買いに行っていた。缶の口はジャガイモで栓をし、家に持って帰った後、灯油が浸み込んだ部分は切り取って、残った部分のジャガイモは食べていた。

家計を助けるため、ある年の夏はイシュペミングの東約五〇キロで少し南にある、農業地帯のサンズと言う町に住む叔母の家で過ごした。家に置いてもらう代わりに、牛乳からクリームを分離する遠心分離機のギヤ比を、効率を上げるために二〇対一に上げる改造をしたりした。野生のブルーベリーを採取して三一ドルを稼いだ。ブルーベリーを九リットル集めるには丸一日かかるが、それで一ドルになった。夏が終わって家に帰った時、私は稼いだ三一ドルを全部母に上げた。母は目に涙を浮かべて私に感謝してくれた。母がとても喜んでくれたので、私は自分の分には一ドルも貰わなかった。それ以後、人に何か上げても、この時ほどうれしかった事はないし、この時以上に心に残る経験はない。

翌年の夏も、私とアリスは同じ様にしてお金を稼ぎたいと思った。アリスと私は年齢が三歳離れているだけで、家族の中でも一番仲が良かった。クリフォードとヘレンは七歳と八歳年下で、一緒に行動するには幼すぎた。

アリスと私は荷物を一つのスーツケースに詰めて、汽車でサンズに行った。汽車の駅から叔母の家までは一〇キロくらいの距離があった。六月の暑い日だったが、叔母の家に着くと、この夏は叔母の家には置いて上げられないと言われてしまった。それで私達はスーツケースの取っ手に長い木の枝を通して、二人でその枝でスーツケースを持ち上げてとぼとぼと汽車の駅まで戻った。

両親は厳格だったが、子供につらく当たる事は無かった。子供には真面目に対応してくれ、思いやりがあった。両親からぶたれた事は無い。子供達は責任感を持って行動するように言われていた。私は七歳か八歳の時から父の道具や工作台を使う事を許してもらっていた。父の道具を私は使いこなす事ができ、壊したり失くしたりせず、必ず元の場所に戻すのであれば、使っても良かった。

　物作りを初めて身近に学んだのは、父親が私におもちゃを作ってくれた時だった。ある冬の日に、とても寒い納屋の中の作業場で、カバの木を胴体にし、木の部品を六個とロープを使って揺り木馬を作ってくれた。出来上がると、胴体は木地のままで、その他は白く塗ってある、とても格好良くて頑丈な揺り木馬になった。

　父親は手押し車も作ってくれた。緑色に塗って、膝でも手でも操作できるブレーキを付けてくれた。車輪や金具は買ってきたが、その他の部分は手作りだった。とても丈夫に出来ていたので、私はその手押し車を何年も使用した。

　私の父は有能な大工であり石工だったが、機械にもとても興味を持っていて、万能の職人だった。父親の作業を見て、私は幼いころから道具や機械を大事にする事を学んだ。父親はずっと建築業に従事し、建築について私にいろいろ教えてくれた。それは後になってとても役に立った。

　父の手は、厳しい条件の中でレンガを扱ってきたので、ふしくれだってごつごつしていて、繊細な感覚は無くなっていた。厳しい生活が続いたので、父でさえ一度だけだが自制心を失った事があった。給料を全部、酒を飲むのに使ってしまったのだ。しかし、そんな事はその時一回だけだった。

　両親は子供達に学習する事の楽しみを教えてくれた。いつも、学校で勉強したり読書をする事を勧めてくれた。父親の次に、幼い頃の私に大きな影響を与えたのはアンドリュー・カーネギー（訳注1）だった。彼は自分の事業に使用する鉄鉱石を採掘する他の町にしたのと同じように、イシュペミングにも図書館を寄贈してくれたが、その図書館が私に良い影響を与えてくれた。イシュペミングは鉄鉱石でカーネギーに貢献したが、図書館を寄贈する事で彼は町にそれを上回る貢献をしてくれた。

私はほとんど毎日、犬のプトシーを連れて図書館に行った。図書館は私に新しい世界を教えてくれた。私はトム・スイフト(訳注2)のシリーズを知り、「トム・スイフトと飛行機」、「トム・スイフトと電気自動車」、「トム・スイフトと潜水艦」は何度も読んだし、シリーズの他の本も全部を読んだ。主人公のトム・スイフトは、とても優れた設計者、整備士、パイロットであり、多くの種類の乗り物の運転もできる、冒険好きな若者である。トム・スイフトのように成る事が私の目標になった。

私は他の飛行機の本も読んだ。ローバー・ボーイのシリーズ(訳注3)や、コリンズ社の模型飛行機の本も読んだ。一二歳になる頃には、飛行機の設計者になろうと決心していた。それ以後の私の人生は、その目的実現のために努力した人生だった。私は新聞の記事の切り抜きをまとめて、私の初めての本を作ったり、初めての飛行機の設計案を作成した。その初めての設計案は、アーサー王の宮廷にいた魔術師のマーリンにちなんで、マーリン戦闘機とした。私は模型飛行機を何百機も作った。

他の子供達は、私が一生懸命勉強し、学校で良い成績を収め続けるのを快く思っていなかった。しかし私はそれを気にしなかった。しかし、そのせいで私はイシュペミングで有数の、走るのが速い生徒になった。他の生徒たちが図書館の帰りに待ち伏せをしたり、冬には中に石炭を入れた雪玉を私に投げつけるのから走って逃げていたからだ。

また、私の将来が台無しになりそうな、恐ろしい二週間を過ごした事もあった。私が弟のクリフォードや妹のヘレンと、カウボーイとインディアンごっこで遊んでいた時に、妹のヘレンの放った矢が私の左目に刺さったのだ。私は目が見えなくなった。

私の母は看護婦になる訓練を受け、看護婦として経験を積んでいたので、冷静さを失わずに対処してくれた。母は第一次世界大戦後にスペイン風邪が世界中に猛威をふるった時に、町の病院に勤めていた。私の家族は誰もスペイン風邪にかからなかった。母が病院で長時間働いている間は、姉のアグネスとアリスが家事を行った。

母は私の目に刺さった矢を慎重に引き抜いた。矢は眼球の横に刺さっていたが、血を拭きとってみると、眼球自体には傷が付いていない事が分かった。しかし、あまりのショックに、私は両目が見えなくなった。私は恐怖で動転していた。目が見える様になるまでの長い二週間は、忘れる事ができない。

私は飛行機について入手できる情報は何でも読むようにしていた。戦争で飛行機は身近な物となり、時々、地方巡業の飛行機がやってきて、一回三ドルで体験飛行させるのを見る様になった。

通常の勉強以外に、飛行機に熱心だった事は、思いがけない影響があった。ある日、教室で最近の出来事、それは当然だが飛行機について話をしていると、ウォルター・グリース校長先生がそれを聞いていた。校長先生は児童が通常の授業以外の事についても勉強する事は良い事だと考え、町のライオンズ・クラブの昼食会で、航空の将来について話をする事を勧めてくれた。

私はとても名誉な事だと考えた。両親もとても喜んで、その昼食会のために、私にとっては初めて

(右) 貧しいが将来への希望と決意にあふれた、子供の頃のケリー・ジョンソン。左側は弟のクリフォード。

(下) 12歳でケリーが自作した本。早い時期から新しく発展してきた航空機に魅せられていた事を示している。

の長ズボンを買ってくれた。白いシャツにネクタイを締めて、初めて航空機について講演を行った。私はまだ背が低かったので、主催者は椅子の上に立って話をするようにしてくれた。講演では盛大な拍手ももらい、とてもうれしかった。
一〇歳くらいの時に、我が家の馬のマックに乗って、イシュペミングの町の西地区に行った。そこでは兄のエミルが壁の下地板を作る仕事をしていて、私は下地板の作り方を習った。兄のエミルとアーサーはもう結婚していて、独立していた。姉達も結婚していたが、私はまだ学校通う学童だった。この年頃では年齢が何歳か違うだけで、生活の在り方が

大きく変わるが、私はそんな事はまだ分かっていなかった。

イシュペミングでは建築の仕事が増えていた。私はまだ幼かったが、下地板作りはできた。下地板は細長い木の板で、間柱やツーバイフォーの部材に釘で固定する。家を作る際に、漆喰を塗る時や、板壁の下地用に使われる。私はこの下地板作りがとても上手になった。一二歳になった頃には、部屋代や食事代として、毎週七ドルを家に出していた。少し貯金をするためには、一〇ドル稼ぐ必要があった。私は一日に下地板を四〇束作る事が出来たが、一束は二五セントだったので、それで一〇ドルになった。その頃から私は自立して生活していた。

建築の仕事が増えていたので、父は小さなイシュペミングの町から、フリント市に引っ越すことに決めた。フリントの方がずっと大きな町なので、もっと良い仕事があると考えたのだ。そこで私が一三歳の一九二三年にフリントに引っ越した。フリントはイシュペミングから五〇〇キロ離れた、ミシガン州南部のロウアー半島にある町である。

汽車の客車には犬は乗せれなかった。犬を木箱に詰めて送るお金はなかった。イシュペミングの最後の思い出は、我々を追い掛けて汽車の横を走るが、取り残されて行くプトシーの姿だった。

第2章――新しい町での生活

私の家族の経済状況は、フリント市へ引っ越した事で大きく好転した。建築の仕事が多かったので、父の建築作業の能力は高く評価されるようになった。私は高校や短大に通う間、父や他の人の仕事をずっと手伝った。母はもう洗濯を引き受けたり、よその仕事をしなくても良くなった。

私の目標はトム・スイフトのように成る事だったので、その目的を達成するために勉強に努めた。フリント市の公的な教育制度はしっかりしていて、私はそれまでと同様に、学校へ行くのをとても楽しんだ。フリント市の図書館はイシュペミングのより大きく、そこには頻繁に通うようになった。

それは一九二六年の事だった。その年はチャールズ・リンドバーグが歴史的な単独大西洋横断飛行を成し遂げて、世界中を興奮させ、航空の可能性を感じさせた年の一年前だった。しかし、航空への関心はもう高まっていて、フリント市のキワニス・クラブ(訳注1)は学童による模型飛行機の大会を開催した。

私は自分の設計したマーリン戦闘機の模型を完成させて、その機体で二等賞になり、賞金の二五ドルをもらった。そのニュースは学校では意外な事とは受取られなかった。私はいつも飛行機の話をしていて、作文でテーマを選べる時は飛行機をテーマにして、それで良い評価をもらっていたからだ。

高校を卒業すると、それまでとは別の人生を送りたくなった。私は下地板作りで一生懸命働いて、それまでに三五〇ドルを貯金していた。それは私が自分で稼いだお金だったので、少し冒険的な体験をするために、船に乗って世界を回りたいと思った。しかし、幸運な事に、私の先生はバーサ・ベイカーと言う名前で、生徒の教育に熱心な先生だった。先生はある日の午後の大部分を費やして、私に高校を卒業したら、そのまま短期大学へ入学する事がなぜ必要なのかを説明してくれた。先生の説明に納得したので、フリント市の短期大学に入学した。

短期大学で私は初めて工学コースの教育を受ける事ができた。私は物理、数学、微分・積分学を学んだ。微分・積分学は良く理解できたので、他の学生に教えて謝礼を貰う事が出来た。私は数学が好きだったし、今でも好きである。この短期大学はとても良い学校で、後に大学に進んで、より高度な内容を学ぶ上でしっかりした基礎を身に付ける事ができた。

休日や週末には、出来る限り下地板作りをした。私の一日の手取りは一〇ドルか一二ドルだった。一〇ドル貰うには下地板を一〇〇〇枚作る必要があった。そのためには釘打ち作業を沢山しなければならなかった。

夏休みには乗用車のビュイックの製造工場でも働いた。組み立てラインでフェンダーを取り付けたり、エンジンの修理やエンジン・ブロックの漏れ試験を行った。一日の仕事が終わって帰るときには、私の服はあまりにも汚れて油じみているので、家に帰る路面電車では座席に座らせて貰えなかった。しかし、それはあまり気にならなかった。立ったままで、ずっと本や教科書を読んでいたからだ。その頃、私はアインシュタインの理論を理解しようとさえした。その当時、アインシュタインの理論を理解できる人は、世界でも一二人しかいないと言われていて、私はその一三番目になりたいと思ったのだ！

フリント市では、とうとう飛行機で飛ぶ事を体験できた。三分間で五ドルだった。機体は古くて大型で不格好な、複葉のスタンダード機だった。パイロットは一人で、四人の乗客を乗せる事ができた。二一〇メートルの高度まで上昇した時、エンジンが止まり、着陸しなければならなかった。でもこの体験は面白かった！　音がうるさく、風がはいってきたが、素晴らしかった。飛ぶ事を経験してみて、私の飛行機を設計したい気持ちは更に強くなった。

私は飛行機の操縦も覚えたくなった。なぜなら、初期の時代の有名な設計者、グレン・カーティス、ライト兄弟、グレン・マーチンなどは全員が操縦ができたからだ。

そこで、短大を卒業して大学への進学手続きをする前のある日の朝、私はフリント市のビショップ飛行場へ行った。一〇時間の飛行訓練を受けるために、持っているお金の全てである三〇〇ドルを払うつもりだった。粗末な事務所で、飛行教官をしているパイロットのジム・ホワイトに会った。私の将来について彼としばらく話し合った。

話を聞いた後、ホワイトは言った。「ケリー君、僕に飛行訓練のために三〇〇ドル払って、職業パイロットとしての人生を始めたいなどと考えてはいけないよ。そんな事をしても君の前途は明るくないよ。君は学校で良い成績を収めている。大学へ行けばずっと良い人生の進路が開ける。僕は君からお金を貰いたくない。君は僕のように飛行場に住み込む、しがない人間に成ろうと思ってはいけないよ。」

多分、彼は私よりもその三〇〇ドルを必要としていたかもしれない。しかし彼は立派な人だった。人生の進路を決める大事な時期に、賢明なアドバイスしてくれる人に、またも出会えたのは幸運だった。私は彼のアドバイスに従う事にしたが、それ以後、ずっと彼に感謝している。

フリント市の短大はフットボール(訳注2)ではよく優勝していた。私はその短大のチームでプレーした。チームの何人かは、運動競技に力を入れている南部の州の大学から、短大を卒業したら奨学金付きでその大学に入学するよう勧誘された。夏休みに私はその大学のフットボール部の練習に参加した。

入学願書を出す時期になった。私は一年間勉強した後、別の大学の航空工学科に転学できる学校を探したいと思っていた。しかし私の進路について、周囲がどう考えているかをすぐに知る事になった。

ある日、フットボール部の監督は、私に「いいか、君はこの学科を受験するんだ。」と言った。

「私はまだ学科は決めていませんよ。」と驚いて私は言い返した。

「いや、もう決まっているんだ。」と監督は言い切った。「君はフットボール部の監督の助手になるんだ。そのために体育学科に入るんだ。」

「でも私は技術者になりたいと思っています。就職して飛行機の設計者になりたいとずっと思ってきました。私は航空工学を勉強したいと思っています。」と私は反論した。

「いいか、君は監督の助手になるんだ。」と監督は繰り返した。「監督の助手になるか、この大学に入らないか、どちらかだ。」

「私は入学しません。」それでこの件は終わった。

次にしたのは、ミシガン大学に運動選手の奨学金についての問い合わせをする事だった。大学は奨学金の支給は可能だと回答してきた。私の成績は奨学金の条件を満たしていたので、愛車である、信頼性の高いT型フォードのロードスターに乗って、大学のあるアナーバー市へ奨学金の選考手続きを受けるために行った。奨学金を貰えば、貯蓄していた三〇〇ドルで授業料には十分だった(訳注3)

すぐに分かったのは、学部生は車で通学できない事だった。そこで私は車を家に持って帰り、フットボールのチームの評価を受けるためにバスで大学に戻る事にした。

家に帰る途中で、私は大型のポンテイアックに押し出されて、側溝にはまってしまった。私は乗っていた車のフロント・ウインドウの窓枠にぶつかり、額に深い切り傷を負った。フットボール部の評価には参加できなかった。

この事故は私の人生に良い結果をもたらした出来事の一つだった。私は技術関係のアルバイトを探すしかなくなったのだ。最終的にはそのようなアルバイトを見つける事ができた。しかしそれまでは、入学した最初の学期に大学の学生会館で、一万枚以上の皿、同じくらい多くのコップ、もっと多くの銀食器、何トンもの生ごみの処理をしなければならなかった。その年は大不況の始まった一九二九年で、アナーバー市のある地域ではほとんど建築工事がなかったので、下地板作りの仕事は無かったのだ。

学生会館の食堂の仕事で一番良かったのは、黒人の料理人の女性が親切だった事だ。彼女は台所で働く一二人の手伝いの学生に対しては、学生会館の寄宿生より先に、しかも一番良い部分を食べれるようにしてくれた。

一学期が終わると、私は大学の航空工学科の学科長のエドワード・ストーカー教授の助手に採用してもらった。在学中はずっと助手の仕事を続けた。しかし、大事だったのは、収入を得た事より、この仕事が技術関係の最初の仕事だった事だ。

第3章　技術者になる

ミシガン大学の設立は一八一七年にまでさかのぼる。その時点では西方への開拓の最前線だったデトロイト市に、公立の大学として設立された。現在の大学の所在地であるアナーバー市には、一八三七年に移転している。ミシガン大学は歴史が古く、重要な大学の一つで、美しいキャンパスを有している。広大な敷地の中の古典的な外観のレンガ造りの校舎は、ツタで覆われ、きれいに刈り込まれた芝生に囲まれ、季節ごとに花が咲く木々に仕切られている。大学は新入生にとって、厳しい場所と感じられる時もあれば、勉強しやすい環境と感じられる時もあった。

しかし、一九二九年に入学した時、私にとって一番魅力的だったのは、優秀な教員が居る事だった。多くの教員は国内的に、もしくは国際的に専門分野で高い評価を得ていた。自分の能力は、そうした教員たちには及びもつかないと思った。講義が始まるのを待ちきれない気持ちだった。

その時代では、航空工学の学位を得ようと思うと、まず航空工学に関連する様々な工学の分野を全て学ぶ必要があった。土木、化学、電気、機械工学などだ。これはカリキュラムとしてはとても優れている。飛行機を設計し製作するのに必要なあらゆる事項について、非常に良い基本的な教育になるからだ。

私の最初の指導教授はフェリックス・パウロウスキイだった。彼は教師であり、飛行機の設計者の先駆けであり、哲学者だった。ポーランドやロシアの大学は、早くから航空工学に力を入れていて、当時の最先端を行っていた。ポーランド人のパウロウスキイは一九一三年にロシアで、世界で初めての四発機を製作する仕事を、イゴール・シコルスキイと一緒にしたことがある。彼はパリのエッフェル塔を設計したアレクサンドル・ギュスターブ・エッフェルの下で、風洞を製作する仕事をしたこともあった。パウロスキイ教授はミシガン大学で初めての風洞を完成させ、航空工学の教育コースを開設する任務を担当していた。

教授は私に初めて航空力学を教えてくれ、学費を稼ぐための技術的な仕事もさせてくれた。教授は、他の教授たちと同様に外部から、有償で仕事を委託されていた。風洞で私は教授が委託された仕事を行った。ユニオン・パシフィック鉄道の流線形の列車の設計、シカゴ市の大気汚染対策の検討、ごく初期の風力エネルギー利用装置の研究と言った仕事だ。

大学の教授たちは視野が広く、大学の外の事柄にも興味を持ち、知人が多かった。教授達は学生に対して、大学の学生としてだけでなく、個人的にも興味を持ってくれた。ある日、パウロウスキイ教授は広い視野を持つ上で、大事な事を教えてくれた。教授は銀行の貸金庫室に連れて行ってくれた。彼はそこに降霊術の会で使用する、霊的な力を持つ手の蝋型を保管していた。その手は不思議な形にねじり合わされていた。有名な科学者である教授は、その手が霊的な力を有していると考える事にも抵抗は持っていなかったのだ。教授は私に先入観のない、開放的な感性を持つように勧めた。

「なんでも頭から否定しないように」と教授は言った。「どんな物でもだ。」私はその言葉を心に刻んだ。

エドワード・ストーカー教授は航空工学科の学科長であり、空気力学を学ぶ上での基本となる教科書の著者で、優れた数学者でもあった。私が受講科目を決める際には、教務係ではなく、教授自身が私の面倒を見てくれた。

私の勉学の進み方が順調なのを見て、教授は私を学生の指導助手に選んでくれた。そのおかげで、私は寄宿舎の食堂の手伝いの仕事をしなく済むだけの収入を得ることができるようになった。

航空工学科の学科長として、ストーカー教授は風洞の管理を担当していて、私に風洞試験を実施させてくれた。

ある日、私はストーカー教授に質問してみた。「大学が風洞を使用していないときに、私が風洞を借りて自分のために使用しても良いでしょうか？」

「良いとも。」と教授は言った。

それで、私は風洞の使用料として一日三五ドルと電気代を払う事で、大学の親友のドン・パーマー(訳注１)と共同で、ミシガン大学の風洞を借りて使用できることになった。大学にとって使用料はいくらでも良かった。風洞を貸す事で、借りた学生が何をできるかが分かれば良いと考えたのだ。

私はすぐにスチュードベーカー自動車に話をもちかけた。流線形の自動車を設計するのに、風洞が大いに役立つことは明らかだった。我々はピアス・シルバーアローの試験を請け負ったが、この車は「完全流線形」の先駆けの自動車の一つだった。我々は空力的な抵抗を減らす方法をいろいろ知っていた。例えば、スチュードベーカーの大型で恰好悪いヘッドランプは、時速一〇四キロで走っている時に、エンジンの出す馬力の一六パーセントを食っていることを試験で発見した。我々はヘッドライトをフェンダーに埋め込んでみた。他にも多くの問題に取り組み、非常に多くの風洞試験を実施した。

こうして、我々はパウロフスキイ教授やストーカー教授の仕事だけでなく、自分たちのための仕事も行った。微積分の個人教師もしたが、それで一時間に七・五ドルもらえた。

講義のいくつかは航空機にはあまり関係がないように思えたが、後になってみるととても役に立ったものもあった。

例えば、機械工学がそうだった。最終試験では大学の蒸気施設の熱収支の評価が課題として出された。蒸気施設は大型の施設で、四基の大型のボイラーがあり、熱源としてだけでなく、動力用にも使用されていた。私は航空工学専攻だったが、他の機械工学専攻の学生と一緒に三日間連続の試験を受けた。石炭の投入量を設定し、それが燃え尽きて灰になるまでのエネルギー量を計算した。エネルギー量の収支について良い勉強になった。

O・W・ボストン教授は金属加工の研究者としては先駆者的な存在で、その分野の本も書いている。教授は高強度の鉄などの金属の加工方法を改良する事で、自動車生産の効率を高める研究を、自動車会社と共同で行った事もある。

ボストン教授は旋盤などの金属切削機械で、切削工具の温度を測定するために、切削工具に熱電対を埋め込んで温度を測定した最初の研究者だったと私は記憶している。教授はまた、金属を切削する速度を速めるために、切削工具の設計にも取り組んだ。ずっと後になって、私は新しい金属材料、特にチタニウムやステンレススチールの機械加工について、教授の方法を利用した事がある。

ロシア人のチモシェンコ兄弟は構造力学の教授だった。振動学や構造力学の講義で、主翼や尾翼がフラッターを生じないように設計するために、非常に重要で基本的な知識を得る事ができた。この航空工学の初期の時代では、フラッターはとても厄介な問題だった。

航空力学のミルトン・トンプソン教授、発動機のウォルター・レイ教授、そのほかの教授の名前は記憶に残っていないが、どの教授もそれぞれの分野で優れた人たちだった。トム・スイフトのようになりたいと思って、田舎町のイシュペミングから来た少年にとっては、圧倒される人たちだった。技術者を志している学生にとって、重要な各分野で優れた学識を持つ人々から、直接、教育を受ける事はとても刺激的な経験だった。

教授たちの卓越した経験と知識に敬意を感じていたが、同意できないときには遠慮して黙っている事はなかった。私は反論もした。

パウロウスキイ教授の場合、教授は私が行った小型の複葉機の風洞試験結果の計算結果についてＢ評価を下した。私はＡ評価のはずだと思った。私は自分の計算結果は正しいと主張し、それを証明して見せた。教授は評価をAに変更してくれた。教授は他の人にも勧めているように、物事に不当なこだわりをもたない人だった。

ストーカー教授が新しい教科書を出版したときには、私はその本の中の演習問題をすべて解いて、その結果を公表しようと考えた。教科書の価値を損ない、売れ行きが悪くなるので、そんな事はしないように説得されて、公表するのをやめた。

教授たちは私の指導者だったが、個人的にも親しく付き合わせてもらった。教授たちとのポーカーでの賞金は、私の収入の足しになっていた。

しかし、大半の時間は研究と勉学、論文の点検、学生に対する個人教授に費やしていた。私は大学の三年間の教育課程を二年間で修了した。遊ぶ時間はほとんどなかった。良い技術者になるには、一生懸命に勉強しなければならない事は分かっていたし、私は勉強する事が楽しかった。

時には軽率な行為をした事もあった。ドン・パーマーと一緒に風洞を掃除した時には、拭き掃除に使ったガソリンの蒸気で浮かれた気分になり、騒いだので近くの教室の講義の邪魔をしてしまった事があった
孤独な時間もあった。安いと五〇セント、高くても一ドル二五セントの夕食を済ませた後、風洞試験をしたり、先生に見てもらう論文の手直しに、風洞にとぼとぼと戻る時もあった。

この時代は禁酒法が施行されていて、密造酒が流行っていた。私はその当時は飲酒には反対だった。私のスウェーデン人の先祖たちが大酒を飲んでいた話を聞いていたからだ。しかし、寄宿舎の友人た

ちは、自分達で果物のジュースを空き缶で発酵させて作った密造酒を飲んでいた。ある冬の日の夕方、大学から帰ると、仲間の一人がパンツ一枚で雪に中に座り、ぶつぶつ独り言を言っているのを見た。これで飲酒はよくないという確信がますます強くなった。

高校生の時に、私は初めて胃潰瘍を患った。大学ではずっと胃潰瘍があった。私は心配性で胃にストレスがかかる性格だった。何か食べ物が胃の中にあれば、具合が良い事に気づいた。それで私は二〇セントで、ドーナツ二個とコップ一杯の牛乳を飲む事を繰り返していた。或る学期について計算してみると、私は一個五セントのドーナツを六四七個食べていた。

大学にいる間にデートに行ったのは二回だけだった。一回は題名は忘れたが、面白い映画を見た。もう一回は仲間とのダンスパーティに参加した。幸い、私はダンスは踊れた。高校生の時に覚えたのだ。しかし、女性と付き合う時間はなかったし、意識して親しい関係になるのは避けた。将来の目的を達成するためには、他の事に気を使ってはいられない。

一九三二年に私は航空工学の学士号を得て大学を卒業した。その年の就職状況は良くなかった。親友のドン・パーマーと一緒にシコルスキー、マーチン、カーチスと言った東海岸の会社に当たってみた。反応は良くなかった。我々は陸軍航空隊に入隊し、航空学生になる事に決めた。そうすれば飛行機を操縦したり試験する事ができ、飛行機についていろいろ学ぶ事ができるだろう。採用のための試験、検査にはすべて合格し、最後に目の検査を受けた。私の左目は、子供の頃にカウボーイとインディアンごっこの時に、矢がささって失明しかけた事があり、普段は不便を感じた事はないが、陸軍航空隊の検査基準には合格しなかった。またしても偶発的な事情が私の人生の進路に影響した。もし陸軍航空隊に入隊できたら、ずっとそこにいたと思う。

その後、パーマーと私はウォルター・バークス教授のシボレーを借りて、西海岸の航空機会社へ技術者の仕事を探しに出かけた。

当然ながら我々の所持金は少なかった。風洞や他の仕事で得た収入は学費に消えていた。教授の車の燃費を良くして燃料代を節約するため、吸気管に直径三ミリの穴を開け、そこに手動で開閉できる弁を取り付けた。運転中にその弁を開けば、吸気の混合比を薄くできて、燃費が向上する。こうする事で燃費は一・五キロ／リットル程度向上した。

お金を節約するために、昼食には牛乳と、パンと肉を買ってサンドイッチを作って食べた。適当と思われる場所があれば、学校の校庭、川のほとり、野原などどこでも野宿した。ある日など、真っ暗な晩に野宿の場所を決めたところ、すぐ近くを通過する汽車の音で飛び起きた。もう少しで命を落とす所だった。急いでその場所を離れた。

カリフォルニア州サンフェルナンド・バレーにあるロッキード社に到着するまでは、それが一番危ない出来事だった。ロッキード社は倒産したが、航空機愛好者の小グループが債権者からその年の六月に、四万ドルで会社を買い取っていた。

ロッキード社は再建の最中だった。ロッキード社はその当時は、航空の初期の頃に多くの有名な飛行家が用いた、木製合板貼りの高速機を設計、製作した会社として有名だった。まだ設計技術者の仕事は無かった。しかし、ロッキード社がデトロイト航空機社の一部だった時に主任技術者だったリチャード・フォン・ヘイクは、新しい会社の製造部門の責任者になる予定だったが、私達に言ってくれた。「君たち、この会社はこれから良くなる。学校へ帰って、来年、またここへ来たら良いと思うよ。何か仕事を提供できると思う。」

その年は、他の有力な会社にも当たってみたが、仕事は見つからなかった。

そのため、ミシガン大学に戻り、一年間、大学院で勉強した。修士号を得るために一年間余分に勉強しなければならないので、シーハン奨学金に応募して採用された。五〇〇ドル貰えたので、それで学費がまかなえた。私は高々度でエンジン出力を高めるためのエンジンの過給、境界層の制御、胴体、主翼、尾翼周りの気流の流れ方を研究した。後になってこうして研究をしておいて良かったと思った。もちろん、空気力学において境界層の制御は基本的で重要なテーマである。また、私はエンジンと空気力学が大好きだった。こうしたテーマを選んだ事は、私にとってごく自然な事だった。

大学院では、パーマーと私は学校の仕事としての他に、自分達のためにも風洞試験を数多く行った。

地方紙は「インディアナポリスのメモリアルディのレースで、予選を通過した車のうちの五台は、その外形形状を二人の大学院生、Ｃ・Ｌ・ジョンソンとＥ・Ｄ・パーマーがデザインしている。それらは量産型を改造したスチュードベーカー車で、時速一七六キロから一八六キロの成績でレースの予選を通過した……。」と報じている。

我々はこれらの車の燃費を改善して、時速一八〇キロの時に、リッター当たりの走行距離が一・八キロだったのを二・九キロにした。この時代ではレースに出る車の燃料タンクの容量は決まっていたので、燃費を良くする事は大事だった。

ホイールを流線形にするなどの、我々が考えたいくつかの提案はドライバーに拒否された。なぜ駄目なのか、ある日、レースコースでその理由を実際に教えてもらった。レースコースを時速二二〇キロ前後で周回した時はとても興奮した。ホイールを流線形のカバーで覆って走行すると、横風が来た時に車は持ち上げられ、一メートル以上も横に持って行かれてしまったのだ。

私が提案したもう一つのアイデアに、レーシングカーの側面にエアブレーキを付ける事がある。流線形にしたレーシングカーは直線コースでの速度は速くなるが、その分、カーブの手前でブレーキを掛けるタイミングを早くする必要があり、速度向上の効果が少なくなるのだ。エアブレーキの使い方は難しく、他の車より少し早めに使うと、他の車に抜かれてしまう。レーシングカーではエアブレーキは現在でも使用されていないと思うが、レーシングカーの設計で、他の空力的なアイデアは数多く採用されている。

こうした経験は、空気力学の理論を現実的な問題に応用する時のために、とても良い学習の機会となった。

大学の風洞で試験した航空機の中に、最近、倒産したが再建されたロッキード社の新型機が有った。ロッキード社の社長のロバート・グロス（当時三五歳）は、会社の将来を、これまで大成功を収めてきた木製の単発機ではなく、全金属製の双発機で、より多くの乗客を乗せれる新しい機体に賭けようと決めた。

その新型機がエレクトラ機だった。私が空力的に見たところ、その機体には非常に大きな問題があった。縦安定は非常に悪く（訳注2）、偏揺れ方向（訳注3）の操縦性にも問題があった。しかし、その頃の飛行機は、大半が同じような問題点を抱えていた。ストーカー教授は、当時三三歳だがすでに設計者として評価が高く、再建されたロッキード社の初代の社長をしているロイド・ステアマンと話し合った結果、試験結果の数値は許容できると判断していた。

一九三三年に修士になって大学を出た時には、私の学費の返済必要額は五〇〇ドルだけで、カリフォルニアにもう一度仕事を探しにいくために、シボレーのセダンの中古車を購入できるだけのお金を持っていた。パーマーも私と一緒に行く事になり、今回も我々は車の燃費を良くするための改造を行った。依頼された風洞試験の収入と、シーハン奨学金を貰ったので、お金はかなり持っていた。我々は大学の風洞を使って、依頼された風洞試験を行い、助言を行う仕事はやめる事にした。この仕事は経済的にも技術的にも魅力的になってきたので、教授達が目を付け始めていたからだ。さらに、大学では航空機の設計はできないが、それこそが私の目標なのだ。しかし、飛行機の設計で十分なお金を稼げるようになるには、それから一〇年かかった。

一九三三年にカリフォルニア州に着くと、私はロッキード社の創立時の出資者の一人で、取締役人事部長で社長の補佐をしているシリル・チャペレットと、主任技術者のホール・ヒバードにロッキード社に採用してもらった。その二人もまだ若かった。私が採用された理由は、ロッキード社の新型機の風洞試験を私が行ったからだと思っている。私は機体設計部門の仕事を担当させてもらえる状況になるまでは、治工具設計の仕事を月給八三ドルで始める事になった。機体設計技術者は、その時点ではヒバードを含めて五名だった。ドン・パーマーはグレンデイルのバルティー航空機社に入社した。

私がチャペレットとヒバードにまず話したのは、ロッキード社の新型機は不安定であり、大学の風洞試験の報告書がそれを許容している事には賛成できないと言う事だった。

第4章　成長を続けるロッキード社

ロッキード社で、会社が再出発して初めての新型機で、会社の将来がかかっている機体が、設計が良くなくて不安定な機体だと私が断言すると、チャペレットとヒバードは少し驚いた。これは新入社員の若い技術者としては、異例の発言だった。私が教えてもらった教授や、経験を積んでいる設計者達に批判的な発言をしたので、私はとても傲慢だと受け取られた事だろう。

ヒバードはその日は何も言わなかったが、私が言った内容を考えてくれた。

彼は私の経歴について、厳しく問い質した。図面は描けるか？　数学はどれくらい勉強してきたのか？　私は量子力学も勉強したし、微積分は学生に教えていた。成績は良かったし、教授からの推薦状もあり、風洞試験も経験してきている。

ヒバード本人は、優れた大学であるマサチューセッツ工科大学で航空工学の学位を取得した、優れた技術者だった。そして、後に彼がインタビューを受けた際には、「先入観のない新鮮な物の見方ができる、学校を出たばかりの新しい若い技術者」が欲しかったと説明している。

ヒバードによると、「彼はとても若そうに見えた。読み書きができるだろうかと思ったほどだ！我々は彼から新鮮な意見を貰ったよ。我々が大学の風洞に模型を持ち込んだ新型機は、どの軸周りにも不安定で良くない、と彼が言った時には私は少し驚かされた。この若者を雇って良かったのだろうかと思った。しかし、そこで私は考え直した。何と言っても彼は良い学校を出て、頭が良さそうだ。私は彼にチャンスを与えてみようと思った……。」と語っている。

会社にはいって最初は、設計部門が拡充されて私が配属可能になるまでの間、治工具設計部門のビル・ミランの所で、エレクトラ機の組立治工具の設計の仕事をする事になった。ミランはベテランで、治工具設計はよく分かっていた。

「僕がまず治工具を作るから、それを見て図面化するんだ。」と彼は私に説明した。

その仕事で私は有益な教訓をいくつか学んだ。第一に、図面に記入する細かな指定事項の記入方法を学んだ。ミランの下での最初の仕事は、機体で使用されるアルミ合金用の熱処理炉を設計する事だった。熱処理炉については良く知らなかったので、他社の熱処理炉をいくつか見学し、それを参考に熱処理炉の図面を作成した。何日か後に、熱処理炉の製作状況を見に行った。工員はレンガを足で押さえて、大きな帯鋸でレンガを切っていた。

「何をしているんだい。レンガをそこに置くだけじゃないか。どうしてレンガを切っているんだ？」と私は質問した。

「ジョンソンさん、私はあなたの指示どおりにしているだけですよ。」と工員は言った。

図面の隅に小さな字で一行書いてあった。「特に指定が無い場合、製品の寸法は図面に示された寸法に対して三二分の一インチ（〇・八ミリ）以内である事。」私が四インチ（一〇センチ）×九インチ（二三センチ）のサイズのレンガに対して、二・五インチ（六・三ミリ）の寸法を図面上に記入していたため、工員は指定された精度でその寸法にするために、レンガを鋸で切っていたのだ。

治工具の設計をしてみて、いろいろ学ぶ事が多い事を知った。機体や部品を製作するための治具で、私が初めて設計した治具は、片側からしか作業できず、反対側から作業するのが必要な場合は、作業者は治具の下へもぐり、上を向いて作業をしなければならなかった(訳注１)。

数か月後、ヒバードの部屋に呼ばれた。

「ジョンソン君、君は学識と経験が豊かな人たちがエレクトラ機の風洞試験の結論を承認しているのに、それは妥当ではないと言っているね。大学の風洞へ戻って、機体の改善方法を検討してみたらどうかね？」とヒバードは私に言った。

ヒバードの指示で、私はエレクトラ機の風洞模型を私の車の後部座席に載せて、ミシガン大学の風洞へ戻った。問題の解決案にたどり着つくまでに、風洞試験を七二回も繰り返す事が必要だった。

解決策を探す作業は、一歩ずつ段階的に進めた。七二回目の試験では、水平尾翼の上にも方向舵を追加するアイデアを試験してみた。こうすれば水平尾翼の効きが良くなるし、方向安定も改善される(訳注２)。このアイデアはとても良い結果をもたらした。特に、主翼のフィレット、つまり主翼が胴体の取りつく部分の整形カバーを外すと、より効果が大きくなった。フィレットはダグラスＤＣ‐１

型旅客機などの機体に用いられ、採用する機体が増えてきたので取り付けられたものだった。エレクトラ機ではフィレットを外したので、他の機体で起きたような、フィレットの形状が悪い事で問題が生じる事態を避ける事が出来た。

その次に水平尾翼の両端に、垂直尾翼を追加してみた。片側のエンジンが停止した時、それまでの垂直尾翼が一枚の形態では舵の効きが不足していたからだ。この対策の効果がとても大きかったので、中央の垂直尾翼は外す事にした。こうしてエレクトラ機の最終的な形態が決まった。ロッキード社の初期の金属機の全てに共通する特徴的な双垂直尾翼や、一九四〇年代半ばから一九五〇年代に親しまれたコンステレーション旅客機の垂直尾翼三枚の形態は、この風洞試験の結果から生まれた。

私が大学の風洞で作業をしている時にヒバードが私に送ってくれた手紙を、私はいまだに手元に置いている。ヒバードはもっと強力なエンジン用のカウリング(訳注3)の模型を航空便で送ってきた。これは五五〇馬力のエンジン用で、パンアメリカン航空(パンナム)がこのエンジンの搭載を希望しているとの事だった。彼は、「パンナムはとても強い興味を持っている。……そのエンジン付きの機体を入手したいので、君がそこで行っている風洞試験の費用を出しても良いと言っているほどだ。」と手紙に書いている。

手紙は「親愛なるジョンソン君」で始まり、「手紙のタイピングがおかしいのを許してもらいたい。私は工場で夜、タイプを打っているが、このタイプライターの調子が悪いのだ。……工場では、新しい対策の試験結果と、その対策の適用がとても簡単だとの電報を送ってくれたので、皆がとても喜んでいる。この試験で判明した内容は重要と思うし、解決策を発見できた事は、君にとってとても良かったと思っている。……もちろん、水平尾翼の両端に垂直尾翼を追加するのはごく簡単であり、君が会社へ戻るまでは、その関係の作業はあまり進めないようにする予定だ。」と結ばれていた。

パンナムのカウリングの試験に関する指示がいくつか有った後、「ところで、私は今回、会社を辞める予定だ（訳注４）。君が会社へ帰ってきた時には、エレクトラ機の進捗状況には驚くと思う。設計はとても順調に進んでいる。敬具　ヒバード」

入社したての若い技術者に、その仕事に感謝する手紙を自分でタイプするために、夜まで会社に残っていた事には、いかにもヒバードらしい配慮が感じられた。私にとってこれはとても感激だった。

会社へ戻ると、私は一人前の設計技術者として、六人の設計技術者の一人になった。他にはジェームズ・ゲルシュラー、ジョージ・プラッデン、カール・ビード、トルーマン・パーカーなどがいた。設計事務所は狭く、屋根は雨漏りがしたが、私は正真正銘の飛行機の設計技術者になったのだ。私は当然な事だが、空力的な事項だけでなく、強度解析、重量重心計算など、与えられた仕事はなんでも行った。もちろん、風洞試験も行った。そんな訳で、製作した機体が飛行可能になると、私はごく自然に飛行試験技術者としてその機体の乗る事になった。

私は最新の高等数学の勉強をしてきたので、ジミー・ドーリットル（訳注５）のロッキード・オライオン９－Ｄ型機の引込脚の設計の強度解析を担当する事になった。この機体は、基本型のオライオン機を部分的に設計変更した機体である。これがロッキード社の工場に頻繁にやって来る、初期の有名な飛行家達と関係を持つ最初の機会になった。他の有名飛行家としては、アメリア・イアハート、ウイリー・ポスト、サー・チャールズ・キングスフォード・スミス、ロスコー・ターナーと知り合った。ドーリットルは航空の初期の頃に、各種の記録を樹立したパイロットで、軍と民間の双方で活躍した。彼はＭＩＴ（マサチューセッツ工科大学）の修士、工学博士でもある。この頃、彼はシェル石油に所属していて、へき地の、きれいに整地されていない牧草地などに着陸する事があった。

オライオン機では引込脚は標準装備で、民間機としては引込脚を実用化した最初の機体だった。引込脚にした事で、飛行中の脚の抵抗が無くなって、最高時速は三六五キロ／時を出せた。その当時の実用機としては最速の機体で、バーニー・スピード航空のロスアンゼルスとサンフランシスコを結ぶ路線で、六五分間隔で出発する定期便に使用されていた。

ドーリットルが必要とする使い方のためには、機体の脚は標準より頑丈にする必要があった。この設計作業は難しかった。私の数学の知識を総動員する必要があった。脚が壊れないようにするために、脚に使われる鋼管の厚みを倍にした。そのために重量は七キログラム増加したが、脚は壊れなくなった。

六か月毎にドーリットルは機体を工場へ持ち込んで、徹底的に整備させていた。彼は素晴らしい飛行家で、人当たりも良かった。彼とは現在でも良い友人である。

エレクトラ機の初飛行が近づくと、グロス社長はエドムンド・〝エディ〟・アレン(訳注6)を試験飛行のために雇った。彼はその当時、民間機の試験飛行士としては最も経験が豊富で、最良の試験飛行士だった。ロッキード社の操縦士は、まだ誰も双発機の操縦経験がなかった。アレンは一九三四年二月二三日に、一人で初飛行を行った。

「金属製のほっそりした旅客機は、初飛行に優雅に飛び立った。航空輸送における飛行速度の大幅な向上がまたしても実現された。」と、地方紙は華々しく報道した。

エレクトラ機は時速三二〇キロ以上で巡航が可能な初めての機体で、この時点では世界最速の多発旅客機だった。アレンは初飛行後まもなく、速度記録測定コースで平均時速三五三キロを記録した。後に高度三一五〇メートルで正確に計測した結果、エレクトラ機は時速三二五キロで巡航可能な事が証明された。この機体は米国国内の航空会社で数多く使用されたが、海外でも多数が使用された。

アレンは私にとっては素晴らしい教師だった。初飛行の後は、私は飛行試験担当の技術者として、飛行試験の初期の段階における、急降下、失速、きりもみなど全ての試験飛行で彼の飛行に同乗した。それらの飛行で、飛行試験の実施方法、必要な操縦の技術、科学的な知識、冒険的な経験など、全てにおいて素晴らしい教育的経験を得る事ができた。アレンは何が重要なのか、何を記録すべきかなど、飛行試験に必要な全てを教えてくれた。しかも、彼はいつも冷静な態度でいた。

ある時、設計急降下速度まで速度を出しても、フラッターや操縦上の問題を生じない事を証明するため、時速五一二キロまで出す試験を行った。機体の最大重量に合わせるため、機内に鉛の棒を積み込んだ。バーバンク工場の裏にある古い滑走路から離陸し、三六〇〇メートルまで上昇した。それからアレンは機首を下げ、エンジン全開でうなりをあげて急降下した。

ジョンソンは航空産業に就職した。最初の頃に飛行試験技術者として働いている姿。

高度が一八〇〇メートルまで下がり、アレンが引き起しを始めるだろうと思った瞬間、すごい音がして操縦席の中を何かが飛び回った。私はどうしたら良いのだろう、機体から脱出するのだろうかと思って彼の方を見た。彼は片手で操縦桿を持って機体を急降下から引き起そうとしながら、反対側の手で顔を覆っている機体の断熱材の断片を払いのけようとしていた。

「何か目にはいった。」と彼は平然とした声で言った。

パイロット側の窓が風圧で機内に押し込まれ、断熱材が引きちぎられてアレンの顔にかぶさったのだ。当然ながら窓は再設計になった。

十数回の試験飛行を行って飛行試験の初期段階が終わると、アレンはロッキード社の操縦士のマーシャル・ヘッドルを訓練して、エレクトラ機の飛行試験を彼に引き継いだ。その後の何年間も、私はヘッドルと、エレクトラ機や他の機体の試験飛行を行った。飛行試験技術者の仕事を離れた時には、私の飛行時間は二三〇〇時間に達していた。

私は、飛行機を設計した技術者は、自分の設計した飛行機を正しく理解するために、その機体で飛行すべきだと思っている。設計した人間なら、どこのボルトが強度ぎりぎりか、フラップは正しく動きそうか分かっているだろう。一緒に飛ぶ事で、私は操縦士の感じる懸念を、私も同じように感じるようにしていた。新しい機体の設計を進める際に、設計側と飛行士側の意見のバランスを取り、共通の認識を保つためには、一年に一回くらいは恐怖を感じるような場合があっても良いと思っていた。

こうした若い頃の経験から、それ以後の私の仕事のやり方が決まったと思っている。技術者の多くは操縦士の事を好きではない。そして、技術者を好まない操縦士はもっと多い。技術者が機体の設計に盛り込もうとする内容が、いつも操縦士に受け入れられるとは限らない。操縦士の不満に対して技術者がいつも的確に対応するとは限らない。両者の間のコミュニケーション不足が問題なのだ。

私は入社して早い時期に、この技術者と操縦士の間の溝に、次の二つで対応しようと考えた。同乗できる機体の場合は、初飛行などの危険が予想される場合も含めて、私はできる限り試験飛行に同乗する事にした。合計して九種類の機体の初飛行に同乗した。又、特に難しい試験飛行の時期ではなく、操縦士と一緒に飛行しない時には、操縦士が私の部屋を訪問してくれるのを歓迎するようにしていた。操縦士達は部屋にやって来て、彼らの要望を私に話してくれた。彼らの意見に従うとは限らなかったが、概して彼らの意見は非常に有益だと感じていた。一人を除いて操縦士と私の関係は良好で、お互いに尊敬しあっていたし、私に親しみを感じてくれたのではないかと思う。

エレクトラ機の飛行試験は、ある時、事故寸前の事態が生じるまでは、順調に進んでいた。政府の認定を受けるのに必要な飛行試験が、いろいろ苦労は有ったがほぼ終わりかけていた頃、民間航空局の職員が同乗している飛行で、操縦士のヘッドルは引込めてあった脚を下げようとした。しかし、片側の脚しか下がらなかった。左側の脚が下がらないのだ。

一方、我々は民間航空局（CAA：現在はFAA）からエレクトラ機の認定合格証をマインズ飛行場、現在のロスアンゼルス国際空港で受領した所だった。ヒバードと私は、彼のGM・ラサールのクーペで、葉巻をくゆらせながら、合格証の貰えた事を喜びながら、工場へ帰る途中だった。

ヒバードも私も普段はたばこを吸わない。しかし、民間航空局の担当者がお祝いに葉巻をプレゼントしてくれたので、葉巻を吸う所を見せなければならなかった。バーバンク工場へ戻った時は、丁度、エレクトラ機が着陸する時だった、

機体には無線機は搭載されていなかった。しかし、ヘッドルは、地上で整備員が必死になって手を振り回して合図しているのと、脚位置の指示器で、脚の故障が分かった。ジミー・ドーリットルも地上で見ていた。彼は伝言を持って彼の機体で飛び上がると申し出てくれた。グロスとヒバードの指示に従って、ドーリットルは彼のオライオン機の後部胴体側面にチョークで、「ユナイテッド空港へ着陸せよ。幸運を祈る。」と書いた。ユナイテッド空港は現在のバーバンク・グレンデール・パサデナ空港である。そちらの滑走路の方がバーバンクの会社の滑走路より長く、消火用の器材も配置されて

1930年代のロッキード社の技術部の様子。少人数でチームワークが良く、献身的な技術者達は、それ以後の会社（スカンクワークスも含めて）の社風の基礎を作った。

いる。最大重量に合わせるために積まれていた鉛の棒と、余分の燃料を全て投棄した後、ヘッドルは右脚だけで見事な着陸を行った。機体の損傷は地面を擦った左の翼端だけだった。原因は簡単な事で、修理の費用もあまりかからなかった。脚柱が破断していたので、脚柱の肉厚を二倍に変更した。

その時点では、すぐに修理が終わるかどうか分からなかった。出来たばかりの会社は、修理による引き渡しの遅れ、それによる代金支払いの遅れに対応できる余裕はなかった。そのため、機体の修理に必要な技術者六名と現場作業員以外は、社員は一時解雇（レイオフ）された。レイオフされた社員の給料は、数週間は支払いがされなかった。私の月に八三ドルの給料も支払いが停止された。我々は機体の修理を完了して引き渡しを行う前に、もう一度、航空局の認定を受けなおさなければならなかった。

エレクトラ機の初号機は、一九三四年七月にノースウエスト航空に納入された。それで社員の給料が支払われた。

会社に入って間もないこの時期は、私は自分の仕事に熱中していて、目の前の事ばかり考えて、周囲の人たちに配慮しない事があった。ヒバードは私を目立たないように外に連れ出し、注意してくれた事が何度かあった。そのうちの一度は、エレクトラ機の試験飛行に同乗する作業員を一人減らした事についてだった。機体の重心位置を変更するために、飛行中に機内で鉛の棒を移動させるのだが、鉛の棒は二五キロしかないので、その作業を私は作業員のドーシー・カメラーと一緒に行ったのだ。カメラーは組合に対して苦情を申し立てた。私は時間と費用の節約になるので、正しい事をしたと思っていたが、それは一人の作業員の仕事を奪い、飛行手当を貰えなくする結果になったのだ。

ヒバードは説明してくれた。「ジョンソン君、周囲とうまくやって行く事を勉強しないといけないよ。周囲とうまくやれれば君の仕事も楽になるのだから。」

彼は正しかった。ヒバードは私に、周囲を強制的に働かせるより、自分が先頭に立って導いて行く方が良い事を教えてくれた。必要なら自分が身を粉にして仕事に取り組むのは良いが、他の人にそれを強制するのは良くない。

作業員のカメラーとはとても仲良くなった。彼は試作機の飛行試験では、作業員のチーフとして私の下で長年、良い仕事をしてくれた。

私が入社した頃は、社内には一体感があった。それはエレクトラ機の初飛行の頃は社員が少なくて、二〇〇人程度だったからかもしれない。ロバート・グロス社長は、初飛行後の会社のパーティでピアノを弾いた。私はニールのドラッグストアでの初飛行の祝賀会で、生まれて初めて酒を飲んだ。その店は会社の向かいにあって、会社のパーテイで利用していた。飲んだのはスナッグ・ハーバー・バーボンだった。そのバーボンは海のヘドロのようでまずかった。

昼休みはソフトボールをして遊んだ。技術部門の人数が増えると、ソフトボールのチームは技術部チームと現場チームの二つに増えた。私はレフトを守り、打撃が好きだった。ヒバードがピッチャーをするときもあった。タッチフットボールで遊ぶ事も有った。

ロッキード社で一緒に働いた人達は素晴らしい人達だった。チャペレット、ヒバード、ロバート・グロス、そして後に弟のコートランド・グロスが加わった。会社の職業人生を、このような立派な人達と始める事ができ、私は恵まれていた。皆、とても知識が広く、思いやりがあり、親切だった。とても良い職業人生のスタートを切る事ができた。この人達からは、その後の何年間にも渡り、とても多くを学んだ。

第5章——美人で若い会計課長

ロッキード社の会計課長は背が高くて美人の若い女性だった。彼女の事務室は、会社の幹部達の部屋のすぐ隣に有った。正確には彼女の役職名は副経理部長だった。その当時の経理部の部屋は、大きな赤いレンガ造りの二階建ての建物の一階にあった。技術部門はその建物の二階にいた。彼女を初めて見た時、彼女は帳簿をつけていた。彼女はアルテア・ルイーズ・ヤングと言う名前だと分かった。彼女は給料の支払日になると、給料の小切手を各人に渡すために事務所や工場を回っていたので、紹介してもらう必要は無かった。彼女は会社にお金があるときは小切手を配っていたが、お金が無くて配れない時が三回あったと記憶している。彼女が小切手を配りにくるのを見ると、誰もがうれしく感じたものだ。

「アルテアはあなたが短気な若者だと思っているわよ。」と主任電話交換手（と言っても交換手は彼女一人しかいないのだが）のベラ・ドーンがある日、私に言った。私はベラを何度かダンスに連れて行った事があるが、ベラとアルテアは仲が良かった。その頃、女性社員は四名しかいなかった。グロス社長の秘書のレネ・タレンタイヤー、再建前の会社の重役で、副社長で営業部長のカール・スクワイヤーの秘書のアリス・スティブンソン、アルテア、ベラの四人だ。先に入社していた女性社員三名が、電話の交換機の操作を断ったので、ベラは四人目の女性社員に採用された。彼女は受付とシリル・チャペレットの秘書も担当していた。

私はアルテアの評価は正しいと思った。しかし、そう思われて黙っている訳には行かない。そこで私はアルテアと直接、話してみる事にした。

「ベラは私に、あなたがとても頭が良いと言ったわ。」とアルテアは打ち明けてくれた。彼女と近くのグレンデイルの町で夕食にステーキを食べた。一人分七五セントで、割り勘にした。彼女の給料は私の倍だった。彼女は私より一年早く入社していたからだ。

その晩はとても楽しかったので、その後、彼女とは何度も夕食を共にした。馬を借りて一緒に馬で散歩もした。週に一、二度、バーバンクの郊外の緑あふれるベルデューゴ山脈のふもとの谷を、馬で上がったり下がったりした。二人ともダンスが好きだった。彼女はダンスが上手だった。

ゴルフに関しては、彼女の方が私よりずっと上手だった。一度、彼女が希望したので、エレクトラ機の試験飛行に乗せた事がある。試験飛行に乗せる事は公式に認められてはいなかったが、試験飛行の同乗者に関する規則は、その頃はまだそれほど厳しくなかった。同乗者用の座席は装備されていず、彼女は胴体のむき出しの構造部材の上に座らなければならなかったが、それでも彼女は喜んでいた。

アルテアはスポーツで体を使うのが好きだったが、精神的にも積極的で良く気が付いた。彼女はとても聡明だった。我々二人は、興味を持ったり熱中する対象の多くが共通だったし、考え方や目的意識も良く似ていた。彼女と一緒にいるのがだんだん楽しくなり、一緒にいる事を楽しむ機会が多くなった。

まもなく私の給料は彼女より高くなり、デートでの割り勘はやめた。収入は増えたが、まだ私の収入だけでは結婚後の生活には不十分だった。妻には働いて欲しくなかったし、アルテアも同意してくれた。そのため、彼女と結婚したのは最初のデートから四年後だった。我々は教会に定期的に行っていなかったので、ロスアンゼルスのウイルシャー大通りに気に入った教会を見つけ、そこで結婚式を挙げた。新婚旅行はヨセミテに行き、美しいアハワネー・ホテルに滞在した。一九三七年の事だった。

我々はバーバンクの山の麓の、カントリークラブ・ドライブ通りに立派な古い家を借りて、何年かとても幸せに過ごした。アルテアは仕事を辞め、家事に専念した。彼女は協力的でとても頼りになる素晴らしい妻だった。

我々は日曜日には必ず、天気が良くても悪くても、乗馬をしていた。馬を借りていた厩舎が倒産すると、自分達の馬を買って、町の西側の田園地帯のアグーラ地区で、一頭当たり一か月三ドルで面倒を見てもらった。しばらくして、マリブ・キャニオンの牧草地を借りて、海岸地帯を馬で回るようになった。ガラガラ蛇がいる丘陵地に分け入り、そこから谷間の美しい景色を眺めた。二人とも屋外での活動が好きだったので、自分達の牧場が欲しいと思い始めた。

冬に大雨が降ると、南カリフォルニアの谷間になっている場所は、洪水で水に浸かる事があり、カントリークラブ・ドライブ通りでも洪水に見舞われた。その時は、消防士に助けてもらって、貴重品を持ち、犬を連れて激流を渡らねばならなかった。もっと高い土地に住む事に二人の意見が一致した。バーバンクの町はサンフェルナンド・バレーの平坦な場所にある。町の南側の丘陵地帯からは、冬には雪で覆われる山々が遠くに連なる素晴らしい景色が見える。アルテアと私は、その一帯を馬で何度も回って、自分達が住みたい場所を探した。

一九四〇年になると、自分達の家を建てる事が、経済的に可能だと思えるようになった。エンシノの町の高台にある、オークビュー・ドライブ通りの一区画を購入した。エンシノはその当時は人口六〇〇〇から八〇〇〇人程度の小さな町だった。我々の家はその高台の地区で四番目に建てられた家だった。敷地の上の方の地区にはクラーク・ゲイブルの土地があり、その他にも芸能人が数多くその地域には住んでいて、その中にはアリス・フェイと夫のフィル・ハリスもいた。市長はアル・ジョルソンだった。

我々の敷地はほとんど岩地だった。私たちは家だけでなく、プールとテニスコートも欲しかった。岩を削る量をできるだけ少なくするために、敷地全体と、そこに設置する建造物の模型を作成して検討する事にした。模型は長さ一・八メートル、幅一・五メートル、高さ四五センチの大きさで、土地の起伏も表現した。それぞれ地面からの深さが違う地下室を、二カ所に掘り下げる事にした。一つは温水器と暖房用の炉を設置し、もう一つには洗濯機とワインセラーを設置する事にした。家は地上三階、地下一階で、居間の天井の高さは三・六メートルにした。地下室を最小限にする事で、岩盤を掘り込む高い費用を大幅に節減できた。

模型で検討する事はとても良いアイデアだった。家とプールやテニスコートとの位置関係を適切にするのにとても役に立った。

しかし、一カ所で間違いが起きた。工事業者がプールの深い方の端を四五センチ余分に掘り下げてしまったのだ。プールを掘りすぎた事で生じた余分の岩屑を家の周囲に置くと、家の周りが高くなりすぎる。そこで余分の岩屑はプールの底に敷いて、コンクリートで固めたのでプールの底はとても丈夫になった。

プールの施工業者は、彼の会社の経験の浅い作業者の施工能力を十分に認識していなかった。何年か後になって、プールの配管の接手の工事をごまかしていた事が分かり、修理にずいぶん費用がかかった。作業者はプールの排水用の配管を接続するのに、正規の配管接手ではなく、トマトジュースの空き缶を使い、その周りにセメントを流し込んで固めたのだ。六、七年後にプールの周辺の土地が沈み始めた。削岩機でコンクリートをはがしたらトマト缶が出てきた。当然だが、配管接手は正規の物に交換した。

二カ所の地下室の工事で出た岩屑は、休みの日を利用して何年もかかって自分で処理した。家、プール、テニスコートは業者に施工してもらったが、敷地の外周の塀は岩屑を自分で積んだのだ。

エンシノ市の住人になった私は、市の商工会議所に加入した。そうする事が住民として責任ある行動だと考えたのだ。その後、私は商工会議所の評議員に選ばれた。評議員会は活発で、定例会議にはたいていは三〇人から四〇人が出席した。比較的小さな町なので、悪くない状況だった。

この評議員をしていて、反体制的な人たちがどのようにふるまうかを知り、良い勉強になった。商工会議所の人の事ではなく、それを利用しようとする人達の事だ。

地域ではボーイスカウト、ガールスカウト、婦人クラブ、その他の有益な市民団体の活動用の建物が必要になっていた。私はその建物の建設資金を集める委員会にはいっていた。建物建設のため、谷の南側のベンチュラ大通りのすぐ北側で、バルボア大通り沿いに土地を何区画か購入した。

そこに建設されたのが、現在のエンシノ市コミュニティ・ビルだ。

私はその建物の建築工事は住民が自力で行う事を提案した。資材の調達、建築工事など建築に必要な知識を持つ人が沢山いたからだ。週末や空いた時間に工事に参加してもらえば、追加の資金を集めなくても建物を建設できると考えたのだ。賛成してくれる人もいたが、多くの人は工事に参加する事を負担に感じて賛成してくれなかった。

建設計画はだんだん最終段階に近づいていた。或る夕方の会議で、その建物の名称を「世界平和ビル」にするなら、必要な建設資金を提供すると言う申し出があった。

「それはだめだ。このビルは、それを必要とするさまざまな団体全てのためのビルなんだ。」と私は反対した。

この件で会議は紛糾した。大半の参加者は賛成か反対か態度を明確にしなかった。私はこの申し出は、映画産業の中心地で、有名な俳優達が数多く住むこの町に対して、資金を提供する事で何らかの影響力を確保しようとする意図ではないかと思った。共産主義の普及を考えているのもしれない。

幸い、私はロッキード社の法律顧問のロバート・プロクターの意見を電話で聞く事が出来た。プロクターはボストンに住んでいて、陸軍航空隊の司令官になり、米空軍の生みの親となった〝ハップ〟・アーノルド元帥の法律顧問にもなった人物だ。

「プロクターさん、これは何か怪しい。」と私は話した。「理由ははっきりしないけど、世界平和についてとても強い言葉で感情的な発言をする人間がいるんだ。」

「ジョンソン君、状況をよく観察するんだ。」と彼は答えてくれた。「問題がありそうな人間がいるか調べてみるよ。」

しばらくして彼は電話で助言してくれた。「ジョンソン君、反対する人間を共産主義者と呼んではいけないよ。自分の発言で訴えられないようにするんだ。」

それは良い助言だった。資金提供を申し出た人間は、速記者を連れてきて私の発言を記録させた。不用意な発言をしたら訴えられたかもしれない。

興味深い事には、「あなたの意見に賛成だよ。」、「あなたは良くやっているよ。」、「頑張って。」など、口頭では励ましてくれる近所の人が多くいた。

しかし、「あの辺りに店を持っているんだ。」、「近くに材木置き場を持っている。」「表立って反対できない。商売に悪影響があるからね。」などと言う人もいた。

資金提供に怪しげな点がある事には全員が同意していたので、私は面白くなかった。結局、資金提供は認められなかったが、その後、私はエンシノ市の商工会議所の評議員には二度と選ばれなかった。

エンシノ市の、私の家から西に約三〇キロの場所に、私たちが馬に草を食べさせている、リンデロ牧場と言うまだあまり手が入っていない牧場用地が有った。家を建てた数年後、そのリンデロ牧場を購入する機会が回ってきた。牧場は西側の端に小川が流れ、起伏がある九一ヘクタールの土地だった。リンデロとは境界線の意味で、もともとはスペイン時代の、土地払い下げ区画の西北の角にあった土地である。

牧場の小高い場所に小さな家を建てた。家からは南西方向に太平洋が見えたし、それ以外の方角には山々が連なっているのが見えた。

昔の土木工事の経験がとても役立った。その区画のある一帯は未開発の地域だったので、自分で水、照明、動力を確保する必要があった。

自分達で造った家は、床面積が約八一平方メートルのコンクリートブロック造りだった。幅九メートルの広い居間には、高さ一・八メートルの窓を付けたので、外の素晴らしい景色が良く見えた。大きな暖炉を設置し、家全体を温める事にした。

電力用に、安価なプロパンガスで動かす小型の発電機を設置し、その電力を暖房や冷蔵庫に使用した。家はとても快適だった。

地面を掘り下げて浄化槽と水タンクを設置した。水タンクを設置するのは大変だった。トラクターのブームに重さ四五〇キログラムの水タンクを吊り下げ、家より高い場所まで運んだが、途中の道には下り勾配の所があった。この作業を実際に行う前に、トラクターと水タンクの傾く角度を慎重に計算して、水タンクを吊るしたトラクターが、下り坂で転げ落ちて家に衝突したりしない事を確認した。丘の麓に井戸を掘り、風車で水タンクに水を汲み上げるようにしたので、水の供給は全く問題なかった。

アルテアと私は牧場を自分達で管理した。彼女はトラクターを運転したり、馬の世話をするなど、私と同じように作業をこなした。アルテアはトラクターの運転がとても上手くなり、私が仕事でいないときは、牧草を刈って集める作業もしていた。二人で力を合わせて、牧場の仕事をした。

牧場では自分達で土地を耕して四五ヘクタールの面積にオート麦を植えた。牧草を刈り取り、束ねる作業も行った。

アルテアは動物が好きで、私を説得して、家畜登録をしてある家畜の購入に同意させた。我々はヘレフォード種の牛を二〇頭ほど購入して牧場で飼う事にした。彼女は家畜の繁殖の記録を付けたりするなど、牧場の仕事は何でも楽しんでやっていた。二人ともリンデロ牧場が好きだった。ペットとしてやせた子牛を飼う事にして、「やせっぽち」と名付けたが、大きくなると「おとな君」に名前を変えた。

ある時、私は干し草用のオート麦の植え付けの準備で土地を耕している時に、アルテアが自分と同格の共同作業者であることをうっかり忘れた事がある。私は彼女がトラクターを上手く扱ってないように感じた。ブレーキを引きずっているし、クラッチの使い方も乱暴すぎる。私はどんな機械であれ、丁寧に扱わないのは嫌いだった。そこで私はできるだけ穏やかに彼女に注意をした。しかし、「うるさく言うのを止めないと、トラクターで轢いてしまうわよ！」と彼女は言うと、トラクターの最大速度の時速六キロで私に向かってきた。私は彼女をそれ以上怒らせないようにその場を離れ、彼女はトラクターで耕すのを続けた。

自分達の牧場を馬で回り、牧草が生育するのを見る事はとても楽しかった。馬を何頭か購入したが、最初に飼ったプリンスとマックは飼い続けた。どちらも長生きで、二七年以上生きたが、その二頭が年を取ってからは乗るのを止めた。

我々は子供が欲しかったが、子供には恵まれなかった。しかし、我々はとても気が合っていたので、一緒に暮らすのはとても楽しかった。

第6章 偉大な飛行家達との交流

一九三五年八月、新聞は一面の見出しで、著名なユーモア作家にして哲学者であるウイル・ロジャースと、航空の先駆者として名声をはせていた勇敢な飛行家のウイリー・ポストの死を報じた。二人の死は全国の人達を悲しませた。

ニューヨーク・ワールドテレグラム紙は一面のトップに、「ウイル・ロジャースとウイリー・ポストが飛行機の墜落で死亡」と報じ、「二人は離陸でエンジンが故障して墜落。」と続けた。

ロスアンゼルス・タイムズは「ロジャースとポスト、北極圏で墜落死」と第一面の見出しを掲げ、「離陸中にエンジンが故障し、機体は川に墜落」と報じた。続報で「霧が事故に関与」と報道した。

ウイリー・ポストは、私が一九三三年にロッキード社で働き始めた頃に面識を得た有名な飛行家である。彼は一九三一年にハロルド・ガッティと世界一周を成し遂げた。一九三三年には単独飛行で世界一周を行って、世界一周を二度行った初めての飛行家になった。どちらの飛行も、「ウイニイ・メイ」の名前で有名だった、ロッキード・ベガ機により行われた。ポストは以前にはロッキード社の試験飛行士だった事がある。それ以前はオクラホマ州で油田の作業員をしていた。そこで彼は片目を失明し、彼の特徴となる黒い眼帯を着ける事になった。

片目だけでどうして遠近感がつかめるのか、あんなに上手に操縦ができるのか、我々はいつも不思議に思っていた。片目でも彼は巧みに操縦をする事ができ、パイロットとしての勇気と技量を何度も実証してきた。

私が彼に初めて会った頃は、彼は成層圏(訳注1)を飛行すれば、空気抵抗が小さく、強い追い風を利用でき、より高い速度を実現できるので、将来は高々度での飛行が行われると信じていた。そのため、彼は高々度飛行を実現させたいと思っていた。

彼はベンディックス社に依頼して、彼のベガ機のエンジン用に、特別製の吸気圧力を高める過給機（スーパーチャージャー）を提供してもらった。その過給機で、エンジンに送り込む空気を加圧するだけでなく、彼が開発した深海用の潜水服のような、パイロット用の加圧服（プレッシャースーツ）も加圧する計画だった。酸素が薄い高々度での飛行には、圧力服が必要だと考えたのだ。彼は一万二〇〇〇メートルの高度を時速六四〇キロで、西から東に大陸を横断しようと考えていた。

その横断飛行のために、機体の胴体の下には着陸用に特別なスキッド（そり）を付け、車輪のついた脚は、離陸した後は重量と空気抵抗を減らすために、投棄してしまう事を考えていた。

当時の副技師長のジミー・ゲルシュラーと一緒に、私は投下式の脚、スキッド、過給機用の空気取り入れ口、性能向上策などの設計・検討作業を行った。しかし、水平飛行時の巡航速度は、いろいろ検討しても彼の希望の時速六四〇キロは実現できず、四八〇キロ程度しか出そうもなかった。

仕事の後、ウイリー・ポストとはロッキード社の工場の前にある、会社の会合でよく使用していたニールのドラッグストアで会っていた。ポストはビールを、私はシェリーを飲んだ。彼は私に、大陸横断の平均速度が時速六四〇キロを超えられるようにする事を、いつも要求したが、私の計算では四八〇キロ程度がやっとで、それ以上にはできないと答えていた。

ポストは私に言った。「ジョンソン君、僕が平均時速六四〇キロで大陸横断に成功したら、僕にウィスキー一箱をプレゼントしたまえ。もし君が正しかったら、君が使っている小さな三〇センチの計算尺の代わりに、もっと正確な計算ができる五〇センチの計算尺をプレゼントするよ。」

私は計算尺を貰えなかったし、ポストは大陸横断に成功しなかった。

ポストは三回、大陸横断を試みた。一、二回挑戦すればあきらめそうだが、彼は違った。彼はバーバンク空港から離陸し、滑走路の端で脚を切り離した。しかし、離陸後にエンジンが不調になり、そりで不時着しなければならなくなった。彼はモハーベ砂漠まで飛んで不時着したが、そこは不時着にはとても適した場所で、彼は高い操縦技術と正確な距離感により不時着に成功した。次の飛行ではクリーブランドまで飛行する事ができた。彼は九〇〇〇メートルの高度で平均速度三〇五キロを達成したが、またしても不時着を余儀なくされた。過給圧が予定より低く、エンジンの馬力を目いっぱいまで出せなかった。

しかし、彼の考え方はとても優れていた。もしエンジンさえ所定の性能を出せたら、ポストは一個人の力で、だれよりも早く大きな成果を上げた事だろう。誰も彼の記録をしばらくは破れなかったろう。彼は、ロッキード社の初期の時代の木製高速機シリーズの最後の型で、当時としては最速の民間機だったオライオン機より空気抵抗が小さい機体を作らせたのだ。最高速度は三六〇キロを出す事ができ、軍用機の何機種かより高速だった。標準型より主翼は薄く、脚が無いため重量は軽く、エンジンの馬力は大きく、巡航高度は通常の機体の二倍だった。高度が高いと空気は薄く、空気抵抗は小さくなるからだ。

ポストは別の計画も手掛けた。彼はロッキード・オライオン機を改造して、主翼をロッキード社の別の機体であるシリウス機の主翼に付け替え、水上機として使用するためにフロートを取り付けた。ポストと彼の友人のウイル・ロジャースは狩猟をしながらのんびりと休暇を楽しむために、ユーコン川の流域、カナダのノースウエスト準州、アラスカの各地を旅行する事を計画した。ポストはシベリアに入国できるパスポートを所持していて、その機体で世界一周する事も考えていた。

しかし、ポストはその機体のエンジンを、入手できる中で最大のエンジンに換装し、プロペラも一番大きなものを取り付け、プロペラ用減速機も別のものに交換したのだ。

「ポストさん、この改造機は用心した方が良いよ。」と私は注意した。ゲルシュラーも「重量のバランスが悪い。大きなプロペラを装着したので、機首が重すぎる。」と警告した。

「いや、僕は上手くやるよ。やるとも。」とポストは反論した。

しかし、私もゲルシュラーも彼に対して警告を繰り返した。

「離水するときに問題がある。機首を上げるのに昇降舵の効きが不足している。」と私はポストに警告した。しかし、彼はその機体に民間航空局の耐空証明をもらうと、離水して飛び去って行った。

離水の際には、エンジンをふかし、フロートで水上滑走しながら、機体を前後にゆすぶって機首を何とか持ち上げ、機体を水面から跳ね上げるようにして空中に浮かせ、そのまま飛び去って行った。

ポストとロジャースの最後の飛行では、視程が非常に悪い状況だったので、離水の時に水平線が見えていなかった可能性がある。

そうした状況では、姿勢の基準となる水平線が見えないので、機首を上げた時の機体の角度がわからなかったかもしれない。その状態で機首を上げ過ぎて機体を失速させたり、エンジンが不調になると、事故を起こす可能性が大きい。

ポストは並外れた操縦士であり、これまで様々な難局を乗り越えてきた。ポストとロジャースは事故を起こすまでに、アラスカの北西部の広い範囲を飛び回り、北極圏に五〇〇キロも入り込んだ事もあった。新聞の伝えるところでは、彼らはエンジンの調子が悪くなったので、修理するためにエスキモーの居留地に三時間滞在した。離水する時に、またしてもエンジンが不調になり、機体は凍結したツンドラに墜落した。ポストの腕時計は、墜落の瞬間の午後八時一八分で止まっていた。一人のエスキモーがポイントバローまで二四キロを走って、この悲劇を伝えた。有名なブッシュパイロット(訳注2)のジョー・クロッソンが自分の機体で遺体をフェアバンクスまで運び、そこからはパンアメリカン航空の顧問をしていたチャールズ・リンドバーグ大佐が、遺体の本国への送還の指揮をした。

一九三七年には、アメリア・イアハートが世界一周飛行中に行方不明になったニュースが新聞の一面を飾った。

「イアハート夫人、太平洋で消息を絶つ。『残燃料は〇・五時間分、陸地は視認できず。』の無線連絡後は通信なし。」とニューヨーク・ヘラルドトリビューン紙は一面に四段抜きで報じ、写真、地図、イアハートからの最後の寄稿と関連情報を掲載した。

「アメリア・イアハート、太平洋で行方不明。無線で微弱な救難信号を受信。」、「捜索には船に加えて飛行機も参加」とロスアンゼルス・タイムズ紙は報じた。同じ新聞の七月三日の一面には、「ロシアと日本の緊張は、双方の前線部隊が後退した事で和らぐ。」と記事が載った。後日、イアハートの行方不明の原因として、日本軍とのトラブルを疑う説もあった事を考えると、偶然ではあるが、皮肉な感じがする。(訳注3)

当時、アメリカの女性パイロットとしては最も有名だったアメリア・イアハートと、彼女の航法士として同乗していたフレッド・ヌーナン大尉からの無線通信は、七月二日の太平洋標準時間午前一〇時一二分以降、太平洋地域の無線通信傍受所では受信されていない。翌日の午前一時、弱い信号をロスアンゼルスのアマチュア無線家と、数百キロ離れた位置にいた蒸気船が受信したが、遠すぎて救助活動には貢献できなかった。

イアハートの言葉を借りれば、「ほんのお楽しみ」のために始まった世界一周飛行は、この日、通信の沈黙と共に終わりを告げた。

私がイアハートに初めて会った時には、彼女はすでに華々しい実績を残していた。彼女は女性として初めて飛行機で大西洋を横断した。一九二八年には同乗者として、一九三二年には単独操縦によって大西洋を横断したのだ。一九三五年には、太平洋で、ホノルルからカリフォルニア州オークランドまでの飛行を行った。それに加えて、一九三五年にはベガ機を使用して三つの華々しい記録飛行を行った。バーバンクからメキシコ・シテイまで一三時間三二分で飛行し、メキシコ・シテイからニュージャージー州ニューアークまでを初めて無着陸で一四時間一九分で飛行した。更に、バーバンクからニューアークまでを一三時間三四分五秒で飛行し、大陸横断の女性記録を樹立した。

一九三二年に発行された彼女の本、「飛行の楽しみ（The Fun of It）」では、彼女は自分の単独大西洋横断飛行についてこう書いている。「私としては、飛ぶのは自分が楽しいからやっているだけだと言う事ははっきりしていました。大西洋横断を選んだのは、自分がやってみたかったから選んだだけの事です。適切な能力が有れば女性でもできる事を、自分自身や関心を持つ人に対して証明するためでした。」そして、「理論を実地に適用し……機体にその性能を発揮させるのに貢献したいのです。女性はこれまで以上に、こうした活動に参画すると期待していますし、そうなると思っています。」と、男女同権主義者のはしりである彼女は書いている。

私が彼女に初めて会った頃、彼女はロッキード・モデル10Eエレクトラ機を所有していた。この機体は、エレクトラ機の最初の型に、当初の四二〇馬力のワスプ・エンジンの代わりに、もう少し馬力が大きな五五〇馬力のワスプ・エンジンを装備していた。彼女は世界一周飛行を行いたいと思っていた。

私が彼女のために行ったのは、基本的には、世界一周飛行を行うために、機体の航続距離を最大限にするのはどうしたら良いかを検討する事だった。彼女は操縦士として、私は航空機関士として一緒に飛行して、機体の重量、重心位置、エンジン出力、飛行高度をいろいろ変えて試験を行った。

その当時は、エンジンの排気の計測用に、ケンブリッジ分析器をロッキード社は使用していた。燃費を良くするためにミクスチャー（空気とガソリンの混合比）を薄くしては、排気の状態を計測した。イアハートもその計測器の使い方を習得した。彼女はポール・マンツにも助言してもらった。マンツはベテランの操縦士で、レーシング・パイロットとして有名だった。彼には長距離飛行用の燃料タンク、計器、その他の必要な特別な装置などについて助言してもらった。

彼女の最初の計画では、世界一周を西回りで行う事にしていた。そこで、私は一九三七年二月一七日付けの彼女への手紙で、飛行距離が長い最初の六区間について、その区間で搭載すべき燃料搭載量を連絡した。

手紙には、「イアハート夫人、下記の燃料搭載量はそれぞれの飛行区間に対して、私が推奨する搭載量です。これらの数値は、ポール・マンツ氏とも相談しましたが、これからあなたが行う、あなたの機体の燃料消費率の実測結果によって変化します。燃料搭載量には、航続距離に換算して二五パーセント分の余裕（無風状態の場合）が含まれています。」と書いた。そして、サンフランシスコからナタールまでの各飛行区間について、距離、燃料搭載量、機体重量の一覧表を添付した。その手紙には以下の説明も記載した。

「離陸の際、フラップを一〇度から三〇度の範囲に下げると、離陸滑走距離は約二〇パーセント短かくなります。機体重量が重い場合でも、路面が良好で、長さが九〇〇メートルの滑走路を使用する場合、機体の重量が六・三トンなら、滑走路の長さ以下の六〇〇メートルの距離で離陸できるので、フラップは必要ありませんし、使用をお勧めしません。離陸でフラップを使用すると、滑走の初期に方向安定が悪くなり、離陸後にフラップを上げる時の速度に注意が必要になります。フラップを上げた際に機体が沈み込まないようにするには、速度が一九〇キロ／時を超えるまで、絶対にフラップを上げてはなりません。

しかし、滑走路の路面が悪く、脚に掛かる衝撃が大きくなりすぎる場合は、フラップ（一五度）を使用すべきです。

正しく離陸するためには、滑走して速度が付いたら機体の尾部を浮かし、機体の姿勢をほぼ水平に保つ必要があります。安全に離陸できる速度になったら、脚にかかる衝撃が過大にならないように、機体を地面から浮き上がらせて下さい。地面から離れた後は、速度が十分につくまでそのままの高度を保ち上昇しないで下さい。そうすれば、地面効果による揚力の増加と、抵抗の減少を最大限に利用する事が出来ます。

フラップを下げて離陸した場合には、地面から浮いたらまず脚を引き込み（できるだけ早く）、フラップを下げたまま安全な高度まで上昇し、その高度で水平飛行を行って時速一九〇キロまで増速して

イアハートの愛機として有名な、ロッキード社初の全金属製のエレクトラ機を背に、アメリア・イアハートは次の飛行についてケリー・ジョンソンと話し合っている。

からフラップを上げます。フラップを上げたら時速一六〇キロ以上を保って下さい。フラップを引き込んだら、エンジンを通常の上昇パワーにセットして上昇します。

この手順はかなり複雑です。そのため、一般論としては、必要がない限りフラップを使用しないで離陸される事をお勧めします。敬具　ジョンソン」

世界一周飛行を目指した最初の飛行で、彼女はハワイで機体をグラウンド・ループさせ（訳注4）、脚が機体からもぎ取れてしまった。機体は船便で工場へ送り返さねばならなかった。どうしたらグラウンド・ループを起こさないようにできるかについて、彼女といろいろ話し合った。それ以後、彼女はグラウンド・ループを起こさなかった。

二回目の飛行では、彼女は飛行方向を変

更し、東向きに飛行する事にした。理由は分からない。多分、東向きの方が追い風を受ける区間が多そうなので好都合だと考えたのだろう。彼女は世界一周にほとんど成功する所だった。一九三七年五月三〇日にオークランドを出発し、大陸を横断してマイアミへ、続いてプエルトリコへ飛んだ。その後、海岸線を下ってブラジルに飛び、大西洋を横断してアフリカ大陸へ渡った。そして、インド、オーストラリア、ニューギニアのラエまで飛行した。そこからは飛行の最終局面で、この飛行で区間距離が最長のラエからハウランド島までの区間を飛行する。ハウランド島からホノルルを経てオークランドへ帰還すれば世界一周飛行は完結する。

ハウランド島を目指すと言う事は、イアハートと航法士のヌーナンは、広大な太平洋の中のごくごく小さな、長さが二、三キロ、高さに至っては一番高い場所でも海面上六メートルしかない、ごみのように小さな島を見つけなければならないと言う事だ。ヌーナンは非常に優秀な航法士だが、この飛行の時は、米海軍との無線通信でも報告しているように、空は雲で覆われていて、低高度に降りて確認用の中間点を見つける事も、六〇〇〇メートル以上まで上昇して太陽の位置を天測して現在位置を求める事も出来なかった。

彼らは二三時間以上も飛行していたが、搭載していた燃料ではそれが限界だった。救難信号を送信したが、彼らには自分達の位置が分かっていなかった。海軍は大掛かりな捜索活動を行い、無線方向探知機で位置を割り出そうとしたが成功しなかった。機体にはゴム製の救命ボートが積まれていたし、着水した際に機体が壊れなかったら、燃料タンクが空なので機体は水面に浮いている事ができる。私は彼らが不時着水を試みたが、成功しなかったと思っている。

イアハートは日本軍をスパイする任務を引き受けていて、日本領の島の上を飛んで、軍事施設の状況や日本軍の活動状況を写真撮影しようとしたとの説もある。私にはそうとは思えない。私の知る限りでは、彼女は手持ちの中型カメラしかもっていなかったし、機体には写真撮影用の開口部はないので、精密な航空写真は撮影できない。

イアハートは操縦が下手だったから遭難したとの説もある。彼女は私が知り合った頃には上手なパイロットだった。彼女はとても賢くて勤勉で、言われた事は注意深く聞いていた。彼女は周囲に対しては、親切で穏やかであり、振る舞いや物の言い方は静かで穏やかだった。彼女は「女性版リンドバーグ」と呼ばれていた通りの女性だった。私はいつもアメリア・イアハートを一人の淑女としても、パイロットとしても素晴らしい人物だと尊敬していた。

オーストラリア人のサー・チャールズ・キングスフォード・スミスも親しくなったパイロットの一人だった。彼のロッキード・アルテア機の航続距離を延ばす最良の方法を求めて、イアハートの場合と同様、彼とも密接に共同作業を行った。彼は一九三四年にオークランドからブリスベーンまで飛行して、長距離飛行のオーストラリア記録と国際記録を樹立していた。彼はイングランドからオーストラリアへの飛行を一九三五年に行う事を計画していたので、そのための準備作業を彼と行ったのだ。

彼の小さなアルテア機には、計測用の機材を空中で機外へ下げるための開口部がなかった。そのため、私は後部操縦席で立ちあがって、飛行速度計測用の「おもり」を機外へ下げて曳航しなければならなかった。この「おもり」は鉛製で重く、速度計測用のピトー管がついた流線形をしていて、それを気流が機体の影響を受けない、機体より三〇メートル下の高度まで下げて曳航する。この「おもり」で飛行速度が正確に測定できる(訳注5)。バーバンクから離陸して太平洋まで出て、速度を正確に測定しながら、いろいろ条件を変えて飛行を行い、航続距離を最大にできる方法を探す試験飛行を何度も行った。

一九三五年一一月六日、キングスフォード・スミスと副操縦士/航法士のトーマス・ペシイブリッジはシドニーを目指して、ロンドンから飛び立った。一一月八日に彼らはシンガポールへの途中で消息を絶った。低い高度で飛んでいる時に、がけか山に衝突して機体が損傷したが、その後、しばらくは飛び続けたのではないかと思われる。

海で車輪とタイヤが発見されたが、機体と乗員は結局、発見されなかった。航空界にとって大きな損失であり、私個人としてもとても残念だった。後年、キングスフォード・スミスに協力した事に対して、私はオーストラリア王立航空協会から表彰された。

ロスコー・ターナー大佐はおしゃれで、ゲートルを着けてブーツを履いたり、仕立ての良いスーツを着て、山高帽をかぶったりしていた。初期の飛行家の中でも、一番華やかな存在だった。彼は第一次世界大戦では航空隊の中尉で、戦後は民間予備航空隊の将校になった。ＤＦＣ(殊勲航空十字章)の持ち主で、トンプソン・トロフィーとハーマン・トロフィーの双方を獲得している。また、エアレースではベンディックス・レースとナショナル・エアレースで優勝しているし、バーンストーマー（訳注6）で、曲技飛行士でもある。彼はロッキード社の工場に、ロッキード・エアエクスプレス機にペットにしているギルモアと言う名前のライオンを乗せて飛んできた。

彼はギルモアをまだ子供の時に入手し、スポンサーのギルモア・オイル社にちなんでギルモアと名前を付けた。ギルモアはもう立派な大人のライオンになっていたが、ターナーは工場内を自由に連れまわしていた。ギルモアはとても大きく、危険そうに見えた。体重は二〇〇キロ程度はあったろう。ターナーは工場では鎖につないで連れ歩いていた。しかし、鎖が外れて、ターナーが捕まえる前に、アルテアを一階から二階まで追いかけて行った事もあった。ライオンはふざけているだけだが、大きなライオンなので、追われた方はとてもそんな気分にはなれない。

他の飛行家としては、チャールズ・リンドバーグとアン・リンドバーグのリンドバーグ夫妻、ローラ・インガルス、ルース・ニコルスなどが工場へ良く来ていた。その頃は、社外の人の工場への出入りについては何も問題にしていなかった。ロッキードの機体の所有者や用件のある人は自由に工場に出入りしていた。

女性パイロットで、アメリア・イアハート以外に私が一緒に作業したのはローラ・インガルスだけだ。この二人の女性は性格が全く異なっていた。ローラ・インガルスは、オライオン機で大陸横断飛行の速度記録、距離記録を樹立するために、翼端に燃料タンクを増設するなどの改造をロッキード社に行わせた。彼女は一九三五年に、東向き、西向きの横断飛行のどちらも成功させた。その前年の一九三四年には、彼女はロッキード・エアエクスプレス機で、南アメリカを回る二万九〇〇〇キロの飛行を、単独飛行で行っている。この飛行は女性による長距離飛行の新記録で、南アメリカ各地を巡り、女性パイロットとして初めてアンデス山脈を飛行機で越えた。彼女の家は我々の家のすぐ近くの、バーバンク市のカントリークラブ・ドライブ通りに有った。私は彼女のオライオン機の改造の仕事を担当した。

ローラは自分の機体の作業を監督するために、長い時間を工場で過ごしていた。彼女は作業の細部にまでこだわった。しかし、彼女には困った癖が有った。現場の作業員に飛行機の性能について質問したり、私にエンジンのプラグの交換方法について質問したりするのだ。彼女は作業のあらゆる細部にいたるまで、他人に任せきりにせず、自分でも確認していた。

チャールズ・リンドバーグ大佐は、一九三三年にパンアメリカン航空の依頼を受けて、北極回りの航空路開拓のための調査飛行を、水上機に改造したロッキード・シリウス機で行った。この機体の改造はジミー・ゲルシュラーが担当したので、私がリンドバーグと知り合いになったのはずっと後になってからだ。

リンドバーグはその飛行で、霧、凍結、悪天候の連続などの、飛行する上での様々な悪条件に遭遇した。湖や沼が凍結していると、そこに着水するのは危険なので、海に出て着水しなければならなかった。調査飛行はそのまま商業的な北極回りの航空路の開設にはつながらなかったが、夫人のアン・リンドバーグの著作、「翼よ、北に（North to Orient）」を生み出す事になった。

後に、リンドバーグ夫妻と我々夫婦も参加したビバリーヒルズ・ホテルでの晩餐会で、私の隣の席がアン・リンドバーグ夫人だった事がある。彼女は作家で、多感な詩人でもあり、航空の振興にも熱心だった。共通する話題として、ロッキード社の水上機による長距離飛行での様々な出来事について話をした後、人生で大事な事は何かが話題になった。彼女が私の意見を尋ねたので、私の意見を言うと、彼女はそれに賛成してくれた。ご興味を持たれるかもしれないので紹介すると、それは次の事項だった。

一、神を信じる事。あなたが病気や危険な状況で明日をも危ぶまれる時には、信仰は最大の心の支えとなる。

二、健康。健康でなければ本当に幸せとは言えない。私の人生で、健康である事は重要だった。

三、目的。人生では目的を持つ事が必要だ。自分が達成したい事があり、それを成し遂げる事が必要だ。目的を達成する事で、安全、収入、名誉など人生で必要な物を得る事が出来る。

四、あなたを愛し、信じてくれる人生の伴侶。

五、あなたの上司や部下からの尊敬。

これらの事項は、私が毎日の生活を送る上での信条の要約であり、アン・リンドバーグのような人に賛成してもらえたのはとてもうれしかった。

第7章――ロッキード社の様々な機体

モデル10型エレクトラ機をもとにして、特徴的な双尾翼を持つ民間輸送機の一連のシリーズが開発された。最初にモデル12型エレクトラ・ジュニア機が、次にモデル14型スーパーエレクトラ機が、そしてXC-35型機が作られた。XC-35型機は陸軍の注文で一機だけが作られた試験機で、高々度飛行の領域を開拓した事で、陸軍航空隊はコリアー・トロフィーを受賞した。モデル14型スーパーエレクトラ機からは、後にロッキード社の第二次大戦用の最初の機種が産み出された。

モデル10型エレクトラ機は、民間航空会社用、軍用、個人用の機体として、大きな成功を収めた。この機体は乗り心地が良く、通路の両側に縦に五席ずつが設置でき、正、副二人の操縦士用の操縦室は広かった。外表面が全て金属製の機体としては、米国で初めて量産された機体だった。その上、この機体は速度が速く、巡航速度は三〇四キロ/時に達した。

この機体から派生した最初の機種は、モデル12型エレクトラ・ジュニア機で、モデル10型ほどの座席数や性能を必要としなかったり、もっと安い機体を望む顧客向けの、少し小型の機体だった。六人しか乗れないが、巡航速度はもう少し速く、時速三三〇キロを出せ、値段は四万ドルでモデル10型より一万ドル安かった。一九三四年に使用され始めると、民間輸送機としての世界速度記録を数多く樹立した。一九四二年まで生産が続いたが、軍用機の生産のために工場の能力が一杯になると生産は中止された。

次に開発されたのはモデル14型スーパーエレクトラ機で、スーパーと付くのがふさわしい機体だった。機体の設計や製造方法の全てに、最新の技術が用いられた。一九三七年に初飛行したが、巡航速度は三八〇キロ／時、最高速度は四一一キロ／時で、その時点ではアメリカの民間輸送機では最速の機体だった。ロスアンゼルスからニューヨークまでの飛行時間は、ダグラスDC－3型機より四時間短かかった。

スーパーエレクトラ機のエンジンは最新のライト・サイクロンだったし、機体の材料には最新の強度が高いアルミ合金が、窓には新しくプレキシガラスが用いられた。また、全く新しい、二つの革新的な技術が採用されていた。離着陸の時に主翼の面積を大きく増加させるロッキード式ファウラーフラップと、形が似ているために「郵便箱の受け口型」と呼ばれる、主翼前縁の気流をはがれなくするスロットと言う高揚力装置だ。

エレクトラ機をもとに作られた三番目の機体はXC－35型機で、陸軍航空隊のために秘密裡に開発された。この機体は世界で初めての亜成層圏飛行用で、与圧機能を持つ機体である。

ウイリー・ポストが一九三五年に、圧力服を着て、過給機付きエンジンを付けた機体で行った飛行により、九〇〇〇メートル以上の高度でも、人間と機体のどちらもが飛行可能な事が証明されていた。

その翌年、陸軍航空隊はロッキード社に、エレクトラ機の胴体を与圧できるように改造した機体を発注した。機体の内部を外部より〇・六八気圧高くできるようにするのだ。そのためには胴体の構造を強化する必要があり、機体の重量が六七三キログラム増加した。このXC‐35型機は一九三七年に初飛行し、陸軍に納入されたが、その年の航空機の発展に最も貢献した機体として、コリアー・トロフィーを授与された。

私の高々度飛行の体験は、ウイリー・ポストとの飛行から始まったが、エレクトラ機でのロッキード社の主任試験飛行士のマーシャル・ヘッドルとの飛行試験における経験から、この問題にはごく早い時期から関心を持っていた。その飛行試験は、ブラジル政府が購入した機体について、高度六九〇〇メートルまで上昇できる事を実証するために行われた。ブラジル政府は飛行試験技術者や操縦士の言葉だけでなく、実際にその高度まで上昇させる事を要求したのだ。気圧高度を自動的に記録する自記高度計に、ごまかしができないように封印をし、それを機体に搭載して六九〇〇メートルまで上昇出来る事を証明する事が必要になった。

その頃の一般的な見解では、高々度では酸素中毒を起こす危険があるので、必要以上の酸素を吸うべきではないとされていた。そのため、我々は酸素の配管に細いチューブを通してタバコのパイプのような器具をつなぎ、そこから酸素を吸っていた。要求された高度まで上昇できる事を実証するには、三回の飛行が必要だった。何度も上昇してみたが、要求された高度にはなかなか到達できず、上昇速度などの飛行条件をいろいろ変更して、やっと要求された高度まで上昇できた。

しかし、飛行を終えて着陸した時には、私は気分が悪く、家まで車で送ってもらわなければならなかった。私は文字通りベッドに倒れ込み、ベッドから落ちないように寝ているしかなかった。私はとても気分が悪かった。この経験に驚いたので、それ以来、私は酸素系統、圧力服、与圧胴体に関心を持っている。それ以後の航空機の発展に流れを見ていて、ウイリー・ポストなどの先駆者たちの行ってきた試験、研究に尊敬の念を感じた事が何度もあった。

この時代の飛行試験用の装備品は、酸素吸入用のパイプ型の器具のように原始的な物も有ったが、それでも飛行試験を行う上では役に立っていた。モデル12A型機の尾輪の空気抵抗を飛行試験で実測するために、尾輪の支柱の前側に市販のばね秤を取り付けた事がある。空気抵抗によりばね秤が伸びて、抵抗の大きさを測定できる。この機体の実測結果では、尾輪の抵抗は大きくなかったので、尾輪を引き込み式にする必要が無い事が分かった。

モデル14型機の初飛行は、私にとっては忘れられない飛行になった。マーシャル・ヘッドルが操縦士、私が飛行試験技術者で初飛行を行った。この機体の設計では、新しいフラップなど多くの部分の設計に関わってきた。そのため、私にとっては重要な初飛行だった。これまでの民間の機体で、ファウラー・フラップの装備に成功した機体は無かった。ファウラー・フラップは、下げた時にエアブレーキにもなる普通のフラップとは異なるタイプのフラップである。このフラップは、下げた時は主翼の後方に滑り出て主翼の有効面積を増加させるので、離着陸時には主翼面積を大きくし、高速飛行時には主翼面積を小さくするのと同じ効果が有るフラップである。

ロッキード社はまだ自社の風洞を持っていなかった。そのため、私はパサデナ市にあるカリフォルニア工科大学で数多くの風洞試験を実施した。ロッキード社など航空機製造会社六社が、その風洞を借りて風洞試験を行っていた。私はフラップの装備が機体の設計に与える影響を検討してきたので、フラップの装備については良く理解していると自信を持っていた。

我々は工場の裏の古い滑走路から離陸した。高度を取ってから、初めてフラップを下げる試験を始めた時、突然「バン」と大きな音がした。フラップは最後方まで出てしまい、そこから上げられなくなった。フラップを操作する油圧系統の油圧が抜けてしまっていた。この故障は、それ自体は深刻な故障ではないが、この状況では厳しい事態を引き起こした。着陸するために速度を下げていくと、フラップが勝手に上がってくるのだ。条件を変えて何度も試みても、同じだった。着陸を行うには良くない状況だった。特に、これから着陸する滑走路は長くないので、この状況は好ましくなかった。

しかし、運よくこの時に、フラップを二〇パーセント下げた位置で、フラップ・トラック(訳注1)が曲がっていて、そこでフラップが止まるかもしれない事を思い出した。そこでフラップを固定できないまま着陸進入を続けることにした。速度を下げていくとフラップは上がってきたが、二〇パーセント下がった位置まで上がると、その位置で止まり、我々は無事に着陸できた。現在では、ロッキード社の機体の大半は、油圧系統や他の重要な系統は、三重や四重になっている。

モデル14型機の飛行試験を担当している頃は、自分の権限以上の事をしてはならない事が良く分かっていなかった。やるべき事がとても多かったので、目の前のやるべき事しか考えていなかった。ある日曜日の事だが、主任試験飛行士のヘッドルは不在だった。私は操縦士のマックラウドに、自分が飛行試験技術者として同乗するので、彼が操縦するよう頼んだ。マックラウドは操縦免許は持っていたが、モデル14型機の操縦については、資格を有する操縦士による技量認定をまだ受けていなかった。

私は操縦免許は持っていなかったが、初飛行以後、モデル14型機の全ての飛行に同乗していたので、操縦の仕方については良く分かっていた。私はマックラウド操縦士に離陸速度を教え、フラップを上げるタイミングとか、エンジンのパワーの設定値を指示した。何事も無ければ、誰も我々が無資格で飛行している事に気づかないはずだった。

飛行そのものは何の問題もなく順調に進んだ。私はマックラウドに、着陸操作では尾部は浮かせたまま、主脚をまず接地させ、それから尾輪を地面につけるようにと助言をした。着陸でも接地後、二、三〇〇メートルまでは問題なかった。しかし、そこで機体は突然、右に機首を振り、横向きになって停止した。私が操縦室の窓から外を見ると、右翼の上面に右主脚の脚柱が突き出していた！　大変な事になったと思った。無資格の操縦士に操縦させる違法行為をした上、機体を壊してしまったのだ。これで会社は首になってしまうだろうと思った。

しかし、検査員が機体を検査したところ、主脚を固定するのに、正規では六本のボルトで固定すべきなのに、飛行前の検査記録では三本のボルトしかついていなかったのに、検査には合格になっていた事が判明した。マックラウドと私の件は問題にはされなかった。

この時代では、飛行中の着氷は極めて深刻な危険性をもたらす問題だった。キャブレターの凍結を防止するために、加熱された空気をキャブレターに供給できる機体がほとんどなかったからだ。キャブレターの内部に着氷すると、エンジンは完全に停止しないにしても、パワーをほとんど出せなくなるので、機体は非常に危険な状態に陥る。

モデル14型機になって、初めて着氷対策をしたキャブレターが入手できるようになった。チャンドラー・エバンス社の防氷型キャブレターが出たのだ。我々はそのキャブレターを装備する事にした。それ以外の防氷対策も取り入れたが、そうしておいて良かったと思える事態が生じた。

この防氷型キャブレターを装備した機体が、民間航空局（CAA）の認定を得るのに必要な試験の一つに、着氷気象中での防氷性能を実証する試験があった。我々の地域を担当するCAAの検査官のレスター・ホロウベックは、キャブレターの防氷機能を確認するために、マインズ飛行場でモデル14型機の飛行に同乗した。厚い雲の中を九〇〇メートル上昇し、雲を抜けてからさらに三〇〇メートル上昇した時、左エンジンが咳き込み始め、すぐに停止した。その直後に右エンジンの回転数も低下し、左エンジンと同様に停止しそうになった。

とても厳しい状況になった。飛行場は見えないし、着陸するためには九〇〇メートルの厚さの、着氷をもたらしそうな雲を抜けねばならないし、CAAの検査官も乗っているのだ。しかし、我々は新型のキャブレターだけでなく、キャブレターへのアルコール噴射装置も装備していた。小型の手動ポンプを動かしてアルコールを噴射して、高度四五〇メートルまで降下するまでの間にキャブレターの氷を融かして除去した。エンジンは再び正常に動き、雲を抜けて着陸する事ができた。防氷型キャブレターに問題がある事が判ったが、それだけでなく、CAAの検査官からも認定を取得するための条件が追加された。検査官は、当然ながら、このキャブレターを使用するのであれば、着氷気象下でもっと多くの試験飛行を行う必要があると指摘したのだ。

この着氷問題は、同じ頃にノースウエスト航空が使用しているモデル14型機が、シアトルからミネアポリス／セントポールへの区間を着氷気象の中で飛行していて、モンタナ州ボーズマン近郊に墜落した事で、大きく取り上げられる事になった。墜落の原因は当然ながらすぐには判明しなかった。私は調査チームに参加する事になり、残骸の調査に当たった。

調査を始めると、すぐに垂直尾翼が二枚とも機体から脱落していた事が判明した。二枚とも墜落現場にないのだ。垂直尾翼が失われれば、機体の安定性は極度に低下し、墜落は避けられない。地面には雪が厚く積もっていたので、ボーズマン市のスキークラブが脱落した垂直尾翼の捜索に協力する事を申し出てくれた。私も、ミシガン州北部で少年時代にスキーの経験が有ったので、スキーでの捜索に一度だが参加した。

垂直尾翼が発見されて事故調査センターに運ばれてくると、方向舵が完全に無くなっている事が分かった。方向舵のタブにつながる操縦索は残っていたが（訳注2）、垂直尾翼の方向舵取り付けヒンジより後ろの部分は何も残っていなかった。

民間航空局はフラッターが発生した可能性があると考え、方向舵の水平安定板の上側と下側の部分の双方について、鉛のマスバランスを追加する事と、その他にも幾つかの対策の適用を、直ちに指示した。

しかし、私は何かを見逃していると感じた。私はタブの操作系統を調べてみた。タブの操作系統では、方向舵を動かしても、操作系統を動かさない限り、タブは舵面に対して同じ位置を保つようになっている。その操作系統のタブへの取付部にボールベアリングが使われている。事故機のベアリングは割れていて、ベアリングのボール（鋼球）は残っていなかった。ボールを保持するインナーレース全体が無くなっていた。そして、方向舵の後部に付く可動部であるタブも無くなっていた。

工場へ戻ると、ヒバード主任技術者以下を説得して、実物大の垂直尾翼の模型を使用する風洞試験を行って、フラッターがどのような条件で起きるのかを調べる事にした。一九三九年にロッキード社は自社の風洞を建設したが、これは民間企業の本格的で大型の風洞としては最初の風洞だった。しかしこの時はまだ完成していなかったので、カリフォルニア工科大学で、有名なフォン・カルマン博士とクラーク・ミリカン博士が管理しているグッゲンハイム風洞を使用させてもらった。風洞の模型を入れて試験する部分は直径三メートルの円筒形で、試験用の模型の設定を変更する作業は大変だったが、事故発生時にノースウエスト航空の機体が飛行していた速度より大きな速度で試験を行う事ができた。

風洞試験ではいろいろ設定を変えて試験を行ってもフラッターは発生しなかった。しかし、ベアリングが破損した状態を模擬するためにタブの操作系統を外して試験すると、方向舵はすぐさま尾翼からもぎ取れて吹き飛んだ。航空局が指示したマスバランスを装備した状態での試験も実施した。しかし、私が推測するに、事故の真の原因は、製造ラインの作業者、又は航空会社の整備職場の誰かが、タブを取り付けて調整した際に、ベアリングの扱い方が正しくなかったのでベアリングのインナーレースを破損させたが、ベアリング全体は壊れていなかったので、見逃してそのままにしておいた事だと思う。その後、悪気流中を飛んだ事でベアリングがバラバラに壊れ、激しいフラッターが発生したと思われる。今回の風洞試験における、操作系統のベアリングが破損した状態を模擬した試験で起きたような激しいフラッターは、それまで経験した事が無かった。

民間航空局の指定した条件を満足するには、着氷気象条件下で悪気流中の飛行をまだ五〇時間行わなければならない。しかも、その飛行を、墜落事故が起きた航空路で行わなければならないのだ。そのため、ヘッドル、ホロウベック、私はミネソタ州へ行った。天候が良くて他の機体が飛行している時には我々は地上にいて、天候が最悪の条件の時に離陸するのだ。

機体の安定性を実証するためには気流が悪い所を、新しい防氷型キャブレターの性能を実証するためには、着氷条件が厳しい所を飛行するようにした。機体に氷が五センチとか一〇センチ付着する時も有ったが、エンジンは回り続けた。ある時など、わずか四分間で激しく着氷して機体の抵抗が大きくなり、左右のエンジンをフルパワーにしても、飛行速度が一四四キロ／時しか出ない事が有った。この時はフルパワーのまま着陸した。

着氷の進行があまりに速く、空力特性や操縦性に対する悪影響が大きいのに驚いたので、私は他の関係者にも役に立つと思って、私にとって初めての技術論文を書いた（「翼面荷重、着氷と、それらに関連する事項が近代的な輸送機の設計に及ぼす影響」ジャーナル・オブ・エアロノーティカル・サイエンス誌一九四〇年一二月号）。それ以降、私が着氷以上に危険を感じるのはひょう（雹）だけである。後になってロッキード社は研究用設備として、着氷試験専用の風洞を建設した。着氷を経験した事がない操縦士は、わずかな着氷でも恐ろしい墜落事故をもたらすかもしれない事を、なかなか理解できないものだ。

細かい事項だが、もう一つ証明する必要が有ったのは、機体の温度が下がると、機体が縮んで操縦索の張力が下がるが（訳注3）、それでもフラッターが起きない事だった。そのために昇降舵の操縦索の張力を測定する必要が有ったが、操縦索に張力計を取り付けるには機体のトイレを外し、その後方の空間に潜り込むしかなかった。これは検査官であるホロウベックの仕事だった。ある日、彼が計器の指示を読み取っている時に、激しい乱気流に遭遇した。彼は機体の内部に落ち込んで、足を上に突き出して状態で助けてくれと叫んだが、その情景を今でもまざまざと思い出す事ができる。

モデル14型スーパーエレクトラ機のエンジンは新型のライト・サイクロンだったが、その馬力があまりに大きいので、それが問題を引き起こした。主翼の内舷側の大部分がプロペラの後流に入るのだが、エンジンをふかしたままだと、速度を下げても主翼の中央部は気流が剥がれず失速しないのだ。そのため、さらに機首を上げて主翼を失速させた時、つまり揚力が急減する時には、主翼の外舷側の後縁にある、横方向の操縦舵面である補助翼に近い位置で、気流が剥がれて失速を起こす。これは良い事ではない。特に片側の翼端部が反対側の翼端部より先に失速すると、機体が大きく傾くので好ましくない。

失速が始まる位置を調整するため、主翼の平面形の修正も含め、あらゆる対策を検討した。風洞試験では主翼に短い毛糸(訳注４)を貼り付け、失速の状況を観察できるようにした。そして、いつ、どのような条件の時に主翼の気流が剥がれるかを観察した。気流を観察するのに気流糸を使用した事はあったが、今回はこれまでで最も徹底的に試験した。

この失速特性試験で自動記録器（オートマチック・オブザーバー：ＡＯ）を初めて使用した。試験状況の記録用の計器類を機体に搭載し、機体の関連する系統に接続する。時刻と、それらの計器類が指示する、対気速度、気圧高度、横揺れ速度など、二八項目のデータを一台のカメラで撮影し記録するのだ。そのカメラに同期して、失速を起こす時の左右の主翼の写真を別の二台のカメラを使用して記録する。

この飛行試験は、一つの機種を対象とした飛行特性の試験としては、それまでで最も徹底的な試験だったと思う。私は操縦士と共に、サンフェルナンド・バレー一帯の上空で、何か月間もかけて五五〇回の失速試験を行った。仕事とは言え、面白い体験だった。

その頃の技術では、風洞試験においてプロペラ後流の効果を模擬する事が出来なかったので、プロペラ後流が失速特性に及ぼす影響を風洞試験で調べる事ができなかった。風洞模型のエンジン・ナセルに入る大きさの電気モーターでは、風洞試験で実機の失速時の状況を再現できるだけの強さのプロペラ後流を出せないのだ。我々は実機で飛行試験を続けるしかなかった。

この飛行試験の結果、前にも触れた「郵便箱の受け口型」のスロットを付ける改修を適用する事にした。主翼の下面から上面に向けて気流が流れる通路を付けるのだが、この流路をベンチュリー管のように上面に向かって通路の面積が狭くなって行くようにすると、気流は主翼の上面に加速されて出ていく。この気流は、主翼の表面に沿って流れたために勢いを失った気流に比べると、もっと速度が速く元気が良い。この作用は、迎角が大きい時にも効果を失わない。この当時、同じ効果を得るために、可動式のスラットを装備した機体もあった。デハビランド社の機体が有名だが、可動式にすると複雑になり、整備が難しいので、我々の機体は固定式のスロットにした。

我々のスロットはコアンダ効果を利用している。コアンダ効果はこの現象を発見したフランス人の技術者にちなんだ名称で、曲面に沿って空気を勢いよく流すと、空気は表面に沿ったまま流れて剥がれない事を指す。このコアンダ効果は、現在でも境界層制御の手段としてよく用いられている。

この時期は私にとって良い時期だった。一九三八年に私はロッキード社の主任研究技術者に任命された。

ロッキード社の技術部門が増員され始めると、私はミシガン大学から個人的に知っていた学生を何人か入社させた。ウイリス・ホーキンスが第一号で、彼の論文をストーカー教授の所で見たので、彼の学問的能力が高い事は分かっていた。続いて、ルデイ・ソーレンとジョン・マグワースを採用した。大学では私より一学年上のカール・ハッドンも入社した。

会社はまるで大学の同窓会のような感じになった。カリフォルニア工科大学の夜間教室で、若い技術者達とも知り合った。そこでフィル・コールマンをスカウトした。こうした技術者に、アーブ・カルバー(訳注5)、Ｅ・Ｏ・リヒターを加えたメンバーで、私の主任研究技術者の仕事が始まった。

ロッキード式ファウラー・フラップの開発で、私は一九三七年に「高速民間機の空力設計における重要な改良」をもたらしたとして、ローレンス・スペリー賞を受賞した。これは私にとって初めての大きな賞の受賞だった。

モデル14型スーパーエレクトラ機の設計で、ロッキード式ファウラー・フラップと「郵便箱の受け口型」スロットと言う二つの重要な新しい技術を採用したので、この機体は非常に優れた飛行特性を持つ事になった。その事がこの機体がこの後に、予想外な任務を果たす事になる上で大きな役割を果たした。

第8章　第二次大戦での大増産

一九三八年の国際情勢は、発展しつつあるロッキード社に勤める我々の生活を一変させたが、それは世界中の人々にとっても同じだった。ヒットラーはヨーロッパで軍を進めていた。英国では首相が当分の間は平和が続くと保証していたが、軍部は戦争は不可避と考えていた。チェンバレン首相がミュンヘンでヒットラーと会談をしたのは誤りだったが、その会議に行くのに偶然ではあるがエレクトラ機が使用された。エレクトラ機とその派生型の二機種の旅客機は、各地で多数が使用されていたのだ。

第一次大戦の戦訓から、英国がドイツとの戦争を始めれば、輸送用船舶が潜水艦により莫大な損害を受ける事は予想できた。英国は他にも必要な物は多いが、対潜水艦用の航空機も必要としていた。一九三八年の四月、英国は米国に練習機と沿岸哨戒用の爆撃機の購入調査団を送り込んできた。ロッキード社はこの調査団の訪問先に入っていなかった。しかし、ロッキード社の上層部は、ワシントンにいる英国の駐在武官からの電報で、交渉団がカリフォルニア州に来るわずか五日前にその事を知った。会社は調査団に働きかける事にした。ロッキード社のモデル14型機は速度が速く、適当な大きさで、必要な装備を搭載できる。我々は大急ぎで、モデル14型機を対潜哨戒機に改造した機体の、実物大の木型模型を製作した。

ケネス・スミスはロバート・グロス社長の下で営業部長をしていたが、新聞の調査団の写真を見て、団員の名前を覚えた。調査団一行がグレンデイル飛行場に到着すると、スミス部長は一人一人に名前を呼び掛けて挨拶し、調査団をロッキード社の木型模型に案内した。調査団はそのまま木型模型を視察し、評価を行った。

もちろん、ロッキード社の木型模型は、会社側が英国の要求内容を推測して製作した物に過ぎない。しかし、調査団は木型模型を見て、ロッキード社の熱意を感じ取ると、英国側が考えている要求内容をもう少し詳しく教えてくれた。調査団が来たのは金曜日だった。我々は土曜日と日曜日に、英国側の要求に合わせるべく可能な限りの修正を行い、月曜日に調査団にもう一度見てもらった。機体の性能についての説明資料も準備した。調査団はこの小さな会社の積極的な対応を評価して、英国側の技術部門と話し合うために、ロッキード社の英国訪問を要請した。

ロバート・グロス社長の弟のコートランド・グロスはこの頃、ロッキード社の経営陣に加わっていたが、彼が訪英チームを率いて行く事になった。他に三名が同行する事になった。ボストン在住の法律顧問のボブ・プロクター、営業担当副社長のカール・スクワイヤー、それに私の三名だ。我々はクイーン・メリー号に乗船した。コートランド・グロスは船の中で、客船での移動はとても非効率的なので、もっと効率的にする方法を考えるよう私に指示した。彼らしい指示だと思い、何か考えて彼に説明した記憶がある。

空軍省では我々の提案は三〇分で却下された。木型模型では、米国の陸軍航空隊の方式に合わせて、爆弾や魚雷は機内で、床から天井までの弾架に上下に積み重ねて搭載していた。しかし、英国では全て爆弾倉に搭載する事を要求された。又、酸素系統やその他の装備品も、英空軍の現用の物を装備する事を要求された。そうすれば英国が保有している装備品がそのまま使用できるからだ。又、敵機の後方からの攻撃から自機を守るための回転式の機銃砲塔と、固定式の前方射撃用の機銃が要求された。その当時、米国には全方位に射撃が可能な動力式の砲塔は無かった。こうした要求に対応しようとすると、機体の構造、重量、重心位置、性能は大きな影響を受ける事になる。ほとんど全面的な設計変更が必要になるが、我々はそのまま現地で作業して対応する事にした。

空軍省での会議の後、我々は製図板を一枚、T型定規を何本かとその他の製図用具を買い込み、メイフェア地区の宿泊先に戻った。私は、設計を変更して英国側が要求する装備品を搭載し、副操縦士と無線士の機器の配置を変更し、重量を再計算し、構造強度を検討した。機体の価格を見積り、要求性能を満足する事を確認した。

その週末は精霊降臨祭とその翌日の月曜日で三連休だった。私は設計変更をするために、その三日間、七二時間をほとんど休みなしで働いた。ベッドには入らず、どうしても必要な時は少し居眠りするだけで働いた。着替えもしなかった。

仕事を終えると私はベッドに倒れ込んでぐっすり眠った。部屋は費用を節約するためにコートランド・グロスと同じ部屋だった。三日間で初めて服を脱いだ。翌朝、目が覚めると、グロスが私のスーツにアイロンを掛けさせ、靴も磨かせてくれていた。会社の経営者の一人が、従業員のためにそこまでしてくれるなんて、何と素晴らしい事かと思った。私の上司の人たちはこのような気遣いをいつもしてくれていた。

火曜日に、機体の新しい機内配置図を持って空軍省を訪問すると、空軍省側は我々が祭日の間、ずっと働いた事に驚いた。その後、一週間程度会議を重ねて、我々は空軍省の質問のほとんど全てに回答する事が出来た。最後に空軍省はコートランド・グロス本人に質問する事にした。空軍参謀長のサー・アーサー・ビルネイ空軍中将は、グロスを部屋の隅に呼んだ。グロスの記憶では次のような質問をされた。

「グロスさん、我々は貴社の提案を高く評価し、貴社と契約を結びたいと思っています。しかし、ご理解いただきたいのですが、英国ではこのような巨額の契約を、ジョンソン氏のような若い技術者の説明を聞いただけで結ぶ事はあまり無いのです。従って、もしこの契約をするのであれば、英国が購入する機体がジョンソン氏が提示した仕様通りの機体になる事を、あなたから会社として確約し保証していただきたいのです。」

コートランド・グロス社長は参謀長に、彼と兄のロバート・グロス社長は「ジョンソン氏に全幅の信頼を置いており」、ロッキード社は英国側の信頼を裏切る事はないと確約した。私は二八歳だったが、

ジョンソンが尊敬する、組織運営の才能に恵まれたコートランド・グロス。
彼は兄のロバート・グロスと共にロッキード社発展の礎を築いた。

自分では十分な経験と能力があると思っていた。コートランド・グロスでさえ三六歳だった。

それから数日後の六月二三日、空軍省はロッキード社に、後にハドソンを名付けられた機体を二〇〇機発注した。ハドソンは戦闘でひどく被弾してもしぶとく帰還する事が多かったので、「ブーメラン」とも呼ばれるようになった。契約では一九三九年一二月までに納入できるのであれば、最大二五〇機まで納入機数を増やす事も認められていた。これはその時点では、米国に対する航空機の製造・購入契約では最大の契約だった。

英国側は、英国用の機体の内容や調達計画に関する情報を、米国のロッキード社に大西洋横断海底ケーブルによる国際電話で伝えないように指示していた。そのため、米国にいたヒバード主任技術者やグロス社長は、我々が帰国して、大幅に設計変更した機体で契約を獲得した事を知るととても驚いた。

我々はドイツの客船、ブレーメン号で帰国した。クイーン・メリー号より運航スケジュールが都合良かったからだ。できるだけ早く帰国して仕事に取り掛かりたかった。乗船して荷物を整理し、船内のバーの場所を確認している三〇分もしない間に、我々の船室は徹底的に調べられていた。ブレーメン号側は我々がロッキード社の社員である事を知っていたからだ。関係資料一式は、クイーン・メリー号の外交郵袋に積まれていたので問題は無かった。

我々の計画検討用の図面、資料はメイフェアのホテルの暖炉で全て焼却したが、その際に煙突の中で火災が起きた。煙突の内部には長年の燃えカスが大量に付着していて、それが石炭のように燃えだしたのだ。燃えカスのかけらが燃やしている書類の上に落ちてきた。幸い火災は暖炉の中だけで済み、外には拡がらなかった。暖炉はきれいに掃除したが、火事にならないかとても心配だった。急いで外に出て見ると、煙突から炎が上がっているのが見えた。炎に注意をひかないために、また我々が関係している事が露見しないように、急いで部屋に戻った。火の粉が飛んで被害が起き、その補償をする羽目になるのは避けたかった。幸い、どこにも被害はなかった。この煙突内の火災は一五分か二〇分しか続かなかったが、もっと長い時間が続いたように感じた。

このような大規模な製造契約を受注するのは、経営者のグロス兄弟にとって勇気が必要だった。一九三六年にロッキード社はバーバンクの工場の土地の買い増しを行い、翌年には生産、管理、技術部門の施設を拡大した。工場の総床面積は二万三〇〇〇平方メートル、従業員数は二五〇〇名、正味運転資金は六五万ドルに達した。会社は銀行に三三万四〇〇〇ドルの預金が有った。

英国からの受注の後、それまでロッキード社の発展ぶりに注目していた、若いが銀行の副頭取をしていたチャールズ・ベーカーが財務担当の副社長としてロッキード社に加わった。彼の働きもあり、グロス社長は一二五万ドルの資金の短期借り入れを行い、一九三九年には三〇〇万ドルの株式を初めて公開した。ハドソンの生産は順調で、契約で認められていた上限の二五〇機の生産を、予定より七週間早く完了した。

ハドソン機の最初の三機を英空軍に納入すると、私はその三機と共に英国に渡り、飛行試験、英空軍の機体の受け入れ作業の支援、保証通りの性能が出る事の実証作業を行う事になった。私は妻のアルテアとクイーン・メリー号で英国に渡ったが、妻は船の旅を楽しんでいた。我々は毎日ダンスをし、船旅での息抜きを楽しんだ。ロンドンでは私が仕事をしている間、妻は町を散策していた。私がロンドンの北西のマーテルスハム・ヒース基地に飛行試験のために移動すると、妻は帰国した。この基地は米国のオハイオ州にあるライトパターソン空軍基地に相当する飛行基地である。

ロッキード社の試験飛行士のミロ・バーチャムが同行した。急降下性能の実証試験が特に記憶に残っている。この試験は晴れた日に行う事が必要で、一〇日ほど待った後、やっと曇り空に晴れ間がいくつかある程度の天候になった。この機会を利用して試験飛行をする事にして、検定済みの自記高度計と、搭載兵器分の重量に相当するおもりを搭載して離陸した。離陸するとすぐに晴れ間は塞がって

（上）クィーン・メリー号の船上における、ロッキード社の英国へのハドソン軽爆撃機売込みチーム一行。左端がアルテア・ジョンソン、右端がケリー・ジョンソン。
（右）ロッキード・ハドソン軽爆撃機。ロッキード社が成功を収めた一連の対潜哨戒機の最初の機体。

しまった。

「とにかくやってみるか。」とバーチャムが言った。

高度を取った後、エンジン全開で予定の急降下速度まで突っ込んでから引き起した。水平飛行になった時の高度は低かった。あまりに低かったので、下にあった家の横を通り過ぎる時、その家の台所の花柄のカーテンの後ろから女性が我々を見ているのが分かった。

「きれいなカーテンだ。」と私は思ったものだ。

離陸から八分後に着陸した時には、二人ともまだ少し震えていたが、こんな事はいつもの普通の事のような顔をして、機体から降りた。

英国側は英空軍の慣熟飛行のために、非公式に私を空軍の仕事に従事させた。米国の操縦士は参加しなかったが、私は英空軍の青い制服を支給されて、航空機関士の仕事をする事になった。英空軍の搭乗員に、搭載している燃料でできるだけ長く飛行するためのエンジンの操作方法とか、他の操作手順を実際に実施して見せる必要があったからだ。

最初の頃、説明している内容を、私が本当に理解しているのかを疑わせる出来事があった。私は英国側に、脚の引込み操作に関して、ロッキード社が優れた安全対策を組み込んでいる事を、実地に示したいと思った。他のたいていの機種では、地上で誤って脚を引き込む事があるが、ハドソン機ではそう出来ないようにしてあるのだ。それを実証するため、地上点検で私が操縦席に座って真っ先にしたのは、脚の揚降レバーを上げ方向に操作しようとしても、ソレノイドが働いてレバーを動かせない事を示す事だった。しかし、こんな場合によくある事だが、脚レバーは上げ方向に動かせてしまった。幸い、脚に機体の重量が掛かっていたので、脚は引き込まなかった。脚レバーの安全装置を再調整してから、ハドソン機の導入教育と飛行を続けた。ロッキード社が保証した飛行性能を、全て試験飛行で実証しなければならなかったのだ。

こうした性能実証飛行をしていた時に、英国の監視レーダー網の有効性を実地に体験する貴重な経験をした。

ハドソン機の導入作業では、コリンズ中佐の指揮の下に、数多くの飛行が行われた。コリンズ中佐はスペリー社の自動操縦装置は、とても役立つ新装備だと信頼していた。ある日、ハドソン機の三機編隊で飛行した。右と左にそれぞれ一五メートル離れて編隊の僚機がついた。編隊長機のコリンズ中佐は自動操縦装置を作動させ、ロンドン・タイムズ紙を読んでいた。自動操縦装置が正常に作動していれば、そのまま編隊飛行を続ける事が出来ると思ったので、私は副操縦士席で航続距離を最大に出来るように、エンジンの空気と燃料の混合比を調整していた。

その飛行の目的は航続性能の確認で、無給油で三五〇〇キロを飛行できるのを実証する事だった。それだけの距離を飛行するには、グレートブリテン島、アイルランド島、英仏海峡を回らねばならなかった。飛行は順調に進んだが、スコットランドに近づいた時、すぐ目の前に黒い雷雲があり、そこに突入しそうな事に気付いた。コリンズ中佐はまだ新聞を読んでいた。

「コリンズ中佐、あの雲には入らない方が良いです。」と私は声をかけた。

「ああ、突っ込んだら駄目だ！」彼は即座に反応して、自動操縦装置を切り、急いで機体を左に旋回させた。直進していた僚機は、一機が頭上を通過し、そのエンジンの排気炎が見えた。もう一機は下を通過していった。二機ともそのまま雷雲に突入していった。我々の機体は雲は避けたが、編隊はばらばらになった。しかし、地上のレーダー局の誘導で、我々は再び集合して三機編隊に戻る事ができた。

我々は航続距離の実証試験を完了させ、コリンズ中佐はロンドン・タイムズを読み終えて基地へ帰投する事が出来た。この飛行で、私は後のバトル・オブ・ブリテンの航空戦で大きな役割を果たした、英国の警戒レーダー網の能力を実地に知る事が出来た。地上のレーダー員は悪天候の中でも三機の位置を把握し、再び編隊を組めるよう誘導し、飛行中はずっと機体の位置を監視してくれた。

英空軍はハドソン機を有効に利用し、ダンケルクの戦闘では戦闘機としても使用した。ハドソン機の主要任務である対潜哨戒では、潜水艦を捕獲した初めての航空機になった。ドイツ軍のUボートはハドソン機に発見されると海面に浮上したが、ハドソン機は駆逐艦が現場に到着するまで、潜水艦に機銃を向けて威嚇して、現場から逃走しないようにしたのだ。

米国は、自国用の対潜哨戒機を新規に入手するまでは、英国のハドソン機を借りねばならなかった。米国が参戦すると、「ウルフパック（狼の群れ）」戦術を採用したドイツの潜水艦群が、米国のタンカーを米国の東海岸から一〇マイル（一六キロ）と離れていない海域で攻撃し始めた。毎晩、タンカーが炎上しているのが見えたが、米国にはその時点で対潜哨戒機が一機も無かった。そのため、英国からハドソン機を一九機借用し、次いで米国防衛用の対潜哨戒機の調達を始めた。大戦終結までに、英国、オーストラリア、米国用に三〇〇〇機近くのハドソン機が製造された。

ハドソン機は今日まで続く、長い歴史を持つロッキード製対潜哨戒機(訳注1)の最初の機体である。初期の機体である米海軍のＰＶ‐１、ＰＶ‐２は、ロッキード・エレクトラ機の胴体を延長したロードスター旅客機を基に開発された。その後、対潜戦が高度に専門化され、技術的に複雑になって行くと、対潜哨戒用の新しい機体が開発された。

ＰＶ‐２機は、よくある事だが、必要に迫られて「高作動係数（ハイ・アクティビティ・ファクター）」のプロペラを採用した機体の先駆けとなった。当初の設計では、搭載を予定しているエンジンの馬力が大きく、その馬力に見合うプロペラは直径が大きすぎて、機体に適合しないのだ(訳注2)。五・一メートルの直径のプロペラが必要だが、それだとプロペラの先端の三〇センチが胴体に食い込むのだ！　設計を見直し、主翼に付くエンジン・ナセルを出来るだけ外に出して、プロペラの直径を大きく出来るようにした。それでもプロペラの直径は三・二メートルが限界だった。

ＰＶ‐２機のこの問題を解決するために、プロペラのメーカーであるハミルトン・スタンダード社に、プロペラ直径を五・一メートルから三・二メートルに短くした場合の検討を依頼した。ハミルトン・スタンダード社が回答してきた三・二メートルの直径のプロペラは、幅広の羽根を用いて、回転数が低くてもより多くの空気を取り込み、先端部分に負荷が集中しないようにした設計だった。

一九三六年から一九三七年にかけては、プロペラの設計は技術的に大きく進歩した。可変ピッチ、フェザリング、定速回転、リバース・ピッチが可能になるなどの、新しい技術が実用化された。

技術者にとって、技術の進歩に対応していく事は重要だったし、現在でも重要である。幸いな事に、私にとって勉強は、かつてイシュペミングの町のカーネギー図書館でその楽しみに目覚めた時と同様、今でも夢中になれる事である。この頃の夏休みに、フレッド・ワイクスの古典的な教科書、「航空機用プロペラの設計」の演習問題をもう一度、全部解いた事がある。また、何年か後の夏休みには、大学で学んだクライド・ラブ博士の「微分積分計算法」の演習問題を全部、もう一度解いた事もある。私は自分の数学の能力を維持しておきたかった。こうして夏季休暇を過ごす事は、とても楽しい事だった。

ロッキード社に勤めるようになってからも、カリフォルニア大学の教授や客員教授をしている優れた科学者や技術者が行う、水曜日の午後の勉強会に何年間も参加していた。また、カリフォルニア大学のいくつかの授業、特に航空学科の学科長をしているミリカン博士の授業にも出席した。私は博士号を取得したいと思い、そのために必要な講義を受講したが、航空工学の博士号を得るには、技術的な事項についてのドイツ語の能力が必要な事が分かった。私にはその勉強をする時間が無かったので、博士号は断念した。

これからは機体の設計をするには、自社で風洞試験を自由に行える事が必要で、外部の風洞を日程調整しながら使用するのでは不十分な事がはっきりしてきた。そこで、風洞建設の必要性を会社に説明して、三六万ドルを出してもらった。会社の首脳部は試験研究の必要性を深く理解していて、私の要望を受け入れてくれた。

それまでのいくつかの風洞での経験と、ＮＡＣＡ（米国航空諮問員会、ＮＡＳＡの前身）のそれまでの研究成果を利用して、風洞の空力的な設計は私が行い、建設用の図面は部下の優れた技術者であるリヒターに担当させた。風洞の建設に当たっては、構造部分は競争入札を行い、一八万六〇〇〇ドルで製作してもらった。残った予算は、計測装置（これは非常に高価）、他の付帯工事、模型関連設備に使用した。

その結果、四八〇キロ／時の風速が出せる、非常に優れた亜音速風洞が完成した。模型を入れる計測部は、幅が三・六メートル、高さが二・四メートルだった。風洞の送風機には定速回転式プロペラを使用した。これは他の風洞にはない方式で、とても便利だったが、故障する事も有った。カリフォルニア工科大学の風洞は、機体の模型の姿勢を変えると空気の流れに対する抵抗が変化するので試験風速も変化する。そのため、機体の模型の姿勢を変えると、その度に同じ風速になるよう送風機の調整が必要だった。我々の風洞では、送風機のモーターの出力を簡単な電気的制御装置で調整できるようにしたので、模型の角度を変更しても、試験風速は自動的に一定に保つ事ができた。この設計は、他の六社に控えめな価格だが、一万ドルで売る事が出来た。

この風洞の価値は、最初の本格的な試験で証明された。我々が次に取り組んだのはＰ‐38戦闘機の開発で、この機体ではそれまでほとんど知られていなかった、空気の圧縮性が問題になったからだ。

第9章―未知の領域に挑む

一九三〇年代後半になると、米国はまもなく戦争が起こるかもしれないのに、それに対する準備が出来ていない事を認識し始めていた。ロッキード社は何年か前から、極秘で陸軍航空隊用の新型戦闘機の開発を始めていた。英国空軍のハドソン機の運用開始のための支援作業が終わってバーバンク工場へ帰ると、この新型戦闘機の開発が私の最優先の仕事になった。

新型戦闘機に対する要求内容は非常にはっきりしていた。液冷エンジン双発で、最高速度は五九〇キロ／時を出せる事が要求された。我々は陸軍航空隊に対して、ロッキード社の機体は、時速六四〇キロ／時以上を出すことができ、これまでで最速の機体にできると提案した。ロッキード社は一九三七年にこの機体の開発を受注した。このＸＰ‐38型機の初号機の製作は一九三八年七月に始まり、初飛行は一九三九年初めの予定だった。Ｘは試作、Ｐは戦闘機を表す記号である。

この機体の形状は革新的で、他の機体とは大きく異なっていたので、奇妙な形だと言う人もいた。私はそうは感じなかった。設計された機体の形状は、全ての部分について、その形になった理由がある。機体の形状そのものに必然性が表現されている。新しい機体を設計する場合、飛び抜けた要求に対応するには、ありきたりではない設計で対応する必要があるものだ。

新型戦闘機では、アリソン社製の液冷エンジンの使用が要求された。そうするとプレストン冷却器(訳注1)を使用しなければならない。エンジンが長いので、過給機はGE社製のターボ・スーパーチャージャー（排気タービン過給機）をエンジンの後方に装備する事が必要になった。主脚はエンジン・ナセル内に引き込む必要がある。こうした装備品を全て詰め込んでみると、ナセルは長くなり、ほとんど尾翼の位置にまで伸びる事になった。そこで、ナセルをもう一・五メートル延ばし、そこに尾翼を付ける事にした。こうして、新型戦闘機は双発で、特徴的な双胴の形となった。この機体は第二次大戦では一八種類の型が作られ、全ての戦線で使用され、飛行性能の記録を幾つか樹立し、航空機の設計技術に対していくつかの貢献をする事になった。

Ｐ‐38型機ではプロペラの回転方向を左右で逆にしたが、これは戦闘機としては新しい事で、この機体の大きな特徴だった。こうする事で、プロペラ・トルクの影響が無くなり、エンジン出力を変化させた時に、横方向へもっていかれる事が無くなった(訳注2)。

時速六四〇キロを超える初めての航空機なので、これまでにない未知の飛行領域を飛ぶ事になり、新しい問題、つまり圧縮性に起因する問題が生じる事が予想された。高速で飛行すると、空気の流れが機体に当たる際に圧縮される程度が、低速の時より大きい。一九三七年に航空隊に提出した提案書を補足して、私は次のように警告した。「……飛行速度が大きく、高度が高く（空気が薄く）なると、空気の圧縮性は無視できなくなり、その効果を考慮する必要がある。」

圧縮性の問題が起きる可能性に気付くと、私はすぐにこの問題の最高の権威である、カリフォルニア工科大学のフォン・カルマン博士とミリカン博士を訪問した。私は設計案の概要、性能予測の方法、安定性と操縦性に関する懸念事項を説明した。

二人には「我々にもそれ以上は分からないよ。このまま設計を進めたら。」と言われた。フォン・カルマン博士は少し前に、イタリアで論文を発表していた。その論文では主翼に衝撃波が発生する事は予測していたが、機体に対する影響には触れていなかった。

我々は圧縮性の影響を経験する事になったが、それはしばらくしてからだった。

陸軍航空隊のＸＰ-38型機の開発計画担当士官は、若い操縦士のベンジャミン・ケルシー中尉(訳注3)だった。彼は素晴らしい人物だった。その当時、中尉の開発担当者は、現在では大将のポストである開発担当官より大きな権限を持っていた。ケルシー中尉に決めてもらう事があると、彼はその場で即決してくれていた。

飛行を始める前に、もう問題が生じた。我々は機体を分解して、秘密を守るためにカバーをかけて、トラックでカリフォルニア州リバーサイド近郊のマーチ飛行場に運び、そこで初飛行を行うために再組立てを行った。車輪のブレーキは初飛行の前日にやっと届いた。機体に取り付ける前に、ブレーキそのものの認定試験に合格する必要があり、オハイオ州デイトンのライト飛行場で試験を行っていたのだ。ブレーキを取り付け、ブレーキを操作するラダー・ペダルと、そこに接続されている操作系統に二二五キログラムの荷重をかける試験を行った。

明るく晴れた翌朝、ケルシー中尉はアリソン社のエンジンを始動し、快い爆音をとどろかせた。中尉は高速滑走試験を開始した。速度を上げてから、中尉はブレーキ・ペダルを踏み込んだ。減速しない。彼はペダルをさらに踏み込んだ。前日の夜に我々が二二五キログラムの荷重をかけて試験したブレーキ・ペダルが曲がってしまう程踏み込んだが、ブレーキは効かない。幸い、彼は滑走路を飛び出す前に機体を停止させる事が出来た。

ブレーキを分解してみると、ブレーキのシューを包んできた布にしみていたグリスが、ブレーキ・シューに少しついているのが発見された。これでブレーキが効かなかったのだ。原因が分かったので修正し、飛行を再開する事にした。委員会による点検とか、審査は無かった。この頃は我々が飛行可能と判断すれば飛行を行っていたのだ。翌日、初飛行を行った。

ＸＰ‐38型機の設計で他の機体と異なっていのは、空戦時の揚力を大きくする空戦フラップを装備していた事だ。これは戦闘機では初めてだった。空戦フラップは設計上で重要な装備であり、うまく作動してくれる必要が有った。

ケルシー中尉はフラップを数度下げた位置にセットして離陸した。離陸は上手く行ったが、フラップを下げる機構の金具が折れ、フラップ全体が主翼の上に突き出した。ケルシー中尉はこの時の事を次の様に述べている。

「離陸で主翼が激しく振動した。主翼を見ると、フラップが主翼の後縁の上まで突き出しているのが見えた。そのため私はフラップレバーを上げ位置にした。振動は収まったが、初めての着陸はフラップを上げたまま行わねばならなくなったが、これは普通の着陸方法ではなかった。」

我々は、主翼の実物大の模型に、フラップとその駆動系統の現物を組み込み、バーバンク工場の出来たばかりの風洞で試験を行った。この風洞の初めての試験で、風洞の有用性が証明され、すぐに対応方法が決まった。フラップと主翼の間の隙間は、流線形で非常に滑らかな形状だった。この隙間を流れる気流が少しでも乱れると、その影響で振動を生じる。そこでこの隙間の、主翼側の整形カバーに多数のドリル穴を開け、気流が乱れてもその影響が小さくなるようにした。こうして隙間を気流が安定して流れるようになると、フラップの振動は無くなった。製造した一万機で、それ以後はフラップの振動は一機も起きなかった。

この機体の開発で圧縮性の影響が出た時には、この機体が双胴と言う珍しい形状なので、そのために尾翼がフラッターを起こしたためだと考える人が多かった。ケルシー中尉は問題の原因は圧縮性だと一貫して主張して、我々の判断を支持してくれた。この機体は、高空を高速で飛行するので、飛行速度が音速（マッハ一）に近いマッハ数になる最初の機体だったので（訳注4）、我々が圧縮性に起因する問題に直面した事はなかなか信じてもらえなかった。

P‐38機の最初の部隊がミシガン州のセルフリッジ基地に置かれると、シグナ・ギルキイ大佐は実用試験を短期間で行うために、機体に通常より大きな荷重をかける空中戦用の機動や性能試験を行った。その際にギルキイ大佐は初めて圧縮性の問題に遭遇した。後にキャス・ヒュー大佐が英国の上空で急降下を行い、音速（マッハ一）を越えたと報告したが、我々にはそれは不可能な事が分かっていた。Ｐ‐38機では音速は越えられない。大佐がそう思ったのは、高度が急激に変化した際の周囲の気圧の変化に対して、計器系統の追従が遅れたために、速度計の指示が不正確だったからで、実際には音速以下だったのにマッハ一を指示してしまったと思われる。

初期の試験で、何名もの操縦士が命を失った。急降下した時、機首が下がって制御不能な急降下に入り、そこから水平飛行に回復できなかったのだ。この現象は速度がマッハ〇・六七から〇・八〇で起き、いったんそうなると速度が急速に増加する。我々は昇降舵の効きを良くするために、通常の方法は全て試した。その結果、昇降舵の効きが大きく成りすぎて尾翼がもぎ取れた事もあった。ロッキード社の試験飛行士ラルフ・バーデンも墜落して命を失った。

ロッキード社の試験飛行士のマーシャル・ヘッドルは、初期の量産型、ＹＰ‐38型機の初号機で飛行したが、これまで飛んだ中で一番操縦が易しい機体だと述べている。左右のプロペラが逆回転なのでトルク効果がなく、パワーを出しても横に持って行かれる事がない。しかし、ロッキード社の他の試験飛行士、ミロ・バーチャムやトニイ・レビアは圧縮性の問題を経験した。「まるで巨人の手でつかまれてゆすられるように、操縦士が何もしないのに機体が振動する事があった。」とレビアは述べている。

風洞試験で解決策を見つける必要があった。試験飛行で対策を見つけようとするのは危険すぎる。デイトン市のライト基地での委員会で、私はＮＡＣＡに対して、ＮＡＣＡの風洞で試験をさせてく

第二次大戦における米国の強力な戦闘機の一つであるP-38戦闘機の模型を囲むロッキード社の技術者達。左から“ディック”・パルバー、ケリー・ジョンソン、ホール・ヒバード、ジョー・ジョンソン、ジェームス・ゲルシュラー

れるよう懇願した。その時点では、戦闘機にせよ他の機種にせよ、それだけの高速での風洞試験がまだされていなかったからだ。ロッキード社の風洞では四八〇キロ／時の風速が限界で、圧縮性の評価に必要なそれ以上の風速が出せないのだ。NACAは、風洞試験でそのような高い風速にすると模型は激しく揺れるので、模型が壊れて風洞を損傷させる恐れがあり、そのような危険を犯したくないと、風洞の使用に反対した。

ケルシー中尉は陸軍航空隊の司令官の〝ハップ〟・アーノルド元帥の所へ問題を持ち込んだ。

NACAは元帥からのメッセージを受け取った。

「問題の機体の模型を風洞に入れて、ケリー・ジョンソンの希望する試験を行ってもらいたい。わが軍の機体でどこが悪いのかをはっきりさせてもらいたい。風洞の破損のおそれなど問題ではない。もし破損したら本官に電話をされたい。」と言うのがメッセージの要点だった。

風洞試験により、問題が尾翼のフラッターではない事を確認したし、圧縮性への対処方法についての科学的な知識に関しても、いくらか前進があった。

圧縮性の問題を解決できた訳ではないが、その問題を避ける方法が分かってきた。ＮＡＣＡの風洞試験で主翼に作用する空気の圧力の分布、尾翼の効き、機首下げを起こす圧縮性の効果がどうして生じるのか、激しい振動がなぜ起きるのかについての知識が得られた。

バーバンクに戻ると、圧縮性の問題を解決できないなら、圧縮性が問題にならない速度まで機体を減速させる方法を見つける事に決めた。解決策はダイブフラップ（またはダイブブレーキとも言う）を機体に追加する事だった。適切な位置に装備すれば、急降下状態から機首を上げ、バフェット振動を止める効果がある。適切な位置は主翼の前桁の位置だった。このダイブフラップを開くと、主翼下面のそれより前方の空気の圧力分布が変化し、機首が下がる傾向が無くなった。

ダイブフラップの効果はとても良好でダイブフラップを下げると、操縦桿を手放しにしていても機体は自然に急降下から回復する。

戦争を行っている最中に、このような改修に費用と労力をかける事に反対する人もいた。圧縮性が問題になる前に、Ｐ‐38型機はもうある程度の期間、前線で使用されていた。ケルシー中尉も懐疑的だった。

彼は工場へ来ると、「そのダイブフラップを装備した機体で飛行させてほしい。この改修の効果を自分で確認したいんだ。」と私に言った。

ケルシー中尉はXP‐38型機の事は良く分かっていた。初飛行のすぐ後、ケルシー中尉はカリフォルニア州マーチ基地から、ニューヨーク州ロングアイランドのミッチェル基地まで、途中のアマリロとデイトンで給油を行い、時速六七〇キロを出しながら、七時間〇二分で大陸横断飛行を行った。不運にも着陸進入中にエンジンが不調になり、ケルシー中尉は近くのゴルフ場に胴体着陸を行った。ケルシー中尉に怪我はなかったが、乗っていた機体は全損してしまった。

ケルシー大佐（その時点での階級）は改修されたP‐38型機に乗って、圧縮性対策用のダイブフラップの効果を自分自身で確認する事にした。バーバンク空港から離陸して、彼は急降下を始めたが、すぐに圧縮性の影響による激しい振動に見舞われ、ダイブフラップを開こうとしたが、振動で操作スイッチを操作できなかった。高速で低空に向けて急降下している途中で、尾翼がもぎ取れた。ケルシー大佐は機体から脱出してパラシュート降下したが、足を骨折し、手首をねんざした。この事故でケルシー大佐はダイブフラップの必要性を認めるようになった。

その時点ではすでに数千機のP‐38型機が前線に配置されていた。そのため、今後、製作する機体に新しいダイブフラップを装備するのに加え、海外に展開している機体にもダイブフラップを追加する事になった。英国駐留の米国第八空軍に対しては、ダイブフラップを四八七セット送りだしたが、同時にエルロンの油圧ブースター（訳注５）と、高空でのエンジンの冷却改善用の改修キットも送り出した。これでＰ‐38型機を世界で最も機動性が高い戦闘機にできるはずだった。Ｐ‐38型機は他の戦闘機より上昇性能、旋回性能、機動性が優れているので、総合的な戦闘能力は二倍も優れていた。

改修キットはＣ‐54軍用輸送機で輸送された。Ｃ‐54機がアイルランドの海岸に近づいた時、それを発見した英空軍の戦闘機は、連合国側の輸送船団を襲撃するドイツの四発機「コンドル」と間違えて、撃墜してしまった。そのため、ダイブフラップは第八空軍では用いられる事は無かった。しかし、戦争の後期に、太平洋戦線では用いられた。

もう一件、前述のような同士討ちではないが、悲劇的な損失があった。Ｐ‐38型機を四〇〇機以上積んだ輸送船を含む船団が、ソ連邦のムルマンスクに向かっていたが、潜水艦にその輸送船が撃沈されたのだ。これらの機体はスターリングラードの戦いで役に立つはずだった。このどちらの損害も、高性能の航空機が戦局に大きな影響を与えたであろう時期の事だった。

航続距離を延ばすために、流線形をした特別製の燃料増槽を開発した。この一一〇〇リットル入りの増槽タンクを装備すると、Ｐ‐38型機は無給油で四八〇〇キロ以上の距離を飛行できる。試験飛行士のミロ・バーチャムは四八〇〇キロの距離を、飴が七個と、サンドイッチ一つだけで飛行した事が有ったと話してくれた事がある。この増槽タンクは、ヨーロッパの戦闘の最終段階でも役に立ったが、広大な太平洋戦線では特に役に立った。この増槽タンクは別の目的にも使えた。例えば、先端を脱着式にすると、緊急時には担架に乗せた負傷兵を運ぶ事ができた。

Ｐ‐38型機は圧縮性の問題で評判が悪く、Ｐ‐38型機で飛行するのを嫌がる操縦士もいた。その対策として、ロッキード社の試験飛行士のトニー・レビアがドーリットル将軍の指示で、米国と英国の基地を巡って、Ｐ‐38型機の能力を実際に飛行して示す事になった。レビアは機体の能力を限界まで引き出せる大胆な飛行士で、Ｐ‐38型機の能力を軍の若い操縦士達に信じてもらうために、エンジン一発停止を含むさまざまな状態での飛行を実際にやって見せた。

Ｐ‐38型機は空戦用の戦闘機としても一流であるのに加え、多様な任務にも対応した。写真偵察機、戦闘爆撃機、地上攻撃機、ロケット弾攻撃機としても使用された。一八種類の機体が開発され、最後の型は初期のＢ‐17爆撃機より爆弾搭載量は大きかった。主翼の設計が良いので失速特性が良く、日本のゼロ戦との空戦ではそれが特に役立った。Ｐ‐38型機のパイロットは極端な低速まで減速してから片側のエンジンを絞る事で、失速する事なくくるりと飛行方向を変え、相手と向き合う事が出来た。

Ｐ‐38型機の次にロッキード社はＰ‐58型機を開発した。この機体はＰ‐38型機よりずっと大型で、機体重量とエンジン馬力は四発機に近かった。この機体は七五ミリ砲を搭載し、射手はパイロットの後方に配置された。

この機体は大型爆撃機迎撃用で、七五ミリ砲が当たればその目的を果たしたに違いない。最大速度は七二〇キロ／時出たし、飛行特性は良好だった。しかし、非常に重量が大きく、高価だった。結局、二機の試作機が製作されただけで終わった。

航空工業界共通の問題として、圧縮性の影響は重要であり、広く関心を集めていたので、米国航空学会で発表するためにロッキード社の研究内容と対策についての論文を作成した。この論文は陸軍省の許可を得て、一九四三年の学会で私が発表した。他社からは論文の複製をもらいたいとの要請が数多くあり、各社に提供した。しかし、この論文は「機密」に指定され、コピーは回収された。

米国における航空の発展に関して、それを支援し、調整し、指導していく役割を担っているＮＡＣＡは、この種の研究が民間企業主導で行われた事を認めたくなかった。後に、ＮＡＣＡは自身でも圧縮性関連の試験をいくらかは行ったが、風洞試験を依頼を受けて行った以外は、Ｐ‐38型機の圧縮性の問題を解決するのに何の貢献もしなかった。しかも、その風洞試験は陸軍航空隊の指示で行われたに過ぎない。ＮＡＣＡの後継機関である米国航空宇宙局（ＮＡＳＡ）は対照的に、民間側を支援し、共同で作業する事に積極的で熱心だった。ＮＡＳＡとは良好な関係であったと言える事をうれしく思っている。

圧縮性に関する研究が秘密にされた事については、いろいろ考えさせられる。戦後、ドイツの航空技術に関する研究について調査が可能になると、圧縮性の現象とそれが機体に与える効果、影響を回避する方法について、膨大な情報を入手できた。ドイツ側は圧縮性の問題には、主として主翼に後退角を付ける事で対応しており、ポーランド侵攻の頃から後退翼の機体を飛行させていた。後になって、後退翼は米国で発明されたと言う人もいるが、それは根拠がない。一九四三年末に私が圧縮性の論文を発表したころには、ドイツ側は開発中の機体に後退角などの圧縮性の対策を適用しており、Ｐ‐38型機の部隊でも圧縮性の現象を、パイロット達は気にするようになっていた。

第二次大戦中、Ｐ - 38型機のエンジン馬力は一〇〇〇馬力から一七五〇馬力にまで強化されていた。しかし、これだけ馬力を上げても、圧縮性の影響で最高速度は二八キロ／時向上しただけだった。圧縮性の影響は、主翼に影響が出る速度よりずっと低い速度から、プロペラの性能に影響を与えていた。主翼と尾翼の設計を改善しなければならない事は明らかになって来たが、より高性能を目指すのであれば、プロペラに代わる推進方法が必要だと考えられるようになった。

第10章――飛躍の時代

第二次大戦より前の航空界は、飛行の開拓者、大胆な記録樹立を目指す人、スポーツとして飛行する人、裕福な旅行者、政府高官、軍関係者のためのものだった。

ロッキード社の最初の大型民間旅客機であるエレクトラ・シリーズは、それまでの機体より多くの乗客を、より遠くへ、より早く、より安全に運ぶ事ができ、鉄道、船、自動車と同列の輸送手段として、経済的にも社会に受け入れられるものだった。

次世代の機体であるコンステレーション機の開発は、ロッキード社にとっては大胆で挑戦的な事業だった。それは大型民間輸送機の分野に参入しようとする、挑戦的な試みだった。その頃の会社の考え方について、主任技術者だったホール・ヒバードは次のように言っている。「この時点までは我々は業界でマイナーな存在だった。しかし、コンステレーション機を送り出す事により、メジャーな存在になる。……我々は間違いを犯さず、良い機体を作りださねばならない。」

我々の民間機、モデル14型機はハドソン対潜哨戒機となって大きな成功を収めた。そこから発展したモデル18型ロードスター機は、実質的にはエレクトラ機の胴体を延長した機体だが、戦後に予想される民間航空輸送の市場に対しては十分な大きさではなかった。

戦争が終結するかなり前から将来を見越して、いろいろ新しい機体を検討した。その中にはモデル27型機があり、この機体はカナード、つまり主翼の前に水平安定板と舵面がある形、簡単に言えば尾翼が前にある形だった。実物大模型を製作したが、この機体は生産しない方が良いと感じた。カナードの機体は、後にロシアの超音速旅客機TU - 144が一九七三年のパリ・エアショーで墜落した事で分かるように、迎角が大きい領域での安全性を確保するのが不可能である(訳注1)。

又、モデル44型エクスキャリバー機を検討した。この機体はDC - 4型機が出現する前に、「DC - 4的」な機体を構想したものだ。この機体はかなり有望そうで、パンアメリカン航空が興味を示した。この機体についても実物大模型を製作した。実機は製作しなかったが、海外路線用には小型すぎて競争力が不足したと思われるので、実機を製作しなくて正解だった。

一九三九年にはTWA航空の大株主であるハワード・ヒューズと社長のジャック・フライが、ロッキード社のロバート・グロス社長に、寝台席を二〇席と二・七トンの貨物を搭載して、米国を高速かつ無着陸で横断できる機体が製作できないか問い合わせてきた。彼らは飛行速度は四〇〇キロから四八〇キロ/時、飛行高度は六〇〇〇メートル程度を希望してきた。

我々はそれまでの機体の検討を中止し、TWA航空向けの新しい旅客機の検討に集中した。ロッキード社のロバート・グロス社長、ホール・ヒバード主任技術者、私の三名が、ロスアンゼルスのハンコック地区のミュアフィールド通りにある、優雅で趣のあるヒューズの家に行って彼に提案したのは、彼の希望より大型で、より多くの乗客を乗せて、大西洋を横断できる機体だった。我々は寝台席を二〇席だけとするのは、通常の座席であればそれだけのスペースに一〇〇名以上を収容できるので、経済的には不合理だと考えた。我々の設計案は、B‐29爆撃機用に開発が始まっていたライト社のR3350エンジンを装備して、大西洋を横断できる機体だった。このエンジンは空冷エンジンでは世界最大のエンジンだった。

航空機の開発に直接参加した人でないと、新しい飛行機の設計、試験、製造がどんなに大変かを理解している人はほとんどいない。そして、機体が大きくなるほど、開発作業もより難しくなる。例えば、コンステレーション機の水平尾翼は、初期のエレクトラ機の主翼よりも面積が大きいのだ。

コンステレーション機の設計では、旅客機として初めてとなる、幾つかの特徴的な設計が採用されていた。全ての舵面の操作系統について動力補助方式、つまり油圧で操縦士の操作力を補助する方式（ブースター方式）を採用した。人間の操作力を機械的な力で補助する方式は、船舶、乗用車、トラックではすでに使用されていた。しかし、航空機に使用するにはずっと複雑な装置が必要になる。ロッキード社では、航空機の性能が向上するにつれて、人間の力だけでは舵面の操作が難しくなると考え、以前から長期的な研究課題として取り組んできた。コンステレーション機の開発では、初期のうちからこの動力補助方式を採用すると決めていた。

ロバート・グロス社長に、この方式を採用する方が良い事を納得してもらうのには少し苦労した。

他の会社がこの方式を採用していないのに、なぜロッキード社だけがそんな複雑な装置を装備するのか、と社長は思ったのだ。ある日、私はグロス社長が会社の車庫に、社長の新しいシボレーを入れようしている所に出合わせた。

「グロス社長、その車を運転するのにパワーステアリングは必要ではありません。でも、有ればずっと楽になります。」それ以後、操縦系統を動力補助方式にする事に反対される事は無くなった。

この新しい旅客機の最高速度は、第二次大戦の多くの戦闘機より速い五二四キロ／時で設計を始めた。しかし、すぐに目標最高速度は五六〇キロ／時に引き上げられた。そう見えないかもしれないが、コンステレーション機の主翼は、ずっと大型で、改良型のロッキード式ファウラー・フラップを装備しているが、P‐38戦闘機の主翼の設計を引き継いで設計されている。

客室は与圧され、乗客を乗せて六〇〇〇メートルの高度で飛行できる。悪天候に遭遇する可能性の九〇パーセントはこの高度以下なので、この高い高度を飛行する事で快適な飛行が可能になる。与圧された客室を持つ旅客機はこれが初めてだった。以前に高々度飛行の試験機のX‐35型機を開発した経験が非常に役に立った。コンステレーション機は四発だが、二発だけでも高い性能を発揮できる。このように強力なエンジンを装備しているので、大陸横断飛行も大西洋横断飛行も、楽々と無着陸で行う事ができる。

他にも、旅客機として革新的な技術が、最初から、もしくは後で改良の際に導入された。主翼の一体継ぎ目なしの外板、リバース可能なプロペラ、ターボ・コンパウンド・エンジン(訳注2)、翼端の流線形の燃料タンク、胴体の下に装着可能な流線形の貨物パック（スピードパック）などだ。

この「スピードパック」は、胴体下側に取り付ける、手荷物運搬用の流線形の構造物で、非常に良いアイデアだったし、今でも適用できるコンセプトである。抵抗は増加するが、巡航速度は二〇キロ／時遅くなるだけで、乗客の手荷物は目的地に着いた時、すぐ目の前にある事になる（訳注3）。このアイデアをもっと発展させればよかったと思っているが、他の機体ではこの方式は採用されなかった。もちろん、空港は現在ほど込み合っていなかったので、必要性が低かったかもしれない。

コンステレーション機の開発では六カ所の風洞を使用した。大半の試験はワシントン大学とロッキード社の風洞で行ったが、補助的にカリフォルニア工科大学の風洞、ＮＡＣＡの高速風洞、スピン風洞（訳注4）、試験断面が五・七メートルの大型風洞も使用した。

Ｒ３３５０エンジンについては、地上での試験に加えて、ベガ・ベンチュラ機に取り付けて空中でも試験した。この機体は、ロッキード社の子会社のベガ社で製造した、ロッキード社設計のベンチュラ対潜哨戒機である。この機体で実際に飛行中のエンジンの特性を確認した。エンジンの装備設計については、民間航空局が数年間かけて行った、火災防止、火災警報装置、消火装置に関する研究成果を参考にした。このように慎重にエンジンの装備設計を行ったが、それでも後に火災が発生し、しばらくの間、飛行停止になった事がある。

コンステレーション機の開発のために、風洞以外にも大型の研究・開発施設が作られる事になった。航空機の構造や機構、各種の系統（システム）の試験用設備である。胴体の実物大の木型模型も製作した。また、操縦系統を全て油圧で補助する複雑な方式にしたので、操縦系統の実物大配置模型を胴体の木型模型の隣に設置した。

使える広さが限られていたので、こうした実物大模型を設置すると、あまりにも雑然として、企業の研究施設とは見えなかったので、グロス兄弟とヒバード主任技術者はこれでは良くないのと思ってくれた。「いいだろう、研究施設を作ろう」とグロス社長は言ってくれた。そこで我々は、ロッキード社で現在でも使用されている、完備した研究・開発施設を多額の費用を掛けて作らせてもらった。新しい研究・開発施設の場所は風洞の隣で、コンステレーション機の操縦系統全体を、操縦席から尾翼まで、実機と同様に設置できる広さにした。舵面には強力なばねを接続して、舵面にかかる空気力を模擬した。こうして、初めての動力補助方式の操縦系統の開発を行った。

電気系統も実物大の試験模型を製作した。これはＴＷＡ航空の機体が乗員の訓練飛行中に墜落した時、予定してなかった用途で役立つことになった。この事故では、操縦室には電気系統の火災により煙が充満した。その状況をこの設計・開発施設で再現して確認したのに加え、実機の飛行でも模擬的な煙を発生させて影響を調査した。この再現試験は安全確保のためガスマスクを装着して行った。このＴＷＡ航空の事故では、電気系統の接続部で短絡（ショート）が起き、それが油がしみた内貼りの断熱材に引火し、操縦室のドアが開いていたため火災による煙が操縦室内に充満し、正操縦士、副操縦士が操縦室内で何も見えない状態になってしまった。我々の事故調査の結果、幾つかの設計変更を行い、エンジンの火災防止についても対策も追加した。

一九四一年一二月七日の真珠湾攻撃により、民間航空機の生産は全て中止になった。日本との開戦後、ロッキード社をハドソン対潜哨戒機やＰ‐38戦闘機などの軍用機の生産に専念させたいとする軍の意向で、コンステレーション機の計画は中断された。ロッキード社の子会社のベガ社は、ボーイング社やダグラス社と共同してＢ‐17爆撃機を製造する事になり、小型民間機を製造する当初の計画は断念する事になった。

コンステレーション機の開発については、幸い空軍が多くの兵員を短時間で輸送する必要性を感じて、採用の意向を示してくれたので、軍用機として開発を続ける事になった。しかしその生産は、他の機種の生産の優先度が高いと判断された都度、生産用の人員がそちらに転用されたために、一七回も中断された。

コンステレーション機は一九四三年一月九日に、空軍のＣ‐69輸送機として、軍用機のオリーブドラブ色に塗装された姿で初飛行を行った。大型旅客機の初飛行を行うには風が強すぎたため、初飛行は二日間遅らせた。報道陣は、ラジオと新聞の記者、写真記者、雑誌の記者、ニュース映画のカメラマンなどが二日間とも初飛行の取材ために来たが、空港のターミナル・ビルディングの食堂で朝食を提供され、風が弱まるのを待った挙句、最終的には飛行が中止になり帰って行った。三日目の朝は穏やかな天候だったので、全員がほっとした。

機体はその日に六回の飛行を順調に行った。オハイオ州ライト航空開発センターでの軍の運用試験は記録的な速さで完了した。三〇日間で一七〇時間の飛行を行ったのだ。さらに、記念すべき事に、

（上）画期的な事業であるコンステレーション輸送機の開発で、ホール・ヒバードと図面を点検するケリー・ジョンンソン
（下）コンステレーション機にハワード・ヒューズが搭乗して行った体験飛行は、恐ろしい飛行になった。

オービル・ライト氏がこの機体の操縦席で飛行を経験したが、これが彼の最後の飛行になったと思う。

第二次大戦が終結した時点で、ロッキード社には新しい先進的な旅客機があり、その機体は軍に使用されて徹底的に検証済みであり、民間旅客機として直ちに生産できる状態にあると言う、非常に有利な状況だった。民間機として最初に納入されたモデル049型機は、空軍でC-69輸送機として使用された機体を民間用に改修した機体だった。民間型の最初の機体にするにはわずか九〇日かかっただけで、一九四五年一一月にTWA航空に引き渡された。

この新型機をTWA航空が使用し始めるのに当たり、大々的な広報活動が計画された。報道関係者やハリウッドの著名人を乗せて、ハワード・ヒューズ自身が操縦して大陸横断飛行の速度記録を樹立しようとしたのだ。ヒューズは以前からパイロットとしても評判が高かった。実際、彼は一九三八年に行った世界一周飛行で、コリアー・トロフィを受賞している。彼は自分が所有するロッキード・モデル14型スーパーエレクトラ機で、二万四〇〇〇キロの飛行コースを三日と一九時間九分かけ、平均時速三三〇キロで飛行した。ロッキード社の機体が使用されたが、その飛行にロッキード社は関与しなかった。ヒューズは自分で燃料タンクの増設を行わせた。

もちろん、この横断飛行を行うために、ヒューズはコンステレーション機の操縦資格の認定を受けなければならなかった。そこで、機体をTWA航空に引き渡す前に、操縦士のミロ・バーチャムとディック・スタントン、航空機関士として私が、ヒューズとジャック・フライに対して、機体の操縦方法を実地に見せ、導入教育を行った。ジャック・フライはただ見ていれば良かったが、ヒューズは機体の飛行特性と、操縦方法を学ぶ必要があった。

操縦資格を認定する際のロッキード社の通常のやり方では、一連の操作を正確にやって見せてから、練習生に副操縦士席でもう一度同じ操作をさせていた。

バーバンク空港から離陸して、工場の裏山の麓の上空で、まだ一〇〇〇メートルしか上昇してない時に、ヒューズがバーチャムに、「この機体の失速を見せてもらいたい。」と言った。

そこでバーチャムはフラップと脚を下げ、少しエンジンの馬力を上げてから、機首を上げて失速させた。コンステレーションの失速特性は良好で、失速させても高度の損失は少なく、回復も容易だった。

ヒューズはバーチャムの方を向いて「こんなのは失速じゃない。僕にやらせてみてくれ。」と言った。バーチャムはヒューズに操縦させた。私は操縦室で二人の間に立っていた。ヒューズはフラップを一杯まで下げ、手を伸ばすと、四つのエンジンのスロットル・レバーをぐいとつかんで離陸出力までエンジンをふかした。機体の重量は軽かったので、機体はフルパワーにしたエンジンのプロペラ後流の勢いだけで浮かんでいた。ヒューズはその状態で操縦桿を一杯まで引き、機体を失速させようとした。

飛行中に速度計がゼロを示すのを見たのは、それが初めてでその後も経験してない。しかも、速度がゼロの状態になったのは、大型の四発機で、機首を九〇度上に向け、プロペラの後流以外の気流が機体に当たらない状態だった。そのあと、機体は前向きに倒れるように機首を下げて速度を付けた。

舵面に当たる気流の力ではなく、機体に働く重力の作用で機首を下げたのだ。

この時、私は体が浮き上がったが、「フラップ！　フラップを上げて！」と叫んだ。機首が下がって急降下を始めたので、速度が過大になってフラップが壊れるのを心配したのだ。また、フラップを下げているので、尾翼の荷重が大きくなって壊れる事も心配だった。

バーチャムはフラップを急いで上げ、機体を安定させた。機体の高度は下にある山から六〇〇メートルになっていた。私はヒューズの大型機を失速させる方法にとても驚き、不安を感じた。

そのままパームデール飛行場へ向かい、そこで離陸と着陸の練習を行った。パームデール周辺の砂漠地帯は、この当時は家も少なく、試験飛行には理想的だった。

着陸するとバーチャムは副操縦士席に移り、ヒューズが正操縦士席についた。バーバンク空港からの離陸時に、バーチャムはヒューズに離陸で重要な各種の速度を説明した。今回はヒューズが離陸の操縦を行う。しかしヒューズは機体を直進させるのに苦労した。彼はエンジンのパワーを急激に出しすぎたので、プロペラのトルクの影響が大きくなりすぎ、機体は離陸すると斜めに進んで管制塔に近づいて行った。場周飛行を行い、それ以上は特別な事態は生ぜず、着陸は上手く行った。ヒューズはもう一度離陸を練習する事にしたが、次の離陸では機首の振れはもっと大きく、管制塔にもっと近づいた。ヒューズの方向舵による修正は十分ではなかった。彼はさらに何回か離陸、着陸の練習をしたが、だんだん出来が悪くなった。練習しても良くなるどころか、悪くなるのだ。私は搭乗者の安全に加えて、機体を壊さないかも心配になった。機体はまだロッキード社の所有のままなのだ。

ジャック・フライは乗客席の最前列に座っていたので、私は彼の所へ行き話した。

「フライさん、これではとても危ないです。どうしたら良いでしょう?」

「ジョンソン君、君が良いと思う事をやれば良いよ。」とフライは言った。これでは全く役に立たない。フライはヒューズのやる事に干渉したくないのだ。

私は操縦室に戻った。正しい処置はこの状況を中止する事だ。六回目の離陸は恐ろしかった。それまでで一番危なかった。管制塔から離れ、場周飛行の高度に達するのを待って私は言った。「バーチャム、会社の飛行場へ戻ろう。」

ヒューズは振り向いて、自分を非難しているのかと言う視線で私を見た。そしてバーチャムを見た。私は繰り返した。「バーチャム、会社へ戻ろう。」誰が機体の責任を負っているかは明らかだった。バーチャムは正操縦士の席に、私は副操縦士の席に座り、会社の飛行場へ戻った。ヒューズは怒りで顔色が変わっていた。彼がこの機体を上手く操縦できない事をはっきりと指摘する事で、私は彼のパイロットとしてのプライドを踏みにじったのだ。

会社ではヒューズの、パイロットとしてコンステレーション機を初めて操縦した喜ばしい感想を聞くために、何人かの幹部が我々を待っていた。しかし、彼らが聞いたのはそんな感想ではなかった。ロバート・グロス社長は私を厳しくしかりつけた。「最初にして最高の顧客のプライドを傷つけるなんて、何を考えているんだ? 君の態度は全く間違っている。」と言われた。ヒバード主任技術者は、社長ほどには私を非難しなかった。彼は相手の気持ちに配慮する人だからだが、それでも面白くない顔をしていて、私にもそれが良く分かった。一番怒っていたのは、会社の広報担当課長のバート・ホロウエイだった。彼は報道陣を乗せた公開飛行を行い、国中の話題になり、新聞の一面を飾り、世界中で航空関係の記事に取り上げられる事を計画していた。コンステレーション機が速度記録を樹立する事を前提に、広報活動を計画していたのだ。ヒューズは予定通りに行動するだろうか？　私は周囲に何と言われても良いと思った。私は家に帰り、ウィスキーをソーダ割で飲んだ。

翌日、工場へ行くと皆から冷たい目で見られた。しかし、ヒューズが機体を墜落させないためには、そうするしかなかった事を説明し、後にヒューズが機体の操縦を、会社のパイロットのお手本に従って数日間にわたり練習する事に同意すると、周囲の目は温かくなった。

翌週の週末にヒューズの操縦教育を行う事になると、会社は同乗する会社の搭乗員に特別手当を出す事にした。主任飛行試験技術者のルディ・ソーレンが私の代わりに搭乗する事になった。私は二度とヒューズと一緒に飛行しなかったが、それはヒューズと私の双方にとって良い事だった。

顧客の搭乗員の訓練飛行を行うのに当たり、会社の搭乗員に特別手当の支給が必要な状況がもう一度だけ有った。その時は、訓練を受けている搭乗員が、宗教的な理由で一日に何回か、メッカの方向に向かって礼拝するために操縦桿を離してしまうからだった。一度など、着陸進入中に手を離して礼拝を始めたのだ！

ヒューズは次の訓練飛行からは態度をしっかり改めた。指示には注意深く従った。しかし、私の知る限り、彼はコンステレーション機を巡航速度のまま着陸させるのに成功した唯一のパイロットである！　訓練を再開した週末に、ヒューズは離着陸を五、六〇回練習したようだ。実際、彼は大陸横断飛行に離陸する直前まで、操縦練習をしていた。

彼が操縦する大陸横断飛行で、機体がデンバーに近づいた時、予想していなかった広範囲な雷雨に遭遇した。多分、飛行時間が延びる事を避けようとしたためだろうが、雷雨の範囲を避けたり迂回せずに、彼は雷雨に突入して行った。運悪く、乗客には乱気流の予告が無かったので、座席ベルトを締めていなかった乗客の何人かは、重傷ではないが怪我をした。

大陸横断飛行の速度記録が樹立された。ロスアンゼルスからワシントンＤＣまでの所要時間は、六時間五七分五一秒だった。

それ以後、「コニー」と呼ばれるようになったコンステレーション機は、新しい飛行区間を飛ぶ度に、その区間の速度記録を樹立して行った。

ヒューズが飛行経費の節減を指示しなければ、ＴＷＡ航空はしばらくの間は無着陸の長距離飛行を独占的に行う事ができたはずである。他の航空会社がその頃に使用していた機体では、長距離飛行では給油のための着陸が必要だった。しかし、冬で迎え風が強い時には、東海岸から西海岸までの飛行では九時間以上かかる時が有った。搭乗員組合の規則では、九時間以上の飛行では交代用の搭乗員を乗せる事が必要だった。ヒューズは二組の搭乗員を使いたくなかったので途中で着陸する事にしたが、所要飛行時間に関する航空会社間の競争を考えると、二組の搭乗員を乗せても十分に採算がとれたと思われる。

ヒューズの要求で、ロッキード社はＴＷＡ航空への機体販売契約で、ＴＷＡ航空に三五機を引き渡すまでは、コンステレーション機を他の航空会社に売らない事にした。それによりヒューズはＴＷＡ航空が他の航空会社との競争で有利になるようにしたのだが、交代用の搭乗員を乗せたくないために、その利点を十分に利用できなかった。ダグラス社が同じターボコンパウンド・エンジンを装備したＤＣ‐７型機を出すまでは、コンステレーション機と競争できる機体は無かった。

ＴＷＡ航空との契約は、ロッキード社には大きな不利をもたらした面もあった。その事でアメリカン航空との関係は何年間も悪くなった。現在に至るまで、ロッキードＬ‐１０１１型機ではなくダグラスＤＣ‐10型機を選ぶなど(訳注5)アメリカン航空がロッキード製の機体を使用しないのはその影響かもしれない。民間航空業界では、直接の関係者でなくても、誰もが業界の内部の動きを知っている。アメリカン航空は、基本的にはコンステレーション機と同じ仕様で、アメリカン航空向けの新型旅客機を製造できないか打診してきた事がある。

グロス社長、ヒバード主任技術者、私は、アメリカン航空のＣ・Ｒ・スミス社長、優れた技術者であるビル・リトルウッド副社長兼主任技術者などの幹部数名と、ロスアンゼルスのアンバサダー・ホテルで会った。我々はそのような性能を備えた機体は製造できないと言わざるを得なかった。しかし、アメリカン航空はロッキード社がそのような機体を製作中であることを、すでに良く知っていたのだ。

アメリカン航空はダグラス社からＤＣ‐６型機を購入し、ダグラス社がＤＣ‐７型機の開発を進めるのに大きな役割を果たし、ひいてはＤＣ‐８ジェット旅客機の開発に力を貸した。アメリカン航空が一九五〇年代に、初代のエレクトラ機にちなんで命名された、ターボプロップ・エンジン装備のエレクトラ機を数百機購入するのを決定した事は、ロッキード社がジェット旅客機の分野へ早い時期に進出しない事につながった。コンステレーション機でロッキード社が得た大きな優位性は失われてしまった。

皮肉な事だが、ロッキード社はジェット旅客機の構想を検討し始めたのが、早すぎたかもしれない。二代目のエレクトラ機を製造する以前に、ロッキード社はジェット・エンジンを四基、胴体後部に搭載するL‐199型機の研究と基本設計に八〇〇万ドルを投入した。初期のジェット・エンジンの燃料消費率は非常に大きかったので、大西洋を横断できる機体は巨大な機体になってしまう。我々の設計では、離陸重量は二〇〇トンを超え、グロス社長は大きすぎると判断した。しかし、最終的に開発を中止する決定をする前に、調査会社に民間航空輸送分野におけるジェット・エンジンの将来についての調査をさせている。

その会社の報告書は悲観的な結論だった。そこではジェット・エンジンのオーバーホール間隔は運転時間にして三五時間を越えないと予想していた。今ではジェット・エンジンのオーバーホール間隔は数万時間である。

TWA航空に続いて他社からもコンステレーション機を受注し、最終的にはアメリカン・オーバーシーズ航空を含む、ほとんどの主要航空会社で使用された。特徴的な三枚の垂直尾翼と、優雅な外形は海外の空港でも見る事が出来た。

その長い生産期間を通じて、設計は改善され、性能は向上し、特別な任務のための改造型が開発された。コンステレーション機と改良型のスーパー・コンステレーション機は、旅客型、貨物型、米空軍と米海軍の早期警戒、哨戒、他の特殊任務用の機体など、二〇以上の種類の機体が作られた。いくつかの民間航空会社の長距離路線用の機体では、寝台を装備した機体も有った。胴体は延長され、主翼の翼幅が延長された。

旅客型の最終版であるモデル１６４９型は、その豪華な内装で旅客の記憶に残っている。この機体では、標準型の座席配置でも、折り畳み可能なフットレスト付きのリクライニング・シートが装備された。もしこのスーパー・コンステレーション機に予定されていたターボプロップ・エンジンの開発が成功していたら、この機体は間違いなくもっと後まで生産されていた事だろう。しかし、レシプロ・エンジンのままでは後続のジェット機に対抗できなかった。民間型のコンステレーション機の製造は一九五九年が最後だった。

ハワード・ヒューズ自身がコンステレーション機を設計したと言う噂がある。ヒューズ自身はそれを積極的に否定していないが、その説は正しくない。彼が示した機体の要求仕様は半ページほどで、機体の大きさ、航続距離、乗客数などの輸送能力を示していただけだった。一九四一年一一月にヒューズとフライが、結局はその噂が間違いである事を認めたが、それについては我々側からも働きかけをした。私はロッキード社が設計した機体を、社外の人にその人の業績だと言われるのはうれしくない。彼らは新聞で事情を公表する事を提案してくれたが、ロバート・グロス社長は、彼らから「航空業界内で流布している印象は正しくなく……コンステレーション機はロッキード社が設計、開発、製造した機体である。」と書いた手紙を受け取った事で了解し、それ以上は求めなかった。

ヒューズは少なくとも一機のコンステレーション機を、ロッキード社の駐機場に置かせていた。彼は自分の所有する機種ごとに、どれか一機をどこかに隠して置いておきたい気持ちを持っていた。彼はロッキード社でお気に入りの飛行試験技術者のジャック・リアル（現在はヒューズ・ヘリコプター社の社長）（訳注6）に、月に一度くらいは朝早く電話で機体の準備をするように連絡してきた。ヒューズは機体の所へきて、操縦室に乗り込み、エンジンをかけ、そのまましばらく時間を過ごしていた。リアルはヒューズと一緒に居るようにしていた。

ヒューズの風変りな行動は、後には強迫観念に取りつかれたような行動になって、彼の人生を悲劇的な物にするのだが、この時点では、少なくとも我々に対しては、まだそれほどひどくなかった。ヒューズとリアルは仲の良い友人になった。

ヒューズと私はもう二度と一緒に飛ばなかったが、彼が木製の飛行艇を開発していた頃は、彼から電話で直接的にいろいろ質問されていた。あの、カリフォルニア州ロングビーチのクイーン・メリー号の隣で、観光客向けの展示物になっている「スプルース・グース」と呼ばれている飛行艇の設計についてだ。

その飛行艇開発計画は、ヘンリー・カイザー（訳注7）がヒューズに勧めたものだった。カイザーは戦時下ではアルミニウムは供給が不足するが、木材は不足しないとして、木製機の製作を提唱した。ヒューズはその構想をとても気に入った。彼は機体製造工場を所有し、開発要員も確保していた。彼は飛行艇の件で私に何度も電話してきた。日曜日の午前八時に電話して来た時の事は、そんな時間に彼から電話がかかってくるのは珍しいので、特に記憶に残っている。ヒューズが電話してくるのは、夜中か朝のとても早い時間がほとんどだったからだ。「ジョンソン君、我々はエンジン・ナセルをこの様にしたいと思っているが……君はどう考える？」と質問してきたのだ。私はいつも通り、自分の考えを答えた。二時間ほど電話につかまったが、やっと電話を打ち切って、自分が予定していた作業に戻る事が出来た。

ハワード・ヒューズは別の件でも何度か電話をしてきた。後日、分かった事には、ヒューズは私への電話の後、その当時のダグラス社の主任空力技術者のジーン・ルートに電話して、「ルート君、ジョンソンは……と言っているが、君はどう思う？」と質問し、次にはボーイング社のジョージ・シェアラーに電話して、「シェアラー君、ジョンソンは……と、ルートは……と言っているが、君はどう思う？」と質問していた。こうして彼は三社から助言を得ていたわけだ。

ヒューズは彼の飛行艇以外に、ＦＸ‐11型機についても、優れた設計チームを雇っていた。ハワード・ヒューズは後にＦＸ‐11型機の初飛行で、夜間にビバリーヒルズの町に墜落し、ひどい重傷を負った。この機体はＰ‐38戦闘機と同様の、双胴の戦闘・偵察機である。今でもＰ‐38型機の設計がＦＸ‐11型機を基にしているとヒューズが言ったと書かれる事がある。しかし、ＦＸ‐11型機の初飛行は一九四六年だが、ロッキード社は一九四四年末までに軍にＰ‐38型機を一万機も納入しているのだ！

飛行艇はすっきりとした外形で、当時の技術水準では良くできた設計だったが、大西洋を七五〇人の乗客を乗せて、効率的かつ経済的に輸送するにはあまりにも能力不足だった。木製だったので、金属製にした場合よりもずっと重く、木製にした事による重量増加で、搭載可能重量のかなりの分が犠牲になってしまった(訳注8)。

ヒューズはその飛行艇が実際に飛行可能である事を証明するために、自分で飛ばす事にした。ヒューズが操縦した、初飛行にしてただ一回だけの飛行は、良識と責任感に欠けたものだった。彼はその飛行に三二名の人を乗せたが、それは搭乗員ではなく、高速水上滑走に同乗するだけだと思って乗り込んだ報道関係者などの招待者だった。港の出口に向かって水上滑走し、ヒューズは飛行艇を三〇メートルから四五メートル程度の高度まで上昇させ、約一・六キロを飛行した。もし飛行艇が制御を失い墜落したら、大変な事故になっていた事だろう。乗っていた人たちは、実際の飛行に同乗するとは、まして初飛行に同乗するとは思ってもいなかった。

ヒューズの、航空の分野で名声を残したいとする気持ちは、時には彼に無鉄砲な行動も取らせたが、自らが所有する航空会社への先進的な旅客機の導入も実現させた。それにより、世界中の旅客が空の旅を、より安全に、より速く、より快適に出来るようになった。ハワード・ヒューズの功績は大きい。彼の先進的な旅客機を入手するための行動は、ロッキード社のコンステレーション機となって実を結び、ロッキード社は旅客機の分野で大きな飛躍を遂げる事が出来た。

旅客輸送の分野でコンステレーション機が果たした役割を、もう少し後になってだが、C－130ハーキュリーズ輸送機が貨物輸送の分野で果たす事になった。軍用機として使用が始まったが、貨物輸送専用に設計された、新しい世代の最初の機体である。第二大戦中とその後には、爆撃機や兵員輸送用の機体が貨物機に転用された。C－130型機は新しく使用され始めた、プロペラを回す方式のジェット・エンジンであるターボプロップ・エンジン(訳注9)を使用する事を最初から考慮に入れて設計された初めての輸送機である。ターボプロップ・エンジンを使用する事で、時速五〇〇キロから八〇〇キロの高速で、一万三五〇〇メートルに達する高い高度で飛行する事が可能になった。ターボプロップ・エンジンを使用した貨物専用機としての設計により、C－130輸送機は貨物機の世界を大きく進歩させた。それまでの軍用輸送機に比べて、より高い高度をより速く、より経済的に飛行でき、多様な用途に使用できる。

胴体の底面は地面から一一五センチしか離れていず、いかなる条件下でも貨物を容易に積み込む事ができる。後部胴体には貨物用の扉があり、貨物を機体に積む際に斜路（ランプ）として使うため後端を地面まで下げる事ができる。人員輸送から患者輸送、重い機械類の輸送からパラシュート部隊の空挺降下まで、さまざまな用途に合わせて、短時間のうちに機体の搭載用装備品の転換を容易に行う事ができる。

C－130輸送機は、短く路面の悪い滑走路でも離着陸が可能なように設計されている。その能力の実証試験として、空母での離着艦さえ行った事がある。C－130輸送機は後に「スカンクワークス」と呼ばれるロッキード社のバーバンク工場の組織で設計が行われたが、生産はロッキード社のジョージア工場が担当した。ジョージア工場は後にC‐130型機の民間型を開発した。この機体は世界中で民間貨物機として活躍している。この機体の設計の優れた点の多くは、ロッキード・ジョージア工場が設計した、巨大なC‐5輸送機にも取り入れられている。

第11章——ジェット機の時代の到来と、スカンクワークスの始まり

一九四〇年以降、ロッキード社は陸軍航空隊に対して、ジェット機の開発を働き掛けていた。ジェット・エンジンの持つ可能性に対して、我々はずっと関心を持っていた。特に、P-38戦闘機で圧縮性の影響を、最初はプロペラで、次には主翼で経験してからは、より強く意識していた。これからの戦闘機では、使用されるエンジンは大きく変化するだろうと思っていた。第二次大戦中、P-38型機のエンジン馬力を二倍近くまで増やしたが、最大速度は二八キロ／時しか増やせなかったのだ。

自社研究で、ロッキード社は音速、つまりマッハ一に近い速度を出せる機体の基本設計を行った。その機体は、ロッキード社のコンサルタントのネイト・プライスが設計したジェット・エンジンを装備する構想だった。プライスは先見性が豊かで、熱力学、材料、機械設計の知識が深い設計者だった。我々は陸軍航空隊にこの機体を試作させてくれるよう提案した。反応は否定的だった。新しい機体より、P-38型機の問題の解決と、その他の現用の機体に専念するよう指示された。もちろん現在から考えれば、これは近視眼的な対応だった。

しかし一九四一年に英国がフランク・ホイットルのジェット・エンジンを小型の戦闘機であるグロスター・ミーティア機に搭載し、高速を発揮できる事を実証すると、陸軍航空隊の姿勢は変化した。陸軍航空隊は、当初はプロペラ機として設計されていたベルP‐59型機を、ジェット・エンジンを搭載する機体に変更して発注した。一九四三年にP‐59型機は初飛行したが、その性能はレシプロ・エンジンのP‐38型機やP‐51型機とほとんど変わらなかった。

それを見たロッキード社は、ジェット・エンジン搭載機を、非常に短期間で開発する案を提案した。今回は陸軍航空隊の航空開発センターは我々の提案を採用してくれた。

ドイツ軍はこの頃にはすでにジェット機のMe‐262戦闘機を多数、実戦に投入していた。この機体は連合国軍のどの機体よりもずっと高速だった。ドイツ軍はすでにジェット機の時代に突入していたが、我々はやっとスタートラインに立ったところだった。Me‐262型機はウイリー・メッサーシュミットが設計した素晴らしい機体で、私は設計者としてのウイリー・メッサーシュミットの能力を、高く評価し尊敬している。

ジェット機を開発する上での反対理由に、ジェット機は燃料消費が多く、航続距離が短いと事が指摘されていた。ドイツ軍は英国を攻撃する際には、占領地のオランダやフランスの基地を利用できるので、長い航続距離を必要としない。しかし、米国はヨーロッパや太平洋の広大な戦域に対応しなければならない。有効な戦力であるためには、英国本土からベルリンまでを往復できなければならない。

オハイオ州デイトン市のライト基地にある航空開発センターで軍の意向を聞いた後、一週間もしない内に私はライト基地に、ロッキード社の設計案を説明に行った。

航空開発センター司令官のフランク・キャロル将軍は言った。「ジョンソン君、君の機体とプライスのエンジンを発注するよ。しかし、最初の機体には英国製のエンジンを使用してもらいたい。Ｍｅ‐２６２に対抗するために、出来るだけ早く、君の会社が作った戦闘機を全て投入する必要が有るんだ。君の会社のジェット・エンジンは戦局には間に合わないだろう。」

私はジェット戦闘機を一八〇日以内に完成させると約束していたので、キャロル将軍に質問した。「いつ契約していただけるでしょうか？　お約束した期間はいつから始まると考えたら良いでしょうか？」

「発注予定書を今日の午後一時半に君に渡す。」と将軍は答えた。「午後二時にデイトンからバーバンクへの飛行機が出る。その時間から君の約束した期間は始まるとする。」

将軍の言った通りになった。発注日は一九四三年六月八日で、〝ハップ〟アーノルド将軍自身が契約を承認した。

バーバンクへ戻ると、会社の状況は大変だった。ロッキード社では、その頃は一日に、Ｐ‐38戦闘機を一七機、Ｂ‐17爆撃機を四機、それにハドソン、ロードスター、ＰＶ‐１型機を合わせて、合計二八機を製造していた。三交代制で週に休みは一日しかなく、日曜日まで働いている社員もいた。空いている技術者はいなかった。工作機械も作業場所も空いていなかった。

私がロッキード社初のジェット戦闘機の契約書をロバート・グロス社長に見せると、社長はその仕事を期限内にやり遂げられるか疑問に感じた。しかし、社長もヒバード主任技術者も新しいアイデアはいつも歓迎していたし、厳しい状況の時もいつも私を助けてくれていた。

「ジョンソン君、これは君が自分で獲得した契約だ。」とグロス社長は言った。「やりなさい、やり遂げるんだ。でも君は自分で、このプロジェクトのための技術者と現場作業員を集め、作業場所を確保しなければならないよ。」

このところしばらく、私はグロス社長とヒバード主任技術者に、私に専属の試作部門を作ってくれるよう、何度も頼んでいた。その試作部門では、機体を開発するために技術者と現場の作業者が密接に共同作業を行い、中間の管理部門、資材部門などの補助部門を介在させない事で仕事に要する時間を短くし、業務手順を簡単にしたいと考えていた。設計を行う技術者と、部品製作、機体組立を行う作業員の間の関係を、できるだけ直接的にしたかったのだ。私は新しい戦闘機の開発を、このやり方でやる事にした。

新しい作業場所としては、風洞の隣の場所しか考えつかなかった。そこにはすでに風洞模型を作る作業場が有ったので、それが機械加工を行う作業場所になった。もっと機械設備が必要だったので、小さな町工場を購入した。ハドソン爆撃機用に送られてきた、ライト社のエンジン輸送用の箱が大量に残っていた。その箱は倉庫に積まれて保管されていたが、しっかりした木製の箱だった。作業場所の区域を片付け、周囲にエンジン用の木箱を積んで壁にした。天井はサーカスのテントを代用した。

私は自分も含めて二三名の技術者を何とか確保した。端的に言えば、会社中から盗むようにして集めたのだ。私は業務能力が分かっている技術者が欲しかった。副主任設計者は、W・P・ラルストンと、大学時代からの親友で、その頃ロッキード社に入社していたドン・パーマーにした。パーマーはバルティー社に入社し、会社の将来を賭けた単発輸送機の開発に従事していたが、その機体はロッキード・エレクトラ機やボーイング247型、ダグラスDC‐2型と言った双発機には対抗できなかったのだ。アート・ビーレックを現場の責任者にした。我々には専属の資材部門があり、正規の製造部門の工場とは独立して作業できる全ての機能を有していた。これが「スカンクワークス」の始まりとなった。

どうして「スカンクワークス」と言う名前になったのか、私は良く覚えていない。我々の作業場所は、戦時下の厳しい機密保持と、仕事の能率を上げ、仕事に集中する邪魔にならないよう、関係者以外は誰も立入を許可しなかった。言い伝えによれば、チームの技術者の一人、多分、優秀な設計者のアーブ・カルバーだと思うが、関係者以外の人間に「ジョンソンはここで何をやっているんだ？」と質問されたとの事だ。「うん、彼はここで密造酒を作っているんだ。」とカルバーは答えたそうだ。この返事は、当時のアル・キャップの人気漫画「リル・アブナー」を連想させた。その漫画では毛深いインディアンが、彼の「キッカプー密造酒」を作るために、大きな醸造桶にスカンク、古靴などを放り込んでかき混ぜていた。その漫画への連想から、スカンクワークスの名前が生まれた。

陸軍航空隊はやると決めたら、行動は速かった。発注が決まってから九日後、ロース大佐と本開発計画の連絡調整担当者に任命されたラルフ・スウォフォード少佐が参加して、実大木型模型の検討会議がスカンクワークスで開かれた。軍の関係者は六名だけで、ロッキード社からは二、三名が参加しただけだった。その夜、設計をそのまま進める事が承認された。その六日後、政府支給品である、機銃、無線機、車輪とタイヤなどを受領した。開発を通じて、ライト基地の航空開発センターや担当者とは非常に良好な関係だった。そうした良好な関係が無かったら、このような短期間でこの開発はできなかったと思われる。

工場の大きな掲示板に、納期までの残り日数を表示すると、スカンクワークスの全員にかかる精神的圧力が高まった。我々の作業計画では、一日一〇時間、一週に六日間勤務としていた。だれも日曜日は働いてはいけない。その規則を厳密に守らせる必要があった。こうした規則になっていても、最後の数週間は毎日の病欠率は五〇パーセントにもなった。作業時期が真冬になっても、作業場所の施設は貧弱で、暖房もほとんどなかった。役職者の中から一名でも病欠者を出すわけにはいかなかった。

開発作業では機体は問題は無かったが、エンジンは問題だった。エンジンは機体が完成して飛行可能になるわずか七日前になるまで到着しなかった。我々はエンジンの木型模型を利用してエンジンの搭載設計を進めてきた。デハビランド社から技術支援に派遣されてきたガイ・ブリストウが、警察に逮捕された事にも困らされた。彼は米軍の機体で、通常の旅行用の証明書を持たずに、エンジンと一緒に秘密裡に到着した。彼はハリウッド大通りをぶらつくという間違いを犯した。警官が彼を呼び止め、彼が徴兵免除カードを持たず、アメリカ市民ですらない事を発見し、彼を拘留したのだ。彼の拘留が分かった時には、陸軍航空隊に連絡して、警察から釈放されるよう調整してもらわなければならなかった。

初飛行の前日、最終的なエンジンの地上運転試験を行っていた時に、突然、バンと大きな音がした。私は機体の二本に分かれたエンジンへの空気ダクトの中間に立って、エンジンの運転状況を観察していたが、ズボンをエンジンの空気取り入れ口に吸い込まれそうになった。ダクトはつぶれて、金属の破片がエンジンに吸い込まれ、圧縮機のケースにひびが入った。ロッキード社に支給されたエンジンはその一台だけだったが、それが修理不能なまでに壊れてしまった。別のエンジンが到着するのを待つしかなかった。

発注から一四三日目に機体は完成し、飛行可能な状態である事を陸軍航空隊に承認してもらった。我々は一八〇日の期限を守る事が出来た。一九四四年一月八日の朝、ＸＰ‐80型機は初飛行を行った。その機体には「ルル・ベル」と名前を付けた。初号機には名前を付ける事にしていたのだ。ミロ・バーチャムが、現在はエドワーズ空軍基地になっているミュロック乾湖で機体を飛行させた。この機体は米国の戦闘機で時速八〇〇キロを超える最初の機種となった。最高速度は八〇三キロ／時だった。

この頃、陸軍航空隊はゼネラル・エレクトリック社（ＧＥ社）にホイットルのエンジンより大型で推力の大きなエンジンを開発させていた。開発は速やかに進められていた。最初のＸＰ‐80型機で機体の設計に問題がない事が証明されたので、新しいＧＥ社のエンジンを搭載するために、ほぼ三割大きな機体を同じように開発する事を要求された。この大型化された機体を二機製作する契約を受注した。

一三二日間で、この大型化されたＹＰ‐80Ａ型機の最初の機体を完成させた。その機体をつや有りのラッカーで薄い灰色に塗装したので、機体の名前は「グレイ・ゴースト」になった。この機体は、武装がより強力で、翼端に増槽を装備してより多くの燃料を搭載可能で、元の機体より最高速度は一三〇キロ／時速くなった。

この機体から、後にF‐80と名称が変更されたP‐80戦闘機、そこから派生したT‐33複座練習機、発展型のF‐94戦闘機のA型、B型、C型が生み出された。陸軍航空隊のために、一連の系列の全ての型を合わせると六〇〇〇機以上が作られた。P‐80型機は米国における最初の実戦用のジェット戦闘機である。ロバート・グロス社長は、ロッキード社の機体には天体にちなむ名前を付ける伝統に従い、P‐80型の名前を「シューティングスター」とした。

もちろん、開発に当たっては問題が起こった。飛ばす事に関しても、試験する事に関しても、それまでとは全く異なっていた。

我々が遭遇した最初の問題は、又しても圧縮性に起因する問題だった。しかし、P‐38型機の場合とは異なる問題だった。P‐80型機では主翼に生じた衝撃波の位置が、主翼のエルロンのヒンジを挟んで、前後に急激に動くのだ。それによるエルロン上面の圧力変化でエルロンが動かされ、高い周波数の振動である「バズ」を起こすのだ。圧縮性の影響は出てくる事は予想していたが、それがマッハ〇・八から〇・八五で現れた。パイロットは発生の兆候を感じる事が出来る。その速度に近づくと、操縦桿が少し振動し、エルロンで「バズ」が起こっている事を感じる事ができる。

この現象については、ショック・アブソーバーとして機能する油圧ダンパーを、エルロンに対して、遊び（ガタ）がないようにしっかりと取り付ける事で解決できた。

この対策に決める際に、この現象の危険度を調べるために風洞試験を行った。実物大の主翼の模型に一〇〇時間以上もフラッターを起こさせた。最後には模型のエルロンはヒンジの位置で壊れて、風洞内で吹き飛んだ。NACAは実機を用いてマッハ〇・八六まで速度を出した。その飛行を行ったパイロットの勇気に私は感心した。その飛行試験でエルロンはガタガタになってしまったのだ。この現象により最大速度を制限する事が必要になったが、競合する他社の機体より最大速度が大きいので、受注する上では問題にならなかった。

GE社の新しいエンジンで問題が生じた。試験飛行士のトニイ・レビアがF‐80型機の三号機で、高度四五〇〇メートルから六〇〇〇メートルの間で速度を上げた時、突然、ブーンと言う大きな音がした。その音は地上でも聞こえた。上空を見上げると、飛行機は空中分解していて、パラシュートが開くのが見えた。

レビア操縦士の説明によると、「順調と思っていたら、突然機体はひっくり返り、主翼がもげ、自分は空中に放り出されていた。」との事だった。もちろん、機外へ脱出するには操縦席のキャノピーを放出したはずだ。レビアが着地後に状況を説明したが、興奮していたので記憶をたどって説明するのに一〇分間もかかった。

しかし、近くで事故を見ていた農民は、事故は一〇秒もかからなかったと言った。「見上げると、大きな音がして、パラシュートが開いた。」との事だった。

機体とエンジンの残骸を回収して調査した所、ジェット・エンジンのタービンのディスクが三つに割れて飛散し、胴体を切り裂いた事が分かった。破損の原因は現在でも起こりうる不具合だった。このタービン・ディスクの大きさの金属素材を鍛造できるだけの大型設備が無かったので、ディスクは溶接により製作されていた。その溶接した箇所から破壊が始まったのだ。その頃、米国に有った最大の鍛造設備は戦後、ドイツから接収したものだけだった。

Ｆ‐80型機のエンジンの場合、大きなタービン・ディスクと主回転軸は、溶接で接合されていた。この頃の米国の設備では、タービン・ディスクと軸のハブの部分を一体で鍛造できる設備が無かった。この不具合により六機のＦ‐80機が失われた。

回転軸のハブの部分の設計を改善し、真空チャンバーの中で通常の運転速度以上の回転数で、タービンと回転軸を組み合わせた状態で回転させて確認試験をする事にした。この試験は私には心配の種だった。それはまるでビルの一〇階の窓を外に開いて、そこからどれだけ体を乗り出せるかを試験しているように感じた。この試験そのものでクラックが生じ、それがX線検査で発見されないまま、実機で使用される事になるかもしれない。しかし、そのような事は起こらず、対策はうまく機能した。

Ｆ‐80戦闘機を使用して、陸軍航空隊はドイツのジェット機に対抗する戦術を研究した。敵のジェット爆撃機の防御戦術と、ジェット戦闘機の攻撃戦術に対して、単機で、また編隊で対抗するための戦術を開発しようとしたのだ。我々はエドワーズ基地で軍の飛行試験に何週間も立ち会った。米国の戦闘機は、Ｐ‐38、Ｐ‐39、Ｐ‐47、Ｐ‐51など全ての機種がそろっていて、自軍の爆撃機を守るために、ジェット戦闘機に対抗する方法の評価を行った。戦闘機には戦果確認用のガンカメラが装備されていた。Ｂ‐17爆撃機やＢ‐24爆撃機にもガンカメラが装備されていた。

私は毎日五時間、高度七五〇〇メートルで、テニスシューズ、半ズボンにパラシュートを背負い、トニイ・レビアが操縦する複座型のＰ‐38型機の後席で、爆撃機側が攻撃してくるジェット戦闘機を打ち落とそうとするのを観察した。護衛のＰ‐38戦闘機は激しい機動を行い、攻撃してくるＦ‐80戦闘機の方へ回りこもうとしてきりもみに入った事もあった。率直に言って、それは真剣な試験だが面白かった。Ｐ‐38型機のきりもみ特性は良く、回復は容易だった。

「やっつけた、命中させたぞ！」と爆撃機の機銃手が叫ぶ事が良くあった。しかし地上に戻ってガンカメラの記録で検証して見ると、Ｆ‐80型機に命中していた事は一度も無かった。

Ｆ‐80戦闘機は爆撃機の編隊に対して正面から近づき、横転して背面姿勢で編隊の下方に突き抜けていた。側方攻撃、追尾攻撃も試験した。護衛用の戦闘機も戦術研究飛行に参加していたので、飛び回る飛行機で空は一杯だった。

戦闘を模擬した試験は非常に役立った。正面からのジェット戦闘機の攻撃は止められない事が分かったが、それは大きな問題ではなかった。接近する相対速度が一一〇〇キロ／時を越えるので、Ｍｅ‐262戦闘機のパイロットが爆撃機との衝突を回避しながら機銃弾を発射する数秒間に多数の弾を命中させる確率は低いので、この攻撃法はあまり心配しない事にした。懸念されるのは後方からの攻撃だった。後方からの攻撃の場合、ドイツ軍のジェット機は追いつく速度を好きなように調節でき、照準を付けて攻撃する時間を長く取れる。その対抗手段として、航空隊は護衛戦闘機に後方を警戒させる戦術を開発した。Ｆ‐80戦闘機を使用したこうした試験により、第八空軍はドイツ軍のジェット戦闘機との戦闘法を、実戦で攻撃を受ける前から準備しておく事ができた。

夜間の試験では有益な成果が得られたが、悲劇的な事故が起きた。ジェット機の排気が、夜間に赤く光って見えるかどうかを確認するために、Ｆ‐80戦闘機が観測用のＢ‐25爆撃機と共に離陸した。排気が見えない事は確認できたが、暗闇の中で二機は空中衝突を起こした。ロッキード社のテストパイロットのアーニイ・クレイプールと、軍のパイロットが死亡した。

第二次大戦が終結する前に、四機のＦ‐80戦闘機がヨーロッパの戦線に送り出された。その四機は英国とイタリアから、実戦の準備のための哨戒飛行にのみ使用された。Ｆ‐80戦闘機が撃墜されて、残骸がドイツ軍に回収される事態は避けたかったからだ。部隊側はジェット機の燃料消費率が大きい事、飛行速度が速い事、種々の天候条件下での運用特性などについて、機体に慣れる必要があった。機体が一機とパイロット一名が失われた。機体を操縦していたのは、非常に経験豊かで技量が優れたフランク・バーソルディ少佐で、彼は低空で高速の飛行を行った後、着陸しようとし、速度が大きすぎるのでエンジンのスロットルを絞った。その結果、胴体内の排気管に外からかかる空気の圧力が内部の圧力より高くなり、排気管がつぶれた。少なくとも、私はそのように推測している。排気管は内部からの圧力に耐えるように設計していたので、これは想定外の出来事だった。対策として、排気管に空気抜きの穴を開け、排気管の外部の圧力が内部より高くならないようにした。

Ｆ‐80戦闘機の開発では更に一名の命が失われた。今回は、ロッキード社で長い間テストパイロットをしてきたミロ・バーチャムだった。F‐80型機の試作機は、エドワーズ基地で飛行試験を行うためにトラックで輸送されて試験飛行を行ったが、量産型の最初の機体では、バーチャムは現在はバーバンク・グレンデイル・パサデナ空港となっている、ロッキード飛行場の東西方向の滑走路から離陸した。この頃の空港には、必要な場合には胴体着陸ができるだけの広い空き地がまだ有った。しかし、滑走路の端から少し離れた所に、砂利を採取した後のくぼみが残っていた。離陸して高度がまだ六〇メートルの時にエンジンが停止した。燃料ポンプの駆動軸がスプラインの所で破断し、燃料がエンジンに供給されなくなったのだ。バーチャムは砂利採取場の窪地を避ける事ができなかった。機体は窪地に激突して爆発した。この事故の対策として、設計を変更してスプラインとポンプを改善し、非常用燃料系統を追加した(訳注1)。

それ以降、ロッキード社の機体では、必ず予備の燃料系統を装備するようにした。エンジン駆動の燃料ポンプを二台か、エンジン駆動の燃料ポンプが一台と電動ポンプを一台の構成にした。他社のジェット・エンジン装備機では二重にしてない機体もある。系統に冗長性を持たせる事は、それ以来、私には必須の設計要件となった。我々が製造する全ての機体で、正規の燃料ポンプが故障しても、エンジンが停止しないか、又は再始動して飛行を継続できる事を確認するようにした。バーチャムの死は、その後のパイロットの安全性の向上に貢献する事となった。

ヨーロッパ戦線の戦闘は、F‐80戦闘機の実戦能力が実証される前に終結した。しかし、開発、試験、生産は続いた。

戦争終結後、陸軍航空隊の調査団がドイツ軍の戦闘能力を調査するためにドイツに渡ったが、ロッキード社もそこに参加した。私はF‐80型機の開発の仕事が有ったので米国に残ったが、私の部下のウォード・ベーマンは調査団に加わり、多くの情報を持ち帰った。

ドイツは世界で唯一、軸流式ジェット・エンジンを搭載した機体を飛ばしていた。軸流式エンジンは英国の遠心式エンジンに比べて、基本的に構造が単純なので効率が良い。気流は前から入って、エンジン内部をまっすぐ進み、まっすぐ後方へ排出される。遠心式では空気は遠心式圧縮機の前と後ろの両面から入り、エンジンの中心軸に対して外側に垂直に流れて燃焼室に入る。燃焼室を出た空気は、エンジン内部の流路に沿って流れて向きを変えて後方へ排出される。従って、エンジンに入った空気は、最低でも二回は流れる方向を変える。しかし、米国も英国も蒸気プラントで遠心式圧縮機を使用しており、遠心式圧縮機について豊富な経験と知識を有していたので、開発の確実性と安全性で有利と考えて遠心式を採用した。

戦後、陸軍航空隊は新しい戦闘機の防空能力を劇的な形で証明した。一九四六年一月、三機のF‐80型機が同じ日に西海岸から大陸横断飛行に出発した。二機は途中で給油のために着陸するが、一機は無着陸での横断を目指した。

ウイリアム・カウンシル大佐はF‐80型機を駆って、西海岸のロングビーチからニューヨーク市のラガーディア空港までの四〇〇〇キロを、記録的短時間の四時間一三分、平均速度九三五キロ／時で飛行した。この快挙は全国の新聞で大きく取り上げられた。カウンシル大佐の機体は容量が一一〇〇リットルの翼端増槽を装備し、空になった後にカンサス州の畑の上空で投棄した。そのタンクは畑の持ち主が半分に切断して、家畜に餌をやる容器にしたとの事だった。給油を行った二機は、カンサス州トペカに着陸したが、給油はほんの数分で終わったので、無着陸の機体との飛行時間の差はほんのわずかだった。

この記録飛行の離陸時に関しては、面白い話がある。FAAの公式計時員がロッキード社の主任飛行試験技術者のルディ・ソーレンの所へ来て、安物の懐中時計を取り出して、今は何時か尋ねたのだ！　もちろん、彼の時計の精度は実際には大きな影響はない。計時員の役割は、何らかの方法で離陸時間を記録する事なのだ。誰かが到着地で着陸時間を記録すれば、それで飛行時間が決まる。しかし、FAAの立会人の権威は少し傷ついた。

更に新しい記録が樹立された。一九四七年に陸軍航空隊は空軍として独立した軍になった。アルバート・ボイド大佐(訳注2)は速度測定コースを平均時速一〇〇三キロ／時で飛行し、世界記録を樹立した。ちなみに、当時のジェット機用の燃料の価格はガソリンよりも灯油に近く、現在（一九八〇年代）の一ガロン（三・八リットル）当たり一・五ドルより大幅に安く、一ガロン当たり一三セントだった。

F-80戦闘機の操縦はとても易しかったので、空軍に練習機型の必要性を認めてもらうのに苦労した。我々はまず同乗者が操縦士の後ろにもぐりこめる機体を製作した。風防を大型化し、パイロットの後ろに同乗者が乗れるようにしたのだ。次に一機を製造ラインから外し、一時的に軍の製造管理対象外にしてもらった。その機体を、複座型を実際に使用してその必要性を空軍に納得してもらうため

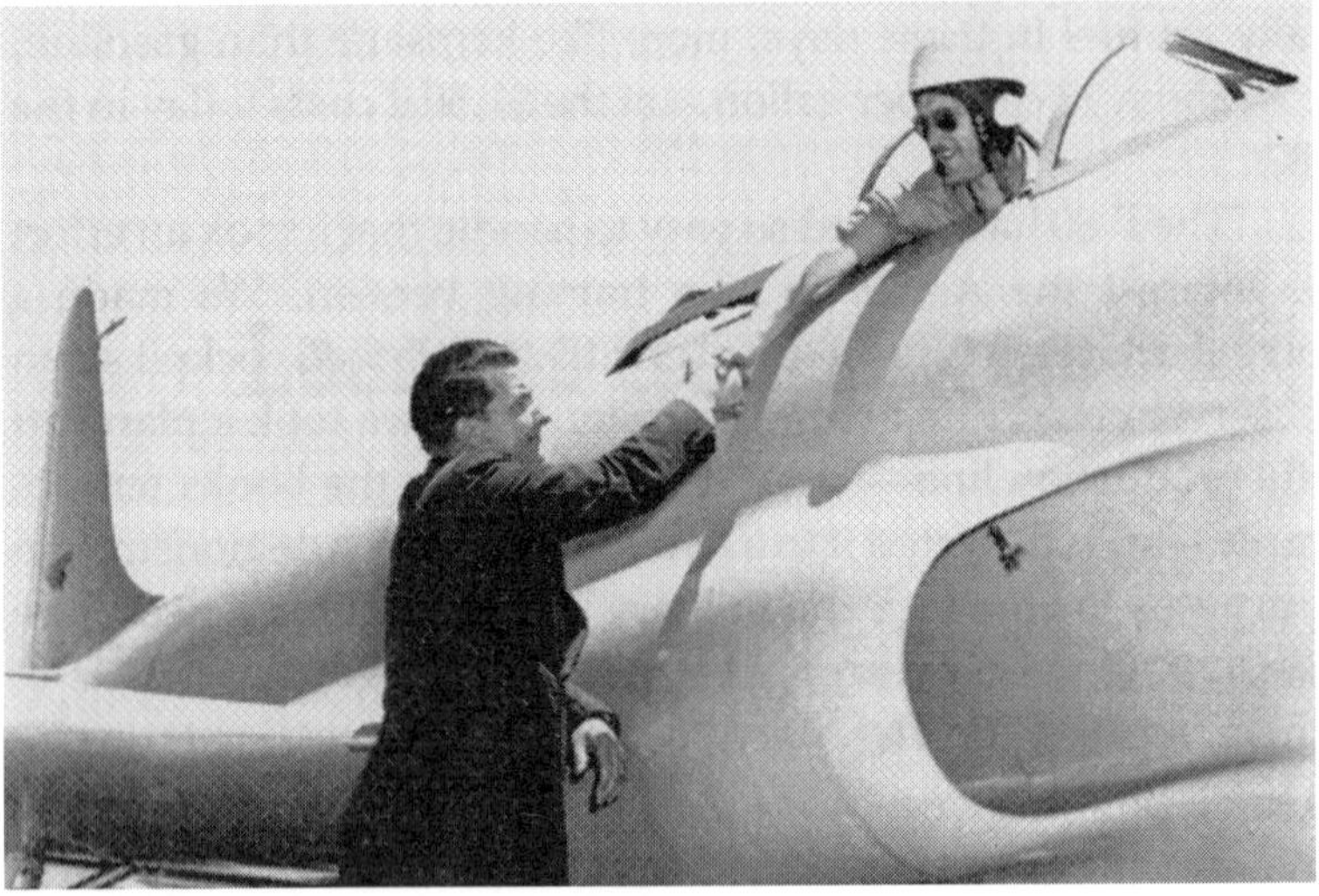

（上）米国初の実戦用ジェット戦闘機であるF-80型機の試験飛行を終えたトニー・レビア飛行士に、ねぎらいの言葉を掛けるジョンソン。
（下）今日の目で見てもシューティングスター機は引き締まって速そうに見える（訳注3）。

に、自社の費用で複座型に改造した。必要性を認識すると、空軍は複座練習機型をＴ‐33練習機として数千機も購入した。海軍も練習機型をＴＶ‐１型練習機として購入した。

時には、我々が必要だと思っても、それを顧客に納得してもらうのがとても難しい場合がある。どうしても納得してもらえない時も有った。その例として、我々の万能型練習機の構想がある。

一九五四年に我々はＴ‐33練習機に、どのような機体であっても、その性能、特性を模擬できる「ブラックボックス」（電子機器）を搭載する構想を持ち出した事がある。研究所でこの種のイン・フライト・シミュレータが用いられるようになる、ずっと以前にだ。しかし、その構想を取り上げてもらえなかった。後になって、このような機能を持つ機体が作られた。例えば、スペースシャトルの飛行特性を模擬する装置が、ジェットスター機やＦ‐１０４機に装備されて使用された。

これからの「新世代の練習機」には、このような機能が一部なりとも取り入れられると私は思っている。このような「万能型の練習機」は研究開発作業で使う事ができるし、役に立つと思われる（訳注４）。

一九五〇年に北朝鮮が南朝鮮に侵攻すると、Ｆ‐80戦闘機は米空軍でその能力を実証した。歴史的なジェット機同士の初めての空戦において、Ｆ‐80戦闘機はソ連製のＭｉＧ‐15戦闘機を撃墜した。そして、ミロ・バーチャムの死によって装備されるようになった、二重化された燃料ポンプのおかげで、朝鮮半島上空の空戦空域から多くのパイロットが基地まで帰還する事が出来た。朝鮮戦争におけるジェット機同士の空中戦の経験により、今後の機体の開発に適用すべき教訓を数多く得る事が出来た。しばらくの間は、それらの教訓を適用するために、忙しくなりそうだった。

第12章—朝鮮戦争の教訓とF‐104戦闘機

ロッキード社の試験飛行士のトニイ・レビアが、初めてF‐104スターファイター戦闘機を見た時の最初の質問は、「主翼はどこにあるんだ?」だった。

たしかに、主翼は短い直線翼で、かみそりの様に薄いが、それでも大きな揚力を出す事が出来る。この主翼の形状は、二四〇〇キロ／時の速度を出せる計測装備付きの試験用ロケットを使って、五〇種類以上の主翼の模型を飛ばして試験して決めた。

この「人が乗るミサイル」と呼ばれるF‐104戦闘機は、一九五二年に私が朝鮮戦争の現地調査に行った事で、生まれた機体である。補給軍団司令官のベンジャミン・チルドロウ中将とその部下の空軍将校達は、朝鮮戦争において米空軍の機体がどのように戦っているか、又、米軍のパイロット達が敵機と交戦する際に知っているべき事は何かを見つけたいと考えた。同時に、それを航空機の設計者達にも理解させようと考えた。朝鮮戦争は敵味方の双方がジェット機を使用した初めての戦争だった。北朝鮮軍は、その実体は中国軍だが、MiG‐15戦闘機を使用した。韓国軍は、実質的には米軍だが、F‐80戦闘機、F‐84戦闘機、後にはF‐86戦闘機を使用した。

　大邱のような前線の飛行場から離陸する機体が、燃料を満載した翼端の燃料増槽を、滑走路に擦らんばかりにしながら離陸していくのを見た事は、次の機体の設計を考える上でとても参考になった。滑走路はスチールマットを敷き詰めた応急的な滑走路で、タンクをこすると火災を起こす可能性があるが、それでもパイロット達は毎日、戦闘に飛び立っていた。

　戦闘から帰還して機体から降りてきたパイロット達に、戦闘機に何を望むのか我々は質問した。全員が同じ答えを返した。速度と高度がもっと欲しいと言うのだ。戦闘時の高度では、双方の機体の速度性能はほぼ同じだ。米軍の機体は操縦系統が動力式なので運動性が優れているし、最新の照準器を装備しているので、敵より有利である。全体的には戦闘における撃墜率は、一〇対一程度で米軍が有利だった。

　それでも米軍のパイロットたちは、一万五〇〇〇メートルの高空を中国やロシアに向けて飛んでいるMiG‐15のパイロットからは、いつもバカにされていた。

「米軍の機体は気にするな。自分の機体の能力を信じろ。奴らはこの高度までは追いつけない。」と敵機が交信しているのを、米軍のパイロット達は良く耳にしていた。

　朝鮮戦争の前線を現地調査するのに当たっては、米空軍のコンステレーション機を利用して、三万キロ以上の距離を移動し、一五カ所の飛行場を訪問した。

　夜間飛行で移動した際には、一緒に行ったノースアメリカン航空機社のリー・アトウッドと私は、機体の床にベニア板を置いて、その上で寝た事も有った。ベニア板の上で寝ていると、三番エンジンの振動が主翼の後桁を通して伝わって来るのが感じられた。エンジンの振動は飛行を繰り返すうちにだんだんひどくなったが、本土からハワイ、ウエーク島、日本、そして韓国の空軍基地を巡り、沖縄を経てマニラに到着するまでは、エンジンは動き続けた。マニラから離陸して巡航高度に達した時、大きな音がして三番エンジンが停止した。燃料を投棄してマニラに戻った。空軍は修理用の部品を豊富に保有していたので、一二時間以内に修理を完了して再び出発する事が出来た。

米本土に戻ると、私は現用の世界のどの機体よりも、より高く、より速く飛べる戦闘機の設計を始めた。そのような機体に対する米空軍からの正式な要求はまだ無かったが、国防省を訪問するとその件はすぐに解決した。私が機体の構想案をドン・プット将軍、ドン・イエイツ将軍、ブルース・ホロウエイ大佐に見せると、彼らはとても好意的に受け止めてくれた。開発を始めるのに唯一の障害は、次世代の戦闘機に対する要求事項を規定した書類が無い事だった。

「要求仕様書がないなら、僕が自分で作成するよ。」とホロウエイ大佐は言った。「ジョンソン君、ちょっと待っていてくれ。二時間もしたら戻るよ。」と言って、ホロウエイ大佐は出て行った。

大佐は次の戦闘機に対する空軍の要求を、一ページと四分の一に書き上げた。そこには、その戦闘機は軽量であるべきとし、海面上と高々度における性能、搭載すべき武装、無線機、その他の搭載装備品に対する要求事項が記載されていた。約束した二時間の内に、大佐は関係する全ての将軍達の承認を貰って帰ってきた。

「これが君に渡す要求仕様書だ。」と大佐は私に言った。プット将軍とイエイツ将軍もその言葉を承認した。「これでどんな戦闘機が出来るか、設計してもらいたい。」と大佐は言った。

この仕様書で誕生したのがF－104スターファイター戦闘機だ。この機体からは、発展型のF－104Sスーパー・スターファイター戦闘機も作られた。八種類の型が開発され、米国と自由世界の六か国で二五年以上に渡り生産された。これは世界最大の国際共同生産事業だった。最終的には米国以外にも一四の同盟国で使用された。複座機も作られたが、これは練習機としてだけでなく、実戦用にも使用できる機体だった。

F－104型機は水平飛行で音速の二倍の速度が出せる最初の実用機だった。

この機体の短くて薄い主翼の開発に当たっては、必要に迫られて新しい試験方法を採用した。ロッキード社にはこの機体が目標としているマッハ二の風速を出せる風洞が無かった。そこで私はボルチモア市にある、空軍の航空機研究開発軍団の司令官のアール・パートリッジ将軍を訪問して、新しい戦闘機の開発で、薄い主翼以外にも、尾翼や空気取入口の試験も実施が難しい事を説明した。

「当方に何をして欲しいのかね？」と将軍は尋ねた。

「そうですね、五インチ・ロケット弾をいただければ、それに戦闘機の主翼の模型を取り付けます。それを発射すれば、かみそりのような薄い主翼を、どのように設計、製作したら良いのかわかります。超音速でフラッターを起こさないか、とか言った事です。」と私は答えた。

パートリッジ将軍は直ちに朝鮮戦線の部隊に電報を送った。「半日だけロケット弾の発射を止めて、その分をロッキード社のジョンソンに送られたし。」との電報だった。

二週間後に私がバーバンク工場に戻ると、スカンクワークスでは大騒ぎになっていた。ロケット弾が四六〇発届いていたが、それをどうしたら良いのか誰も知らなかったからだ。工場の中に実弾頭装備のロケット弾を置いておけないし、それを市内で発射する訳にはいかない。ロケット弾を全てエドワーズ空軍基地に運んだ。試験基地として外部とは隔離されていて、ロケット弾を発射できる広い場所があるからだ。

ロケット弾に自動記録式のカメラ、地上局に測定データを無線で送ってくるテレメーター装置を取り付けた。我々は、計測装備をしたロケット弾に、各種の主翼の模型を取り付けては、砂漠の中の基地で打ち上げた。主翼の模型は剛性、形状、配置を変えたものを、時速二四〇〇キロに至る速度で試験した。他社からはこんな薄い主翼で良いのか疑問視する声もあった。しかし、完成した実機の主翼は、試験飛行でも実運用でも高い強度を有する事が実証されたし、翼端に燃料タンクを付ける事もでき、多くの兵装や原爆までも搭載する事が出来た。

他にあまり例を見ない、水平尾翼全体を動かして操縦する方式（フライング・テイル方式）についても、最初はこのロケット弾を利用した「風洞」で試験を行った。

Ｆ‐１０４型機の開発でも再び、予定しているエンジンが完成していないのに、機体の製作を始めなければならない状況になった。そのため、Ｆ‐80型機の時のように、Ｆ‐１０４型機の最初の二機は、もともと予定していたゼネラル・エレクトリック社（ＧＥ社）のＪ‐79エンジンがまだ使えなかったので、臨時のエンジン（ライトJ－65）で飛ぶ事になった。

最初の機体を製作し飛行させるのに、一年と一日を要した。一九五四年二月二八日に、エドワーズ空軍基地でトニイ・レビアが初飛行を行った。私は初飛行をできるだけ自分の誕生日に合わせたいと思っていたが、この時は一日ずれた。

新しいGE社のエンジンは、飛行試験の初期にはいろいろな問題を起こした。まず、アフターバーナーでの問題があった。アフターバーナーは、エンジンの排気管を流れる高温の排気の中に、燃料を噴射して燃焼させることで、排気の温度を上昇させ、排気管からの噴出速度を大きくするための装置である。離陸や飛行中に大きな推力が欲しい時に使用すると、推力を大幅に増加させる事が出来る。

このエンジンでは排気口の出口面積を変更する機構が、ある条件がそろうと、予期していない時に排気口を全開にしてしまい、そのために推力がほとんど無くなってしまうと言う困った現象を引き起こした。ロッキード社は自社でエンジン試験用風洞を建設して試験を行い、エンジンの設計改善が速やかに行われるよう協力した。

エンジンの設計が改善されるまでに、七機の機体と七人のパイロットが失われた。その事は私の心に、苦い記憶としてずっと残っている。エンジンに対する対策が取られるまでには、長い時間を要した。

飛行試験における機銃発射試験の初期の頃に、機銃も問題を起こした。機銃の発射試験では、二人のベテランのパイロット、試作機の初飛行を行ったレビアと、量産型の初飛行を行ったハーマン・

F-104スターファイター戦闘機の傍らに立つロッキード社のテスト・パイロットの"フィッシュ"・サーモン。

〝フィッシュ〟・サーモンの経験が役に立った。

レビアの場合は、F-104型機では初めての、エンジン停止状態での着陸を行う羽目になった。超音速における機銃発射試験を初めて実施した所、機銃が爆発し胴体の燃料タンクに穴が開いた。操縦席には煙が充満し、レビアは脱出を考えた。しかし、基地から八〇キロの距離で、高度が高かったので、彼は下を見て考え直した。

「やれやれ、ここで脱出したら、地面に降りる前に凍えて死んでしまいそうだ。」と彼は考えた。

彼の語る所によれば、「機体から脱出せずに基地へ向かった。基地に近付くとエンジンが止まった。着陸の最終段階で、接地するために引き起しをする直前に主翼のフラップが故障している事に気付いた。射出座席で脱出する事も考えた。しかし、脱出してパラシュートで降りて行くと機体の後流に巻き込まれるので、生き延びられないかもしれないと思った。そこで速度を殺すために機首を一杯まで引き起こしたが、その操作によって、失速して機体が横転するなど、思いがけない事が起きるかもしれない事は覚悟していた。心配はしたが、パイパー・カブのような引き起こしと接地が出来たよ(訳注1)。」との事だった。

不具合の原因が分かった。機銃が爆発し、主翼のフラップは電気が供給されなくなったために動かなくなったのだ。Ｆ-１０４型機でエンジン停止状態で着陸するのはとても危険だった(訳注2)。主翼はとても小さく、エンジンが止まっているためフラップの効きが悪いので、非常に正確に着陸操作を行わねばならない。レビアはこんな事態も有ろうかと、事前にエンジン停止状態での着陸諸元を計算していた。どうすべきか良く分かっていて、その通りにエンジン停止状態での完璧な着陸を行った。

ハーマンの場合は、機体から脱出するしかなかった。ハーマンは一万五〇〇〇メートル以上の高々度で、圧力服を着用して超音速で機銃発射試験を行ったところ、突然、操縦席に気流が吹き込み、ヘルメットのフェースプレートが全面的に白く凍り付いた。計器は全く見えなくなったが、この高度では圧力服への酸素の供給を機体から切り離そうとは考えなかった。その状態で彼は秒数を数えながら、できるだけ我慢してからフェースプレートを上げた。

「見たかったのは高度計だけだ。他の計器はどうでもよかった。」とハーマンは説明している。

事故原因の調査で、ハーマンは記憶内容をできるだけ多く話して事故の原因究明に協力しようと、ロッキード社の医療部長のチャールス・バロン博士が処方した、自白剤のペントタールナトリウムの注射を志願した。彼の説明内容により、何が起きたのかが詳しく分かった。

機銃を発射した際、機銃からの排気ガスが機内に充満し、それが爆発して胴体の主脚室の扉が開き、そこから低温の外気が機内に流れ込んだ。若い頃にパラシュート降下を見世物として行った経験があるハーマンは、冷静沈着に機体から脱出した。機銃発射時の問題は、短時間の内に解決した。

Ｆ‐１０４型機は迎撃戦闘機として設計され、その任務には非常に適していた。しかしＮＡＴＯ諸国がＦ‐１０４型機を採用して、ライセンス生産をする事になると、低空での地上攻撃任務を行う事も求められた。一八平方メートルもない主翼の面積はそのまま変更せずに、機体重量を最初の七・五トンから一五トンまで倍増させる事が出来た。しかし、そのために離陸速度は大きくなった。機体はますます高速で離着陸する事が必要となった。それも世界でも最悪の気象条件の地域の一つでだ。ノルウェー、カナダ、台湾など他の国では、高い飛行安全性を記録している。

西ドイツで事故率が高かった事については、特別な理由がある。西ドイツのＦ‐１０４型機は、迎撃機、戦闘爆撃機、偵察機としての高い機能を一つの機体に詰め込んだ、非常に複雑な機体だった。後期の機体には、赤外線照準器、慣性航法装置も追加されている。

事故率が高かった原因は、第二次大戦後のドイツ空軍には一〇年間の空白期間があり、ドイツ人のパイロットは近代的なジェット機の操縦経験、特に超音速飛行の経験が無かった事だ。また、訓練を積んだパイロットや整備員を、空軍に長く勤務させておけるだけの待遇が出来ない状況も有った。

Ｆ－１０４型機で初期の事故率が高かった事について、マスコミの関心は高かったが、以前に西ドイツが多数を購入したＦ－84戦闘機では、ごく短期間の内に四〇パーセントの機体が失われた事については、ほとんど報道されていない。

問題の根源は、機体よりも運用方法の問題である。最終的に、西ドイツは天候が良くて、年間を通してパイロットの訓練が可能な、米国アリゾナ州のルーク空軍基地で飛行訓練を行う事にした。空軍での勤務を継続させるための対策も取られた。適切な訓練を受けて練度が向上した西ドイツ軍のパイロット達は、Ｆ－１０４型機の運用で優れた実績を残している。

米空軍に就役した最初の年に、Ｆ－１０４型機は注目すべき公式記録をいくつか樹立している。一九五八年には、二万七八〇〇メートルまで上昇して、到達高度の世界記録を米国に取り戻した。同じ年に、時速二二六〇キロ／時の速度記録を樹立した。上昇時間でも七つの記録を樹立した。一九五九年には三万一五〇〇メートルまで上昇して新記録を樹立した。米空軍、ＧＥ社、ロッキード社は一九五九年に、Ｆ－１０４型機の前年における「航空界のおける偉大な成果」により、コリアー・トロフィを受賞した。

Ｆ－１０４機は後に、米空軍のエドワーズ空軍基地にある航空宇宙調査研究パイロット学校で、宇宙飛行士用に、再突入と無重力状態を模擬する訓練機にも使用された。

共産圏の空軍で、ソ連製の高性能なＭｉＧ－21戦闘機が、それまでのＭｉＧ－17、ＭｉＧ－19戦闘機に代わって配備され、その機数が増えてくると、西ヨーロッパ諸国の空軍もより高性能の制空戦闘機を求め始めた。西側の防空用の戦闘機は主としてＦ－１０４スターファイター、Ｆ－４ファントム、Ｐ－１ライトニングだった。情報機関の報告や報道機関のニュースでは、東欧諸国の新型戦闘機の機数は、西欧諸国の空軍の戦闘機の機数の六倍にも達するとの事だった。

西側の同盟国のＦ－１０４戦闘機の後継機について、ロッキード社は、非常に現実的であり、西ヨーロッパの航空産業にも貢献する機体を計画し提案する事にした。Ｆ－１０４型機の、価格が高い装備品やシステムで使用実績が良好な物は流用しつつ、より大型の主翼、新しい尾翼、より推力の大きなエンジンを装備した万能型の戦闘機を考えた。この新しい設計の戦闘機は、ＭｉＧ－21も含めて、現存する他のいかなる戦闘機より運動性が優れているよう計画した。この機体の名前を「ランサー」とした。

エンジンは選択できるようにした。使い慣れたＧＥ社製か、先進的な技術を採用してマッハ二・五の速度を可能にするプラット＆ホイットニー社製の新しいエンジンかを選べる。この機体の開発と飛行試験を、採用した国の技術者も加わってスカンクワークスで行い、生産も全て採用した国で行う案を提案した。この案を採用すれば、製造費用を数百万ドル節約でき、Ｆ－１０４型機の生産を行ってきた工場で数千人の仕事になるはずだった。

ＮＡＴＯ加盟国の新しい戦闘機の選定については、航空機メーカー間の国際競争は激烈だった。フランスのダッソー社はミラージュＦ－１戦闘機の改良型を提案した。

米国ではロッキード社以外に二社が競争に参加した。マクドネル・ダグラス社は、自社のＦ－４Ｆ

ファントム双発戦闘機の改造型を提案した。ノースロップ社は全く新しい機体、P‐530（後のYF‐17につながる機体）型機を提案したが、その機体の納入は一九七六年以降になる。ロッキード社はランサー機を一九七三年には部隊に配備できる事を約束した。その年の内には機種選定はされなかった。ロッキード社はランサー機を海外に販売する努力を続けていた。この機体は米空軍には提案しなかった。米空軍は新しい機体を開発する事を考えていた。

航空機の海外販売活動を巡るエピソードとして、我々がランサー機の提案をヨーロッパの各国に紹介に回るのを始めたまさにその日に、競争相手の一社も、同じ経路で彼らの機体を紹介に回り始めた。数か月後、我々と競争相手の会社は、販売活動の支援を同じ海外販売のコンサルタントに依頼していた事に気付いた。彼は競争相手の二社から報酬を貰っていたのだ。

米軍は、新しい戦闘機、F‐14とF‐15戦闘機の開発を検討中だった。

一九六九年当時、私はこの二機種がソ連製の最良の戦闘機に対抗するのに十分な能力を持てるかどうかを疑問に感じていると発言した事がある。特に、F‐15型機の提案価格は高すぎるのではないか、より小型でより安価な戦闘機でも必要とされる役割を十分に果たせるのではないかと述べた。

前空軍長官で、ミズーリ州の上院議員のスチュアート・サイミントン議員は、自分の州にF‐15戦闘機の仕事が来る事を強く望んでいた。彼はロッキード社のダン・ホートン会長と私に電話して来て、我々がどう思おうと、マクドネル・ダグラス社にF‐15戦闘機は発注されると断言した。ケリー・ジョンソンはこれ以上、発言するなと言われた。ホートン会長はサイミントン議員の圧力を受けて、私には反対意見を公表させないと約束した。私は自分では約束しなかった。

ロッキード社は米空軍に対して、独自提案として、先進的で機動性が高い軽量戦闘機を、最小限の開発費で一年以内に完成して飛行させる事を提案した。提案書には、ロッキード社の他の機体の製造に参加している機器製造会社を、機体の開発に協力する会社として記載した。ジェット・エンジンではプラット&ホイットニー社、他に武器系統、照準器、ホイールとタイヤなど、各社に協力してもらう事にした。この機体はとても優れた機体だった。X‐27型、後にはX‐29型と呼ばれたこの機体は、基本的には新設計だが、機首部分はその頃までに数百万発の機銃弾を発射した実績のあるF‐104型機のものを流用する計画だった。実戦的な機体であることを証明するために、初飛行で機銃の発射試験を行う事まで提案書に書いた。

国防副長官のデビッド・パッカードはこの提案を好意的に受け止めた。しかし、空軍長官のロバート・シーマンズ・ジュニアは戦闘機をこのような方法で調達する事を好まなかった。彼は通常の調達方式、つまり、まず試作機を作り、それから量産に移行する方式を選んだ。

私は空軍のこの調達方式には反対だった。

「提案しているこの機体は、技術的な開発要素は少ないので、「X」記号付きの実験機を作らなくても、すぐに量産用の原型機から始める事ができます。私の設計図面は、全て量産を考慮して作成しています。どうして実験機、原型機と二段階かけて開発を行う必要があるのでしょう?」と私は主張した。

この機体はほとんど受注できそうな所まで行った。しかし、一九七一年にロッキード社が経営的に苦境に陥った事で、軽量戦闘機を受注する見込みは無くなった。この経営的苦境は、まず軍用機の固定価格制の契約の幾つかで赤字を生じ(訳注3)、次に、ロッキード社の新しいＬ‐１０１１旅客機が、エンジン・メーカーの英国のロールス・ロイス社が予想もしていなかった倒産をした事で、大きな損失を出した事で生じた。ロッキード社の存続が危うい状況だったので、空軍が前途不明な会社と契約する危険性を避けた事は理解できる。

この我々の提案が、後の軽量戦闘機の設計開発競争につながったと思っている。空軍は一〇年後に、ゼネラル・ダイナミックス社に実験機と原型機の二種類の試作機を製作させ、我々の提案の約三倍の開発費を投入して、我々の提案した機体と同程度の性能の機体を入手した。それがＦ‐16戦闘機だ。

軍用機で、機体を開発する際に、開発費と試作機の製作費用の一、二パーセントでも機体生産方法の検討にかければ、量産段階でその費用の何倍もの節約が出来るはずだ。

例えば、Ｆ‐１０４型機を開発した時のスカンクワークスの方式を、新型機の調達に適用すれば費用は大幅に削減できると思う。

Ｆ‐１０４型機では、試作機の部品製造用の図面を製造部長のアート・ビーレックに渡すのと同時に、同じ図面を生産技術グループに、「この部品を製作するのに、空力抵抗、整備性、製造費用に悪影響を与えない、他の製造方法を検討する事。改善効果が見込める案なら何でも良い。」との指示を付けて渡していた。

ジェットスター機の初号機とケリー・ジョンソン。ジェットスター機は批判的な人からは商業的には成功の見通しがないと言われた。しかし、改良を加えながら最終的には204機生産された。

原型機が完成した時には、量産時に製造方法をどのように改善するかについて、分厚い報告書が出来ていた。様々な観点から、量産機を製造する最適な方法を選ぶのに、その報告書を三日間かけて検討した。その結果、一機当たり一万ドルから二万ドルの節減が出来たと思っている。世界中で製造された機数は約二五〇〇機なので、節減の効果は大きい。

製造費用を設計の時から考慮しておく必要がある。機体の価格は高くなり続けているが、その結果、機体の価格が機体の能力に釣り合わなくなって来ている。機体の価格は、パイロット関係の費用は別にして、全ての装備品込みで、今や三〇〇〇万ドル以上になっている。私は、ミサイルを搭載した無人機を、地上からパイロットが操縦する日がやってくると予想している。最近の電子機器の進歩を見ると、無人機を遠隔操縦する事で、パイロットの安全性を確保できるのは勿論、機体の価格に加えて、所要人員の大幅な節減が実現できると思う。無人機の利用を考えておく必要がある。

第13章―スパイ機を開発する

U－2偵察機は、この機体が何を行ない、またこれから何を行なおうと、一九六〇年五月一日に、CIAの写真偵察任務を遂行中に、ロシア上空でフランシス・ゲーリー・パワーズ飛行士が撃墜された時の「スパイ機」として、一般の人々の記憶に残るだろう。

このU－2型機は偵察の他に、高々度における気象調査、地球資源探査、通信中継、空中測量に用いられて来た。偵察任務のために開発された機体だが、その存在が最初に公表された時には、その使用目的は別の目的に偽装されていた。

一九五六年五月七日に、NACA（国家航空諮問委員会）は「新しい調査計画が開始された。新しく開発されたロッキードU－2型機は……日常的に一万六〇〇〇メートルの高度を飛行する事が期待されている。」と発表した。

NACAの長官のヒュー・ドライデンは、「将来のジェット旅客機は、現在はわずかな機数の軍用機だけが使用している非常に高い高度で……各地の航空路を飛行するだろう。」と述べた。そして、

「この新型の気象観測用の航空機により……高々度で遭遇する突風などの気象現象に関して……必要とされるデータを、経済的かつ迅速に入手できる。」と説明した。

ＮＡＣＡの発表では、この新しい観測機は、晴天乱流、対流による雲、ウインドシア（高度による風向、風速の変化が不連続な層）、ジェット気流などの高層気象の研究用の機体との事だった。それ以外に、宇宙線の観測、高空の大気中のオゾン濃度や水蒸気の量などの調査にも使用される事になっていた。

更に、「こうして得られた気象データにより、将来の旅客機では、現在よりも速度、安全性、快適性の大幅な向上が期待できる。より進んだ研究を行うために、ロッキード社製の航空機が数機、米空軍からＮＡＣＡに提供されている。最初の観測結果として、ロッキー山脈上空のデータが、ネバダ州ウオータータウン飛行場からの飛行により得られた。」と発表されたが、その時点ではそれは本当だった。

コートランド・グロス社長から取締役達へ出された、当時のロッキード社の社内メモでは、Ｕ－２型機について「通常の直線翼の設計で……一万五〇〇〇メートルから一万六五〇〇メートル程度の高度へ容易に上昇できるように、翼面荷重は低く……プラット&ホイットニーＪ－57エンジンを一台装備する。」と説明されている。

更に、「ロッキード社は原型機を自社の負担で製造し、その高々度性能がすぐに軍部の関心を呼んだ結果、空軍は少数機を購入する事にした……。Ｕ－２型機の開発は……Ｃ・Ｌ・ジョンソンが指揮したが、彼は先月、新しく研究・開発担当副社長と、ロッキード・カリフォルニア社の特殊プロジェクト担当取締役に就任している……」と続いた。そして、「空軍はU - 2型機はアメリカ原子力委員会と共同で行う試験で使用するのに適した、経済的な航空機と認めた。共同試験計画の性格上、また機体と試験装備が実験的な物であるため、これ以上の細部は機密事項である。」と結ばれている。

七月九日、NACAはU - 2型機の海外展開について、新聞発表を行った。新聞は見出しに「高々度気象研究計画の価値が証明された」と報じた。記事では、「一万六〇〇〇メートルの高度における突風に関する最初の観測結果が、ロッキードU - 2型機の数回の飛行で得られており、この種の観測のためにはこの機体が役立つ事が証明された。……最近の数週間は、予備的な観測データ収集飛行が英国のレイクンヒース基地から行われている。この基地では米空軍の気象隊がU - 2型機に対して補給と技術的な支援を行っている。観測計画が進むにつれて、世界の他の場所でもU - 2型機の飛行が行われると思われる。」と報じられた。

六ページに渡る新聞発表用の資料には、U - 2型機が搭載する気象観測データ収集用の観測機器の一覧表とその説明が記載されていた。

U - 2型機の設計はその数年前に始まっていた。一九五三年には、ロッキード社は、米国がソ連の大陸間弾道弾などの配備状況に関して、偵察飛行による情報収集を切実に必要としている事に気付いていた。ソ連の上空を飛行しても撃墜されずに、偵察結果を持ち帰れる機体の必要性が有る事は明白だった。その機体は、「今すぐに」必要なのだ。

まず私が考えたのは、すでに開発が進められていたＦ‐１０４型機の設計を、この任務用の機体に応用できる可能性はないのか、と言う事だった。基本設計担当のフィル・コールマンとジーン・フロストがその検討作業を行う事になった。すぐに、Ｆ‐１０４型機から流用できそうなのは、ラダー・ペダルくらいしか無い事がはっきりし、全く新しい機体の設計を始めた。

この偵察機に対する要求事項の概要は以下の通りだった。飛行高度は、航跡が分かる飛行雲を生じない二万一〇〇〇メートル以上。航続距離は六四〇〇キロ以上で、飛行特性は特に優れていて、上記の高度から高精度の写真撮影が出来るよう、安定した姿勢を保てる事。最新かつ最高の性能を持つカメラを搭載でき、それに加えて航法、通信、安全確保のために必要な電子機器を搭載する事。

我々の空軍に対する提案は、提案内容が楽観的過ぎるとして却下された。我々が想定している高い高度で、エンジンがうまく動くかどうかが疑問視されたのだ。その時点ではそのような高々度でエンジンが正常に動く事は確認されていなかったので、空軍がそれを疑問に思ったのは正しい。また、空軍はマーチン社にすでにその任務用の偵察機を開発させていた。双発の機体で、ロッキード社が提案している単発機より好ましいと考えられていた（訳注１）。

しかし、ロッキード社の提案は空軍の研究開発担当副長官であり、優れた技術者でもあるトレバー・ガードナーの手元に届けられた。一九五三年の年末に、ガードナー副長官は私をワシントンに呼んだ。彼は技術者と科学者から構成された委員会を開き、そこで三日間にわたり、私を大学の試験の時のように、厳しく追及した。彼らは提案した機体の設計と性能のあらゆる面について私に説明を求めた。安定性、操縦性、エンジン、燃料など全てについてだ。

その後、私は空軍長官のハロルド・タルボット、CIA長官のアレン・ダレス、ダレスの右腕であるラリー・ヒューストンなどの、有力者達と昼食を共にした。私はロッキード社は二〇機の機体を補用品込みで約二二〇〇万ドルで製作するし、八か月以内に初飛行させると発言したが、なぜ私がそんな約束が出来るのかとの質問された。同席していたドナルド・プット将軍は親切にも自分から、「彼はこれまでF‐80型機、F‐80A型機、F‐104型機の開発で、三回もそうした約束を守ってきた。」と言ってくれた。

この計画の秘密性は、トレバー・ガードナー空軍副長官からきつく言い渡された。私は自分がこの秘密計画に、その一員として取り込まれた事を理解した。私は諜報活動の世界で、その活動に従事する人間の呼び方によれば「諜報員」になったのだ。私はバーバンクに戻ったが、この計画の事はロバート・グロス社長とホール・ヒバード副社長にしか話してはいけないと指示されていた。私がワシントンにこの件で行くときに、二人からは会社は幾つかの軍用機の技術的作業で忙しいので、新しい仕事を引き受けてはいけないと言われていた。しかし、この重要な仕事に協力する事に二人は同意した。後に、トレバー・ガードナー副長官自身がグロス社長とヒバード副社長に会って、機体の開発契約をする事を公式に約束した。

この機体の開発は、実験研究部門では私も含めて二五名の技術者が担当し、アート・ビーレックが製造現場を今回も担当した。開発担当者は八一名まで増員されて行った。

ワシントンでは、この計画はＣＩＡが開発の指揮と予算管理を担当し、空軍はエンジンを提供すると決定された。プラット&ホイットニー社とは、Ｊ-57エンジンをこの機体に搭載するための準備作業をすでに行ってきていた。新しいエンジンを開発する時間は無かった。既存のエンジンを使用する事が必要だった。

ＣＩＡのダレス長官の「特別補佐官」のリチャード・ビッセルが、この計画を指揮する事になった。ビッセルは経済の専門家だったが、すぐに技術的な事項についても深く理解するようになった。彼はこの計画に参画するようになった時の事を次のように話している。

「ある日の午後、アレン・ダレス長官の部屋に呼ばれた。全く何の予告も、予備知識もないのに、アイゼンハワー大統領が先日、東欧やソ連における「立入禁止地域」の監視や情報収集に関して、その任務に使用する極めて高い高度を飛行する航空機の開発も含めて、偵察の実施計画を承認したと聞かされた。私は国防省（ペンタゴン）に行って、トレバー・ガードナー副長官の部屋で、ガードナー副長官、空軍のドナルド・プット将軍、クラレンス・アービング将軍などに会って、この計画担当の組織をどうするか、どのように運営するかを決める事になった。」

「ケリー・ジョンソンの名前を初めて聞いたのは、トレバー・ガードナー副長官がジョンソンに電話をしたときだった。その電話でガードナー副長官はジョンソンにＵ-２型機の開発開始と二〇機の生産を承認した。我々は信じられない程の短期間でこの計画をやり遂げる事になった。」

米空軍側の計画担当者は〝オジー〟・リットランド大佐だった。彼は空軍司令部で開発担当副参謀総長の特別補佐官で、後にレオ・ゲアリイ大佐に交代した。

最初の仕事は、機体を運用する基地を見つける事だった。空軍もＣＩＡも、秘密の偵察機がエドワーズ基地やモハーベ砂漠のロッキード社のパームデール工場から飛び立つのを見られたくなかった。そこで我々は適地を求めるために、広い範囲を探した。ネバダ州の州内と周辺には多くの乾湖があり、その湖床の多くはとても固く、雨期に水に浸かっても固さを保つ。核兵器の試験場の近くにある場所が理想的と思われた。そこでビッセルは秘密の保持が容易になるように、その場所を全米原子力委員会の管理区域に含めるよう大統領の指示を出してもらった。

ドーシー・カメラーと私は試験用基地の候補地に飛んだ。私は米空軍支給の磁気コンパスを持って行き、カメラーは地上で測量するための道具を持って行った。空の薬きょうなどの射撃訓練の廃棄物を横によけて、滑走路に使用する場所の方向を示す標識を置いた。

その場所へ行く道路、格納庫、事務所と宿泊設備、その他の施設の建設が必要だった。ロッキード社は核兵器試験用の区域で建築工事を行う認可を持っていなかったので、認可されている業者に図面を渡した。その業者が下請け業者を募集した所、ある会社から言われた。「注文主の〝ＣＬＪ〟は何者だ？　どこかで看板を見たが、そこは信用格付けの資料にも載っていないぜ。」建築業者は秘密を守るために、私の頭文字を注文主として使っていたのだ。

七月には、ＣＩＡ、空軍、ロッキード社の要員の基地への派遣が始まった。

整備員や技術者をこの計画に参加させるのに当たって、パラダイス牧場から飛行するエンジェル

（天使）の仕事だと説明した。「エンジェル」と言ったのは、非常に高い高度を飛ぶ飛行機だからだし、「パラダイス牧場」と言ったのは、そう言えば希望者が増えると思ったからだ。これは一種のごまかしだった。パラダイス牧場の場所は乾湖で、毎日、午後になると小石が強い風で飛んで来る場所なのだ。

実際の所、スカンクワークスでは勤務場所がどこであっても、必要な人員を確保するのに苦労した事はなかった。応募してくる人は、作業場所がどこであれ、そこでの仕事は挑戦的でやりがいがある事が分かっているからだ。また、勤務場所の環境が厳しい場合には、基本給が高い上に一五パーセントの割増が付くし、そこでの生活費も支給される。勿論、家族は機密保持の観点から連れて行けないが、勤務期間が長期に渡る場合は、少なくとも年に一回は家に帰る事ができる。

機密保持は非常に厳重だったので、契約に従って、作業の進行に応じてかかった費用の請求書を送った所、私のエンシノの自宅に、総額で一二五万六〇〇〇ドルになる二枚の小切手が送られてきた。それ以後は特別な口座を開設して対応する事にした。

スカンクワークスが契約を結ぶときの業務上の原則の一つは、支払いが適切な時期に行われる事である。実行計画に従って進度を記録し、毎月、進捗状況と使った費用を報告した。我々は逐次払いを要求した。そうすれば政府の仕事を行うために銀行に駆け込まなくても良いからだ。しかし、何回かは銀行の世話になった事もあった。

U‐２型機の開発では、一度だがゲアリイ大佐が来て、今後三〇日間分の予算が確保できていないと言った事があった。私は新聞で予算の議会承認が遅れている事を読んでいた。そこで資金を借りる手配を済ませていた。その額は、私の記憶では二〇〇万から三〇〇万ドルだったとおもう。利息はその頃は五パーセント程度と安かった。

政府はこの契約をずいぶん安く済ませる事ができた。契約金額に対して約二〇〇万ドルを余剰分として返金したし、U‐2型機が順調に運用されたので、不要になった補用品を利用して余分に六機を製造し納入したのだ。

U‐2型機に関する秘密が、官僚主義的な行き違いによって、外部に出そうになった事があった。計画の秘密保持が厳しかったので、そうなった事は理解できない事もない。空軍は一九五五年にX‐17ウエポン・システムと呼ばれる計画について、航空機各社に提案要求を出した。その内容は、我々の提案書をそのまま使用した様に思われた。内容的にはロッキード社の当初の提案説明書の丸写しだった。私はその事を知ると、日曜日の夜にCIAのビッセルに機密保持違反の恐れがあると電話した。私が翌週、ワシントンでビッセルとリットランド大佐に提案要求書を見せると、彼らはとても驚いた。我々はガードナー副長官の部屋に行き、ガードナー副長官はタルボット空軍長官の所へ行った。提案書はアッと言う間に回収された。提案要求書が発行されていたら、空軍が機体メーカー各社から提案要求書に対する設計案を受け取る頃には、実際にはもっと優れたU‐2型機がまもなく完成する状況だったので、不必要な機体開発費として三〇〇万から六〇〇万ドルを浪費する事になっていたろう。

その年の七月に「牧場」側の準備が完了した。U‐2型機の初号機は工場で分解され、七月二四日の午前四時三〇分に我々は工場へ行き、ネバダ州の基地へ輸送するためのC‐124グローブマスター輸送機への機体の積み込み作業に立合った。我々はC‐47輸送機で後を追う事になっていた。

しかし、基地の司令官は、C‐124輸送機の脚の規定されたタイヤ圧が高いので、基地の滑走路の舗装の厚さでは路面強度が不足するとして、着陸を拒否した（訳注2）。それに対して、我々はタイヤの空気圧を下げ、着陸時のタイヤの接地面積を約四倍にすれば安全だと考えた。これは良い解決策だったが、基地の使用規則には入っていないので、基地の司令官にはこの方法を認める権限がなく、許可されなかった。そこで我々はワシントンに電話して、当該基地の規則の適用を除外する許可をもらい、タイヤの空気圧を下げて離陸し、薄い舗装の滑走路にきれいな着陸を行った。私は接地した地点のタイヤの跡を自分で測定したが、機体が接地した事による凹みは一番深い所で三ミリ程度だった。この例外的な運用方法を考えつけなかったら、他の基地に着陸しなければならず、そこから機体を路面の状態が良くない道路で輸送するので、目標の初飛行の期日から一週間は遅れる事になっただろう。

初飛行は予定しない形で行われた。トニイ・レビア飛行士が滑走試験を行ったが、機体の重量が非常に軽かったので、二度目の滑走試験でレビア飛行士が気づく前に、機体は約一〇メートルの高度まで浮き上がってしまった。レビア飛行士は機体を着陸させようとしたが、機体は着陸しようとしなかった。エンジンをアイドル推力にしても、機体は飛び続けた。レビア飛行士は機体を無理やり地面に下ろしたが、その際に尾輪を少し曲げてしまった。尾輪はすぐに修理した。この非公式の初飛行は一九五五年八月四日だった。

レビア飛行士が意図して行った初飛行では、激しい雨の中を二四〇〇メートルまで上昇した。乾湖の表面が乾いている状態で離陸したが、飛行場のすぐ北で雨の中に入った。私はその状況を随伴機のC - 47輸送機から観察していた。U - 2型機は安定した飛行を行ったが、着陸ではまたしても苦労した。尾部を上げた状態で接地すると、機体はひどいポーポイジング（訳注3）を起こした。私が彼に無線でアドバイスする前に、レビア飛行士は着陸を五回試みていた。尾輪を主車輪と同時か、少し早く接地させると上手く着陸できる事が分かった。この着陸特性は他の機体とは大きく違っていたが、予想外ではなかった。

U - 2型機が着陸して一〇分後に、乾湖の表面には深さ五センチまで水がたまってしまった。これは信じられない事態だった。過去五年間の年間平均降水量は一一センチだった。それなのに、ここ二週間の間に、それと同じくらい雨が降ったのだ。

その晩は、全員で恒例のビールと腕相撲の祝賀会を行った。私は昔、下地板作りをしていたので、どちらも得意だった。スカンクワークスでは、技術者と管理職だけでなく作業員も全員が初飛行に立ち会い、伝統となっている初飛行祝賀会にも参加する事になっていた。

「公式」の初飛行を実際に見てもらうために、八月八日にワシントンの関係者に来てもらった。飛行は順調で、機体は一万五〇〇〇メートルまで上昇した。

それからはひたすら作業を進めるだけだった。機体を製造し、運用に供し、地上要員と軍のパイロットの訓練を行った。

（上）開発中のU-2型機の翼に手を置くケリー・ジョンソン。U-2型機はいかなる観点から見ても、技術的に成功した機体である。
（下）米空軍の標識を付けたU-2型機。

Ｕ‐２型機が任務可能になるまでの期間は、初飛行から八か月か九か月で、長くなかった。二機がロンドンの北東にある、美しい田園地帯のレイクンヒース基地に配備された。その機体は訓練飛行で二万一〇〇〇メートルの高度を飛行している所を、英空軍防空隊に発見され、英空軍が確認のために緊急発進した事も有った。

この頃、英国を訪問して港に停泊していたソ連の巡洋艦を、英国のフロッグマンが潜水調査しようとしてソ連側に殺害された事件が起き、英国とソ連の関係が悪化していた。Ｕ‐２型機が英国に配備されている事は、すでに微妙な両国の関係を悪化させる事にしかならない。Ｕ‐２型機は一九五六年六月に西ドイツへ移動し、そこからモスクワとレニングラード（現在のサンクトペテルブルグ）上空を初めて飛行した。ビッセルは後に、「初めての作戦行動は、輝かしい成功だった。」と述べている。

ソ連の領空を通過する偵察飛行を数回実施したが、外交ルートで抗議された。作戦飛行はしばらく中断したが、やがて再開された。出発地はいろいろで、Ｕ‐２型機のソ連上空通過や、国境付近からソ連領内を観察する偵察飛行は、パワーズ飛行士が撃墜されるまで、約四年間続いた。

撃墜された飛行では、パワーズ飛行士はパキスタンから出発し、ソ連上空を抜けてノルウェーまで飛ぶ計画だった。彼はＵ‐２Ｃ型機で飛行した。この機体は改良されたプラット＆ホイットニー社製のエンジンを装備して、当初のＵ‐２Ａ型機より九〇〇から一五〇〇メートル高い高度を飛ぶ事が出来る。それまでにソ連上空で撮影した写真には、Ｕ‐２型機を迎撃しようと、三五機ものソ連の戦闘機が上昇してくるのが写っていた事がある。撮影された偵察写真には、それらの機体がソ連の大地を背景に飛行する姿が写っていた。

Ｕ‐２型機がソ連上空への侵入を行っている間に、ソ連側は精力的にＳＡ‐２対空ミサイルと防空レーダー・システムの改良に努力していた。ソ連の指導者のニキータ・フルシチョフがスベルドロフスクの西で、パワーズ飛行士が乗ったＵ‐２型機が撃墜されたと勝ち誇って発表したので、我々は撃墜された時の状況を推測してみた。飛行高度が下がって撃墜されたのではないかと思い、パワーズ飛行士の機体の飛行計画に沿って、機体のどの構成品が故障したら機体の巡航高度が守れなくなるのかを検討した。しかし、高度低下を引き起こす故障が起きた事は確認できず、ソ連が発表したように高々度でミサイル命中したと思わざるを得なかった。

ソ連は撃墜した機体の写真を公表したが、私にはそれがＵ‐２型機ではないと分かった。それはＵ‐２型機を撃墜しようとした際に誤って撃墜したソ連軍の戦闘機だろうと思った。ソ連側が見せているのは、ブルドーザーで押しつぶされ、その上で子供が走り回っている残骸だった。ソ連が、入手したＵ‐２型機の残骸に対して、子供がその上で遊び回るのを許すような扱いをするはずがないと判断するのに、天才的な洞察力は不要である。ＣＩＡは、ソ連にこの事件のより詳細な事実を明らかにさせるため、私にソ連に対して侮辱的な発言をして挑発するよう求めた。そこで私はソ連に向かって発言する事にした。

新聞の報道では、私は「違う、それはＵ‐２型機ではない。」と発言している。この時期は、保安関係者からは出勤の行き帰りには同じ道ばかりを通らないよう、又、日常生活で決まった行動をしないように勧められた。U‐2型機に関係していた数年間や他の秘密の機体の開発を行っていた時は、寝る時には近くに拳銃を置くようにしていた。

ソ連を挑発した事はうまく行った。ソ連は撃墜したU‐2型機そのものをモスクワで展示した。特派員の撮影した写真、特にライフ誌の表紙になったカール・マイダンスの写真からは、多くの事実を読み取る事ができた。例えば、左右の主翼は下方向への曲げにより折れていた。ミサイルの弾頭の破片が構造の重要な部分を貫通したためではない。

機体の残骸の写真には水平尾翼は写っていなかった。右側の水平安定板が無くなっているようだった。これは地面に落ちた時に取れたとも考えられるが、垂直尾翼があまり壊れていない事から判断すると、そうとは思えない。

U‐2型機の設計では、主翼には非常にキャンバー（訳注4）が強い翼型が使われているので、主翼は大きな機首下げ方向のモーメントを発生し、それに対抗して機体姿勢のつり合いを保つ水平尾翼が失われると、機体は機首を下げて裏返しになってしまう。その際に、主翼には下向きの曲げがかかるが、その曲げ力が大きいと主翼が下向きに折れる事がある。このような事態が、初期の試験でパイロットが誤って巡航中の速い速度で主翼のフラップを下げた時に起きた事があり、数秒間の間に水平尾翼が過荷重で壊れた。機体には大きな荷重がかかり、機体は背面きりもみに入って墜落した。

パワーズ飛行士が一九六二年に、米国に逮捕されていたソ連のスパイとの交換で釈放された時、私はすぐに彼と会って話をした。彼の説明は我々の推定と一致した。

我々の検討結果と、パワーズ飛行士の我々に対する説明から推測すると、ＳＡ‐２ミサイルはＵ‐２機が巡航高度で飛行している時に、右側の水平尾翼を吹き飛ばした。そのため機体は巡航速度のまま機首を下げ、主翼に当たる気流の方向が変化して、主翼は下向きに曲げられて折れたと考えられる。パワーズ飛行士は尾翼の折れた機体に残され、何もできなかった。彼は射出座席を使用せず、操縦席のキャノピーを開いて脱出する事にした。

機体は急激なきりもみに入り、風防の枠で体を支えながら、パワーズは機体の自爆ボタンを押そうとした。自爆装置はパイロットが射出座席を作動させた一〇秒後に作動するので、そのままでは自爆しないからだ。しかし、彼は自爆ボタンに手が届かなかった。我々もその状況を模擬して検討したが、その時の状況では彼がスイッチを押す事は不可能だった。彼は機体から離れてパラシュートで降下するしかなかった。彼は胴体やもぎ取れた尾翼が、彼のパラシュートに当たる事を心配した。しかし、彼は無事に畑に着陸し、すぐに逮捕された。

次に紹介するのは、一九六二年二月二一日に私が政府に提出した報告書の結論の部分である。

「私はパワーズ操縦士の、事件に関する明確な説明に非常に感心した。逮捕された時の対応について、命令されていた内容を彼から直接に聞いた。困難な状況の中で正しく行動した事に対して、私は彼が受勲されてしかるべきと考える。詳しい質問をした結果、ソ連側が、彼の機体からの脱出の細部について、彼を洗脳して記憶を失わせていない事を確認した。」

後にパワーズはスカンクワークスで働くようになった。

U‐2型機はソ連上空を飛行する任務から外された後は、さまざまな任務を担当し非常に重要な情報をもたらした。U‐2型機の写真撮影による偵察能力を上回る偵察機材は、ロッキード社のアジェナ人工衛星とSR‐71偵察機が利用可能になるまで何年も存在しなかった。

U‐2型機はその「U（汎用機）」の機種記号にふさわしい、働き者の機体だった。最初に公表されたように、高々度の気象の調査にも利用され、NASAのために気象データ収集や地球資源探査を多く行った。そうした用途のための機体の最新型には、「地球資源」を意味する機種記号を適用してER‐2と名付けられているが、この機体はそれまでのU‐2型機より高い高度を、長い時間飛行できる。

U‐2C型機では海軍でも使用可能な事を実証するために、空母「キティホーク」などからの運用試験も行われた。後のU‐2R型機（Rは改良型を示す記号）は、翼幅がそれまでの二四メートルから三〇メートルに拡大され、空母の甲板上での専有面積は増加したが、空母からの運用にはより適していた。

一九六五年にはU‐2型機は就役から一〇年が経過し、古さが感じられるようになった。ロッキード社はU‐2R型機の製作を提案した。プラット&ホイットニー社のJ‐57エンジンには、推力を二〇パーセント増加させた型が開発されていたので、機体重量をこれまでより大きくする事が可能になった。出来るだけ翼幅を大きくしながら、翼面荷重は下げる必要が有った。主翼の翼幅は三一メートル（それまでは二四・四メートル）に延ばし、主翼面積はそれまでの五六平方メートルから九三平方メ

カリフォルニア州のロッキード社バーバンク工場の「スカンクワークス」における、SR-71偵察機の生産状況

ートルに大きくした。操縦席は四五パーセント広くなり、長時間の飛行をより快適に行えるようになった。機体の装備品や地上での整備性についても改善を行った。

Ｕ-２Ｒ型機は東南アジアで四年間使用されたが、指定された時間から一五分以内に出発できる整備可動率は九八パーセントだった。この可動率は大型旅客機並みである。しかも、この数値は蛇が多いジャングル地帯で、最小限の整備員と設備しかない状態で達成されたものなのだ。

米国の貨物船のマヤゲス号がカンボジアで拿捕され、米国の通信衛星が使用不能になっていた時には、一機のＵ-２Ｒ機が三日間で合計二七時間、高々度に滞空し続けて、米軍の通信を中継する任務を果たした。

ベトナム戦争ではＢ-52爆撃機のパイロット達は、Ｕ-２型機による敵の防空状況の情報を得てから出撃するようにしていた。

U‐2R型機は二万一〇〇〇メートル以上の高度で、時速八〇〇キロ以上の速度で飛行でき、水平線に近い五〇〇キロ離れた地点まで偵察できる。敵のレーダー電波や通信電波も探知できる。この機体は一〇時間以上も滞空でき、早期警戒用にはとても役立つ。海軍との任務では、陸上基地から遠い場合には、空母に着艦して給油し、再び飛び立つ事ができる。私はいつか海軍が、U‐2型機をそのように使用したい時が来るのではないかと思っている。

空軍用のU‐2型機の最新型は、TR‐1型機で、TRは「戦術偵察」を意味する機種記号である。この名前は統合参謀本部議長をしていた空軍のデイヴィッド・ジョーンズ将軍が直々に命名した。「この最新型の名前はU‐2ではいけない。」と彼は宣言した。軍隊ですら「スパイ機」の印象を気にするのだ。「この機体の名前は、戦術偵察機としてTR‐1とする。」と彼は決めた。

TR‐1型機は一九八一年に空軍に就役した。U‐2型シリーズの最新型のTR‐1型機とER‐2型機は、当初のU‐2型機より四〇パーセント大きい。翼幅は三一メートル、胴体長は一九・二メートルになった。この二種類の機体の開発は、空軍とNASAが共同して担当した。ER‐2機の機首部は任務により交換可能である。外国の領空に侵入しなくても、TR‐1機は非常に高い高度から高性能のセンサーを使用して、国境線のかなたの目標や脅威を発見する事が出来る。

滞空時間の長いTR‐1型機の開発に、我々は何年も取り組んできた。最初のU‐2型機は三〇年近くも前に開発されたが、その時には利用できなかった技術で、現在では利用できる技術が数多く有る。ＩＣ、光ファイバー、さまざまな複合材など、新しい技術がいくつも出現した。しかし、私は亜音速機でこの機体より高い高度を飛べる機体は出てこないと思う。そう考えた事が、より高い高度と速度を求めて、次の新しい機体であるＳＲ‐71型機の開発に着手した理由である。ＳＲ‐71型機の設計は、Ｕ‐２型機が運用可能になってすぐに始まった。

ビッセルは言っている。「Ｕ‐２型機の初飛行の約一年後の一九五六年に、後継機の開発に着手すべしとの結論に達した。遅かれ早かれ、Ｕ‐２型機が迎撃されて撃墜される事が、私には分かっていた。」

第14章―ブラックバードは音速の三倍で極秘に飛行する

一九六四年二月二九日、ジョンソン大統領は秘密になっていた航空機の存在を明かした。

「アメリカ合衆国は先進的な試作機、A‐11型ジェット機の開発に成功した。この機体は、試験飛行では毎時三二〇〇キロ以上の速度で、二万一〇〇〇メートルを越える高度で飛行した。このA‐11型機の性能は、世界のあらゆる機体の性能をはるかに凌駕するものである……」とジョンソン大統領は述べた。更に続けて大統領は述べた。

「この機体の開発は一九五八年に始まった……。カリフォルニア州バーバンク市のロッキード航空機社がこの機体を製造した。エンジンのJ‐58は、ユナイテッド航空機社プラット&ホイットニー事業部が設計、製造した。A‐11型機の火器管制装置と空対空ミサイルシステムの試作型は、ヒューズ航空機社が開発した。これらの機体と装備の開発が、国家の安全保障に及ぼす重要性を考慮し、A‐11型機の詳細な性能は機密事項とし、この計画の全ての関係者には、これ以上の情報の公開を禁止した……。」

一九六四年七月二四日、ジョンソン大統領は、マスコミとの会見において、新しいスパイ機について発言した。「戦略航空軍団が使用する、重要な新しい有人航空機システムの開発に成功した。この航空機システムでは、新型の偵察機であるＳＲ‐71型機が使用される。この長距離飛行が可能な先進的な機体により、軍の作戦に必要な世界規模の戦略偵察が可能となった……。」

「ＳＲ‐71型機の偵察装備は世界で最も進んだものである。この機体は音速の三倍以上の速度で飛行する。飛行する高度は二万四〇〇〇メートル以上である。最も進んだ観測機器を搭載し……卓越した偵察機能を有する……。ＳＲ‐71型機は先日発表した試作迎撃戦闘機と同じＪ‐58エンジンを搭載しているが、機体重量はより大きく、航続距離はより長い。全備重量が大幅に大きくなった事により、戦略航空軍団が戦略的な偵察任務を実行するために必要な、多数の偵察用機器を搭載する事が出来る。」

「この数十億ドルを投じた事業は、一九六三年二月に開始された。最初の実用機は一九六五年初頭に試験飛行を開始した。量産機の戦略航空軍団の部隊への配備は試験完了後すぐに始まる……。」

一九六四年一二月二三日、国防省は次の発表を行った。「アメリカ空軍の新しい長距離戦略偵察機であるＳＲ‐71型機の初飛行が、昨日、カリフォルニア州パームデール飛行場で行われた。ロッキード社が製作した機体は、同社のテストパイロットのロバート・ジリランドが操縦して、約一時間の飛行を行った。……初飛行における試験の目的は全て達成された。……同機は一九六五年に、カリフォルニア州メアリイスビルのビール空軍基地に配備される。」

U－2型機の運用が始まった直後から、我々はその後継機の検討を始めた。U－2型機の改良型を考えたが、あまり大きな進歩は得られそうになかった。新しい機体が必要だと思われた。会社側で独自に新しい偵察機に必要な内容を検討した。国からの要求はまだなかったが、新しい機体が必要だと考えたのだ。より高く飛べると共に、より速く飛べる事が特に必要だと考えた。

迎撃をまぬがれるにはどうしたら良いかを検討した所、次期偵察機の飛行高度は二万四〇〇〇メートルから二万五〇〇〇メートル以上で、速度はマッハ三以上、運動性としてはソ連が開発するであろうSA－2地対空ミサイルの改良型を振り切れる能力が必要との結論に達した。二万七〇〇〇メートル以上の高々度から高い画質の写真を撮影できるよう、安定して飛行できる事も必要である。この機体はU－2型機の地上のごく小さな目標も識別できる高精度の写真を撮影できる能力を保ちながら、その四、五倍の速度で飛行する必要があるのだ。KC－135空中給油機で数回の空中給油をすれば、地球上の全域を偵察できる航続性能も持たせたいと思った。また、レーダーで探知され難いように、レーダー断面積（RCS）もごく小さくする必要がある。

この開発をロッキード社に行わせる決定は、他社の提案との比較、評価を行ってからになった。一九五八年四月二一日から一九五九年九月一日にかけて、マッハ三以上で飛行する偵察機に関するいくつかの提案を、CIAのリチャード・ビッセルと米空軍に対して説明した。ビッセルは提案評価委員会の議長として、U－2型機を製造したロッキード社に、その後継機を無競争で発注する事には慎重だった。

他社の提案の中には興味深いものが幾つか有った。

海軍が部内で作成した案では、ゴム製の伸縮可能な機体で、気球で高々度まで運び、そこでロケットを点火してラムジェットが作動する速度まで加速し（訳注1）、以後はラムジェット・エンジンにより飛行する機体が有った。この案はすぐに実現不可能な事が判明した。機体を持ち上げる気球の直径は一・六キロメートルにもなるし、機体の主翼面積は六〇〇平方メートルにもなるのだ。

コンベア社はラムジェット推進のマッハ四で飛ぶ機体を提案した。この機体は、母機により高々度まで運ばれ、ラムジェットが作動する超音速の状態で母機から切り離され、ラムジェット・エンジンで飛行する。残念ながら機体を運ぶ母機はB‐58爆撃機で、提案されている偵察機を搭載した状態では超音速を出せない。たとえ超音速で発進出来たとしても、迎撃を受けた際に回避運動をすると、ラムジェットが吸入する空気が乱れてエンジンが止まるかもしれないので、迎撃を切り抜けられるか疑問だった。

想定されているマーカート社のラムジェット・エンジンの総飛行時間は、この時点ではまだ七時間にも達していなかった。それも大部分はボーイング社のボマーク対空ミサイルに使用するために、エンジン実験用の機体で試験した時間である。その実験用の機体はX‐7実験機で、スカンクワークスが製造し、飛行させていた機体である。

一九五九年八月二九日、我々のこの開発計画に関する一連の設計の中で、一二番目の設計案のA‐12型機により、ロッキード社は他社との競争に勝利した。ビッセルは限定的ではあるが、開発開始を指示してきた。ロッキード社は模型による試験、全機木型模型の製作、機体の電磁特性の調査を四か月間で行う事となった。

続いて一九六〇年一月三〇日には、機体の設計、一二機の製造、飛行試験についての作業を全面的に始めるよう指示を受けた。

開発計画の名称はオックスカートに決まった。この名称はプロジェクトの内容を意図的に秘匿するように選ばれた候補から選ばれた。オックスカート（牛車）は遅い乗り物の代名詞のような乗り物なので、秘密保持のためには良かったかもしれない。このCIAの機体から、米空軍向けの機体が産み出された。その機体は防空軍団用の長距離戦闘機で、同年三月一六日、一七日にハル・エステス将軍と初めて協議を行った結果、開発が決まった機体だった。この機体がYF‐12戦闘機である。

一九六一年一月、私は戦略偵察機の提案を空軍長官のジョセフ・シャリク博士、U‐2型機の主任担当者のレオ・ゲアリイ大佐、空軍の予算担当のルー・メイヤー大佐に提出した。最初、この提案は激しい論争になっていたノースアメリカン社のB‐70爆撃機(訳注2)の開発予算と競合するのではないかと思われて、空軍内の幾つかの部門に反対された。それでも、この機体は米空軍の主力戦略偵察機であるSR‐71型機として実用化された(訳注3)。また、このシリーズの四番目の機体として、無人偵察機のD‐21型機も製作された。

「ブラックバード」と呼ばれるようになったSR‐71型機は、レーダー探知を避けるために我々が開発した「ステルス」技術を適用した最初の機体だった。我々はU‐2型機が運用されるようになってからも、U‐2型機にステルス性を追加しようと試みたが、うまくいかなかった。ステルス機であるためには、設計の最初からレーダー探知を防ぐ対策を組み込む必要があり、後で追加する事は出来ないのだ。ステルス性を持たせるためには、最初に三面図で設計構想を検討する段階から設計に織り込む必要がある。我々はこのマッハ三の機体については、設計当初からステルス性を考慮して設計した。

我々は以前にマッハ四の速度を、X‐7ラムジェット・エンジン実験機の次のX‐17実験機により、数秒間だが達成している。しかしマッハ三・二の速度で、長時間飛ぶ事が出来る機体を作るのは、スカンクワークスがこれまで経験した中でも最も困難な作業だったし、私の人生でも最も難しい開発作業だった。開発の初期の段階で、私は適用可能な有益な提案を考えついた人間には、五〇ドルを与えると約束した。そのために用意したお金はまだ残っているので、賞金は一〇〇〇ドルでも良かったと思っている。

このような高速で、高々度を飛行する機体は、機体の基本的な部分の設計やエンジンも特別だが、それに加えて、燃料、構造材料、製造用設備と製造方法、油圧系統用の作動油、燃料タンクの漏れ止め用シーラント、塗料、プラスチック材料、配線と電気のコネクターなども特別な物が必要だった。この機体に用いる全ての物を新しく開発する必要があった。本当に全ての物をだ。

使用する燃料として、最初の頃は液体水素、液状化した石炭、液状化したホウ素など特殊な物も検討した。

液体水素を燃料とする機体の設計は、まとまった機数を受注する寸前まで設計が進められた。この構想は有望そうだった。機体は非常に大型になるが、重量は軽い。プラット&ホイットニー社製の特別なエンジンを装備し、巡航高度は三万メートルを大きく越えると計算された。この高度は、後にブラックバード・シリーズが達成した飛行高度より高いが、速度と航続距離は小さい。しかし、開発を進めて行くと、問題点がだんだん大きくなってきた。

液体水素を使用するCL-400型機の胴体は、本質的には巨大な魔法瓶で、液体水素を絶対零度に近い低温に保つため(訳注4)、断熱を徹底的に行う必要がある。液体水素をアメリカ本土の工場から、機体が運用される海外の基地まで運ぶのはほとんど不可能と言って良い。わずか数機のCL-400型機を運用するために、水素燃料の輸送用に空軍の大型輸送機C-124の全機が必要になるだろう。海外に配備しようとしても、どの国もこの様な大量の水素燃料を空輸してくる事や、液体水素の製造を行う船を港に停泊させる許可を出してくれないだろう。

ロッキード社はポメロイ社に液体水素の製造工場を設計してもらった。工場はバーバンクの工場とモハーベ砂漠のパームデール飛行場の近くに建設する計画だった。この工場での液体水素の生産には、ロスアンゼルス市の一九七二年、一九七三年の天然ガス消費量の一〇パーセントが必要だったろう。

ある日、ロッキード社に空軍副長官のジェームス・ダグラスと空軍のクラレンス・アービン将軍がやってきた。二人は「あの機体の、将来の性能向上はどの程度見込めるかね、ジョンソン君」と質問した。

「見て下さい。これが機体の内部配置図です。見てお分かりのように、機首にある小さな操縦席を除けば、端から端まで全部、液体水素です。」

液体水素のタンクは、複雑な形状ではだめだし、液体水素を積んだ時にタンクの内部に空いたスペースを残さねばならない。液体水素のタンクは円筒形でなければならず、しっかり断熱しなければならない。この機体では、レシプロ機でもジェット機でも可能だったように、もう少し大きなエンジンにしたり、もう少し航続距離を延ばすために燃料搭載量を増やす事はできない。例えば、コンステレーション旅客機は、改良型が開発されていくにつれて、全備重量は二倍にまで大きくなった。同じ事が戦闘機でも可能だった。しかし、液体水素の機体の場合は、一度、タンクの容積を決めてしまうと、それで終わりだ、外部タンクを付ける事は可能ではあるが、そのタンクの設計は難しい。しかも、外部タンクによる空気抵抗の増加が大きい。

そこでダグラス空軍副長官とアービン将軍は、プラット&ホイットニー社のエンジン設計部長のペリイ・プラットに質問した。「エンジン側でも何か出来る事があるだろう。プラット君、エンジンの性能向上はどれくらい見込めるかね?」

プラットの答えは「五年間で三、四パーセント程度と思われます。」だった。

あまり良い見込みとは言えない。我々はこの方式の機体の開発にはこれ以上の資金の投入はせず、中止する事で意見が一致した。もし継続していたら、一九七〇年代のオイル危機で困った事になっていたであろう。

石炭を微粉化して軽質油と水に混ぜた石炭スラリーは、エンジンの燃焼室に噴射して燃焼させる事で、燃料として使用できる可能性がある。しかし、石炭の微細な灰がタービン・ブレードに固着する問題がある。

ホウ素の化合物をスラリー状にした物も試みた。しかし、使い方が難しく、エンジン燃焼室の噴射ノズルだけでなく、アフターバーナーの噴射ノズルも塞がってしまう。

我々は燃料としては石油系の液体燃料を使う事にした。しかし、その燃料は飛行高度や温度条件を考慮すると、非常に特別な燃料でなければならない。高々度での空中給油時にはマイナス六八℃になるし、超音速で飛行している時は三四〇℃にもなる。

この問題を旧知の友人であり、シェル石油の副社長をしていたジミー・ドーリットルの所に持ち込んだ。シェル石油は以前にもU‐2型機用の優れた燃料であるLF‐1A（ロッキード軽質燃料1の略称）を作ってくれた。今回は、アッシュランド社、モンサント社、プラット&ホイットニー社の協力を得て、マッハ三の航空機用の新しい潤滑油と燃料を作ってくれた。この燃料をロッキード社はLF‐2Aと呼ぶ事にしたが、空軍は当然ながら、空軍としての名前を付けた。

この燃料の開発では多くの作業が必要だった。非常に高価だったが、素晴らしい燃料だった。

この機体では燃料は断熱用としても機能する。主翼にある燃料タンクは燃料を収納すると共に、主脚を高熱から守る役割も果たす。主脚は燃料タンクの中央部に引き込まれる。機体表面は、超音速での飛行を長時間続ける事で非常に高い温度に加熱され、その熱が主脚の収納部にも伝わるが、その一部を周囲の燃料が吸収してくれるので、タイヤは高温にならない。タイヤの温度が高くなって、破裂防止のために空気が抜けそうな状態では着陸できない（訳注5）。

マッハ三以上で飛行する機体の構造材料としては、アルミニウムは最初から候補にならない。機体表面は空力加熱により三四〇℃に達するが、アルミニウムではその温度に耐えられない。機体の基本的な構造材料は、高温でも強度を保つステンレススチールかチタニウムにする必要がある。レドーム、操縦席のキャノピーなどについては、高温に耐えるプラスチック系の材料が必要になる。

高温用の材料としては、ステンレスチールの方がチタニウムより優れている。しかし、B-70超音速爆撃機の部品を製造しているロッキード社のジョージア工場に行って、胴体外板のステンレス製ハニカム板を製作するのを見たら、大変な作業であることが分かった。ハニカム板の接着工程ではクリーンルームが必要だが、これは本質的には加圧された閉鎖空間で、出入り口はエアロック方式で、作業員はクリーンルーム用の白衣を着用し、室内の清浄度の管理が必要である。

私はスカンクワークスの最初からの格言、「単純化」に立ち返る事にした。複雑にすればするほど、問題が発生する可能性が大きくなる。このクリーンルームの作業はスカンクワークスとしては複雑すぎると判断した。この一〇年間、実験的に使用してきた高性能チタニウムを、従来型の方式の機体構造の材料に使用する事にした。

機体の外形は、多くの風洞試験や、その他の試験の結果に基づいて決定した。その結果、前から見ると蛇がネズミを三匹、別々に飲み込んでいるような形になった。そうなったのには、それなりの理由がある。胴体の側面にチャインが張り出している。これは他にも理由があるが、揚力を得るのが主な理由である。チャインが無くても胴体は揚力を少しは出すが、チャインを付けるとそれにより揚力が大きく増加するのだ。

機体の製作を本格的に進める前に、機体の一番複雑な部分である機首と主翼の基本部分の供試体を製作し、試験を行うべきだろうと考えた。

最初に製作した主翼の供試体は、試験では悲惨な結果になった。供試体を飛行中の高温状態を模擬する「高温室」に入れたところ、供試体は使い古した布巾のように皺くちゃになってしまった。解決策は、熱変形を逃がすために、主翼の外板を桁に直接結合せず、外板を波板にし、へこみを付ける事だった。チタニウムの外板は温度が上がると伸びるが、その伸びによる外板の変形を、波板の凹凸の変形で吸収する。私はマッハ三で飛ぶ機体なのに、昔のアルミニウム製の波板を用いたフォード・トライモーター機のようだと非難された事がある。しかし、この方式は難しい問題に対する効果的な対策だった。

機首部分では別の問題が生じた。機首部分を高温室に入れて、操縦席と前車輪の温度を調査した。部品供試体用にチタニウム製の六〇〇〇個の部品を製造したが、良品は一〇パーセント以下だった。部品の材料のチタニウムがもろくて、床に落とすだけでも部品が粉々に砕けるほどだった。

どう考えても何かおかしい。チタニウム・メタル社に、我々の加工方法ではどうして水素脆性が起きてもろくなるのか質問した。彼らもわからなかった。そこで我々はそれまでのチタニウム用の加工設備を使用するのを止めて、全面的にチタニウム・メタル社がその工場でチタニウムの板や鍛造材を製造しているのと同じ製造設備にした。

機首部分の加熱試験でひどい目に遭ったので、これまでどこで行われていたよりも厳しいと思われる品質管理を行うようにした。一〇個の部品を製作するごとに、試験片を三個製作した。この三個は熱処理をした後、試験を行い、それに合格しないと製作した部品は組立用に使用しない事にした。試験片の一個は、材料の強度を確認するために引張試験に使用する。二番目の試験片は、約六ミリの長さの切れ目を入れ、その切れ目の部分で板厚の三二倍の半径で曲げて、割れないか調べる。三番目の試験片は、熱処理をやり直した後の確認試験に使用する。一ロット分の部品をやたらと廃棄したくはなかった。チタニウム製部品はとても高価なのだ。

チタニウムの材料は圧延工程にまで遡って、板の圧延方向を調査して、部品の材料の向きが、圧延方向なのか直角方向なのかを確認するようにした。主脚の素材の巨大な鍛造材は、機械加工を行う前に一二個の試験片を切り出し、その一二個に対して所定の試験を行い、全部が合格しないとその鍛造材は主脚に使用しないようにした。このような厳格な管理をしたので、運用中に激しい着陸をした場合にも、脚の破損は起きなかった。

時には、我々は試験片ばかりを作っているのではないかと感じる事も有った。しかし、試験を行った事はそれだけの効果があった。一九八〇年代初頭までに、ロッキード社は、スカンクワークスの全ての機体、Ｌ‐１０１１旅客機、大型輸送機用に、一三〇〇万個以上のチタニウム部品を製作していた。

チタニウムは非常に硬い材料なので、他の金属材料の場合のように、無理にはめ込む事が出来ない。少しだけ小さな寸法に正確に加工する必要がある。そのための治工具の費用は高くついたが、長い目で見ると不良品として廃棄される部品を減らす事ができた。量産段階では不良品でスクラップにした部品はほとんど無かった。

チタニウムを八〇〇℃以上の高温で、大きな圧力をかけて成形するために、非常に大型のプレス機を開発した。

チタニウムは強度は高いが、その取り扱いには細心の注意が必要である。様々な物質から影響を受ける。チタニウムを使用し始めてすぐに、エンジンの近くで作業する作業者には、カドミウム・メッキした工具は使用させないようにした。工具のカドミウム・メッキがはがれると、剥離したメッキの薄片がチタニウムのボルトに悪影響を与えるのだ。飛行中にボルトは三〇〇℃以上の高温にさらされるが、一、二回飛行するだけで、ボルトの頭が取れてしまうのだ。チタニウムにカドミウムが接触しないようにする必要があった。

主翼の外板のスポット溶接した部分が、夏に製作した物は試験するとすぐに壊れるが、冬に製作した物は壊れない事に気付いた事がある。工程を徹底的に調べて見ると、夏にはバーバンク市の水道用水には、藻の発生を防ぐために塩素が投入されている事を発見した。溶接部分を純水で洗浄するようにすると、問題は起きなくなった。

工具も特別な物が必要になった。熱処理したB・120チタニウム合金に穴あけ作業を初めて行った際には、リベット穴を一七個あけただけでドリルは使い物にならなくなってしまった。最終的には西ドイツ製のドリルを使う事にした。現在では一本のドリルで一五〇個以上の穴を開ける事ができ、ドリルを再研磨すれば、更に一五〇個の穴を開ける事ができる。

チタニウムの扱いについては、何千人もの関係者を教育しなければならなかった。ロッキード社の社員だけでなく、空軍の整備員、三〇〇社以上ある外注業者や機器製造会社の作業員に、機械加工したチタニウムの部品の取り扱い方の訓練を行った。会社のベテラン作業者に、それまでの作業方法を変えさせるのは難しかった。彼らは自分の作業方法は自分で決めたいと思うからだ。そこでスカンクワークスでは、彼らを試作職場に入れて、技術者の指導の下に加工データを取る作業をさせた。これは良い手法だった。作業者に機体開発への参加意識を持たせる事で、やる気を高め、最高の技量を発揮させるようにできた。

A-12偵察機の最初の機体を製造していて学んだ事に、部品を色で識別すれば十分だと考えてはいけない事がある。私は、電線、配管、その他の接続部分に色分けをして、取付作業で間違いを起こさない様にする事を言ってきた。しかし、多くの人と一緒に働いてみると、一〇パーセント程度の人が色盲である事に気付いた。部品が一〇センチも曲げられて、間違った箇所に取り付けられていた事もあった。今でも色分けは行っているが、色盲対策として、接続箇所の形状を変えて間違った取付が出来ないようにしている。

材料や加工方法の問題は、機体開発上の問題のほんの一部にしか過ぎない。油圧系統、電気系統などにもいろいろな問題があった。

　ミロ・バーチャムをF‐80戦闘機の事故で失った事で補助燃料ポンプを追加して以来、系統を多重化する事によって安全性を確保する事は、私にとって設計で守るべき規則になった。コンステレーション旅客機では、油圧補助方式の操縦系統としては初めての多重化を行った。ロッキードL‐1011旅客機は、操縦系統を三重又は四重にしている。ブラックバード・シリーズの機体では操縦系統は三重にしている。パイロットが特に重視するのは安全性だ。そのためのコスト増は、それを設計の最初から取り入れていれば、機体全体のコストの一パーセント以下にしかならない。人命や機体を失うのをこの多重化で防げるなら、そのコスト増はもっと小さく感じられる。

　油圧系統に使用する油圧液も特別な物が必要だった。当然ながら、最初に、全ての業者の製品で、三〇〇℃以上で使用できる製品がないか調査した。ある会社が、五一五℃で使用できる製品の説明書を持って来た。私は見本を直ちに提出してくれるよう頼んだ。見本は布の袋に入って届けられた！　油圧液を布の袋に入れて送って来るのは変だと思った。袋を開いて見ると、白い結晶の粉末が入っていた。この製品は、常温では固体の粉末だが、五一五℃の高温では液体となって油圧系統に使用できるのだ。油圧系統を高い温度まで加熱すれば使えるが、全く現実的ではない。従って、油圧液も新規に開発する事が必要だった。最終的な製品は、ペンシルベニア州立大学が開発した油圧液に、高温に耐えると共に、ポンプなどの油圧系統の構成品の潤滑機能も果たすように、七種類の添加剤を入れた物になった。

他にも小さな部品で新しく開発するのが必要な物が有ったが、それらも重要だった。革製のパッキングや、ゴム製のOリングは、この機体の高い温度条件下では使用できない。鋼鉄製に変更したが、高温でも低温でもトラブルは生じなかった。燃料タンクからの燃料漏れを防ぐためのシーリング材も開発が必要だった。ブラックバード・シリーズの機体では燃料漏れが全くないわけではなく、格納庫の床に燃料が漏れて落ちる事が有るが、この機体の燃料の発火点は非常に高いので、通常の燃料が漏れた場合に比べて安全性は高い。

電気系統もトラブルが多く、それだけでこの機体の開発が失敗になりそうだった。A-12偵察機は飛行するたびに電気系統に起因する故障を起こしていた。電気系統は自動操縦装置、操縦系統、航法系統を動かしているし、油圧系統も電気を使用するセンサーで制御されている。

ある時期には、全飛行回数のうちの一七パーセントで、エンジンの潤滑油の圧力の計測値が得られないために、飛行を途中で切り上げねばならなかった。滑油圧力が分からないままエンジンの運転を続けると、とても高価なエンジンを故障させてしまうかもしれないので、飛行を中断するしかなかった。滑油温度計のために冷却装置を追加した。

特に重要だったのは、エンジンの空気取り入れ口のスパイク(訳注6)の前後位置を、適正な位置に保つ制御を行うための、エンジン吸入空気量を測定する電気センサーの問題だった。これは電気系統のトラブルの中でも一番難しい問題だった。

端的に行って、我々は高々度、高温、激しい振動環境下での電気系統の信頼性を十分に高くできていなかった。私は現場でこの問題に、六週間にわたり自分で直接取り組んだ。この問題のために、開発全体が危機的な状況になった。最終的には特別な電線を開発した。配線の被覆には高温に耐えるケブラーを使用し、特別に高温になる箇所はアスベストで保護した。

特別なプラスチック素材をいくつか開発したが、その中には高温用だけでなく、レーダー波の反射低減用の素材も有った。

ブラックバードと言う名前は、青味がかかった濃い黒色の塗料で塗装されている事から付けられた。この色は、飛行中の高温になった機体からの熱放射率を高くするため、機体表面の状態による熱放射率を比較する試験の結果により採用された。熱放射率の違いにより、機体の温度は三〇度から四五度も違ってくるので、塗料とその色の選定は特に重要だった。実用化されたブラックバード機の機体表面の色は、高々度、高速で表面温度が上昇するのにつれて、青味が強くなる。

空軍のマークを塗装するにも特別な塗料を開発する必要があった。普通の塗料では、一度飛行して高温に曝されると、赤色は茶色に変色し、白色の部分はまだらになってしまう。また、塗料を表面に密着させておく事自体が難しかった。機体表面の二〇パーセントを占める高温用のプラスチックの部分では、塗装面に点々と突起ができる事がある。漏れた燃料が表面に付着し、その温度が二八〇度から三二〇度に達すると、塗装したプラスチックの表面に小さな噴火口のような突起を生じるのだ。表面に使う塗料は、雨だけでなく燃料にも侵されない物にする必要があった。

偵察カメラ、極めて複雑な任務用の電子機器、慣性航法装置を含む航法系統など、様々な搭載装備品全てについて、開発には膨大な作業が必要だった。

慣性航法装置は非常に優れた機能を持ち、一六カ所の経由点を設定できるので、離陸後は自動操縦装置で経由点を順次、設定した速度、高度、通過方向で通過する事が出来る。パイロットが「基地へ帰還」と入力すれば、基地へ誘導してくれる。

ブラックバードのエンジンは、プラット&ホイットニー社が開発した素晴らしいエンジンである。このような機能、性能を備えたエンジンは、世界でもこのエンジンしかない。

このエンジンの開発は海軍用として始まったが、それを搭載する機体は開発されずに終わった。我々がそのエンジンの推力の大きさを知ると、それを高マッハ数の飛行用に使用できないかと思った。プラット・アンド・ホイットニー社は、私流に表現するなら、ある種の変速機のような機能をこのエンジンに組み込んだ。二〇〇〇キロ／時程度の速度に達すると、エンジンの作動サイクルが変化して、通常のジェット・エンジン方式から、取り入れた空気を圧縮機で圧縮せずに、バイパスさせてそのまま燃焼室に送り込む事で、ラムジェットと同様の作動を行う。エンジン内を流れる空気は、圧縮機で邪魔されずそのまま流れるので、飛行速度が大きくなればなるほど、エンジンの推力は増加する。

しかし、推進系統で最も難しい問題だったのは、超音速飛行でエンジンの空気取入口から排気口まで、空気を上手く流す事だった。エンジン・ナセルの空気取入口の先端にあるスパイクに当たる空気は、温度が四〇〇℃以上になり、その後、エンジンへのダクト内で減速して、五〇分の一まで圧縮されるのだ。しかも、減速、圧縮の過程で、ダクト内で気流が剥離しないようにしなければならない。

飛行領域の全域に渡って、エンジンが正常に作動できる空気吸入系統を開発するには、長い時間を要した。初期の頃には、気流が剥離してエンジンの燃焼が止まってしまう事があった。エンジンは七トンから九トンの推力を出している状態から、一秒以下の短時間で七トンの抵抗を生じている状態に変化してしまうのだ。片側のエンジンが停止して機首が大きく振られると、パイロットは操縦室内で横に振り回されるので、どちらのエンジンが停止したかも分からない程だった。

この問題に対しては方向舵の自動制御で対応した。エンジンの停止が起きた場合、ラダー・ペダルを動かして、〇・一五秒以内にパイロットにどちらのエンジンが停止したかを知らせ、油圧で方向舵を逆方向に九度動かす。それで機体は水平飛行を保つ事が出来る。

さらにエンジンの自動再始動装置も装備した。この装置はとても上手くエンジンのパワーを回復させるので、SR-71型機が東南アジアで使用された時には、現地で厳しい実戦任務を担当するパイロットは、この突然のエンジンの推力低下現象（アンスタート）の発生と自動再始動に気付かない時があるのではないかと思った。そこで、訓練飛行で、自動再始動機能が不良の場合に備えて、このアンスタートの対応訓練を復活した。

エンジンは非常に高性能だが、私はプラット・アンド・ホイットニー社の友人たちを、飛行中にエンジンは全推力の一七パーセントしか出していないと言ってからかう事があった。機体の空気吸入ダクトと排気エジェクターが残りの八三パーセントの推進力を出している。しかし、当然ながらエンジンによる推力の一七パーセントが無ければ、機体側の推進力も発生しない。

ジョンソン大統領が初めてこの機体の存在を、Ａ‐11機として公表した際、発表された写真の機体はＡ‐11型機ではなく、ＹＦ‐12戦闘機の飛行中の写真だった。このマッハ三の機体の開発では、開発案にＡ‐1からＡ‐12まで番号を付けて設計検討を行った。Ａ‐11はその社内の設計案の一一番目の案の番号で、この機体は実際には製作されなかった。我々はＡ‐12型機を一二機製造した。ＹＦ‐12型機の写真は、機密保持の観点から使用されたのかもしれない。ＹＦ‐12型戦闘機の写真の方が、戦略偵察機であるＡ‐12型機の写真より、秘密度が高い偵察機としての能力を部外者が推測するのが難しいと思われたのだろう。

ＹＦ‐12型機は一九六三年八月七日に初飛行した。空軍はそれまで高々度迎撃機の開発計画が上手く行ってなかったので、ロッキード社の長距離を高速、高々度で飛行できるＡ‐12型機の迎撃型の提案を採用した。ハル・エステス将軍は、その機体にヒューズ航空機社が開発中のＡＳＧ‐18レーダ・システムを搭載し、ヒューズＧＡＲ‐9ミサイルを発射できる事を要求した。要求されたレーダとミサイルを搭載する事にしたが、それでもまだ多くの試験が必要だった。

ＹＦ‐12型機は胴体が大きかったので、大型のＧＡＲ‐9ミサイルでも問題無く三発を搭載できた。しかし、この機体でのような高々度、高速でのミサイル発射は、まだどの機体も行った事が無かった。発射試験を行うまでに三年間を要した。

ミサイルを発射する時は、ミサイル収納庫のドアを開け、ミサイルを下方に投下してから、ミサイルのロケット・モーターに点火する。ミサイルを投下した時に、気流にあおられて機体にぶつかったりせず、まっすぐに前方に飛行するように設計するのは大変だった。もっと低速でも、航空機からのミサイル発射で大きな問題が生じる事がある。

ミサイルを投下した後に、ミサイルが機体にぶつかってこないようにするために、投下の際に、ミサイルの前部を押し下げ、ついで後部を押し下げる放出装置を開発した。ミサイルが機体から一二メートル下方まで落下してからロケット・モーターが作動する。

マッハ三を大きく越える速度の機体から射出されると、ミサイルは自分のロケット・モーターでさらに加速し、飛翔コースの最高点ではマッハ七の極超音速に達する。我々は無人標的機を海面近くから三万メートルに至る様々な高度で飛行させ、二二〇キロ以上離れた位置から命中させた。海上であれ陸上であれ、飛行中の標的を撃墜できる事を実証した。

撃墜成功率は九〇パーセント以上だった。GAR‐9ミサイルとASG‐18レーダー・システムは見事に機能した。YF‐12戦闘機に搭載するこのミサイルの開発から、現在のF‐14戦闘機で使用されているフェニックス・ミサイルが産み出された。

試作契約により、YF‐12型機は三機製作された。その性能が良かったので、空軍は防空軍団用に一飛行隊分を調達する事を決定した。防空軍団のアーサー・アガン司令官は、時代遅れになりつつあるF‐102戦闘機、F‐106戦闘機に代わる機体を必要としていた。アガン将軍は、ある時など彼の部隊の迎撃戦闘機の能力不足と、レーダー警戒網の未完成のために、大統領が大統領専用機でワシントンからロスアンゼルスまでアメリカ大陸を横断する際でも、その安全を保障できないと発言した事がある。

三年間に三回、議会は九〇〇〇万ドル以上の予算を、防空軍団用に量産型のＦ‐12戦闘機を九三機調達するために付けた。しかし、国防長官のロバート・マクナマラは、彼の優等生の顧問たちの意見に従い、このような高性能な機体は必要ないとの結論を下した。我々の仮想敵国はこの機体に匹敵するような機体を持っていないし、マッハ三の高速で飛びながら目標にミサイルを命中させる事は出来ないと考えたのだ。しかし、我々の機体はマッハ三の速度でミサイルを発射して、九〇パーセント以上の撃墜率を達成していた。

また、生じるはずでなかった脅威として、ソ連の超音速爆撃機、バックファイアが出現した。バックファイア爆撃機はＦ‐15戦闘機やＦ‐16戦闘機などを含む米国の戦闘機の攻撃を振り切る事ができる。民間旅客機のコンコルドも戦闘機を振り切る事ができる。どちらもマッハ二程度の速度を出す事が出来る機体である。米国の現有の戦闘機は、超音速で飛行できるが、その時の燃料消費量が大きいので、超音速ではわずか八〇キロから一六〇キロ程度の距離しか飛行できない。現在、ＮＡＳＡで主として研究用に使用されているＹＦ‐12Ａ型機は、マッハ三以上の速度で長距離を飛行できる。そしてＦ‐12Ｂ型機であれば、バックファイアに容易に追いついて監視を行い、必要なら撃墜もできる。バックファイア爆撃機はマッハ二の速度を出せるが、それは短時間で、その速度で巡航を続ける事は出来ない。

防空軍団の装備を更新するのではなく、その役割を縮小する方向に決定がなされた。

Ｆ‐12Ｂ型機の量産契約が無くなっただけでなく、Ｆ‐12Ｂ型機の製造用治工具が存在する事さえも、マクナマラ長官の一派により、Ｂ‐70超音速爆撃機とＦ‐15戦闘機の予算に対して、悪い影響を与えるとみなされた。我々は治工具を三年間保管していたが、スクラップにするよう命じられた。スクラップの値段は一キログラム当たり一五セントだった。もし現在、同じ治工具を製作し、これと同等の機体を製造しようとするなら、そのための費用は法外な額になる。治工具は数百億円、機体は一機当たり八〇から九〇億円になるだろう。その当時の、機体価格は約二〇億円だったし、現在でもこの機体に匹敵する性能の迎撃戦闘機は米国には存在していない。

しかし、ブラックバードに適用された技術は、他でも役立つ事になった。空軍はグライダー的なＵ‐2型機より、大型の偵察カメラと、複雑な偵察用電子機器を搭載できる、より進んだ偵察機を望んでいた。使用する部隊は戦略航空軍団（ＳＡＣ）で、航空機や機器の開発では、非常に複雑な装備の開発に参加してきた部隊である。その要望の結果としてＳＲ‐71戦略偵察機が誕生した。

一九六二年の年末に、ＳＲ‐71型機を六機製造する契約を結んだ。この機体はＲＳ‐71型機と呼ぶべきかもしれないが、ジョンソン大統領が二年後の一九六四年にこの機体の初飛行を発表した際に、大統領はＲＳとすべき所を逆にＳＲと言ってしまった。機体の名称を変更する作業に、戦略航空軍団とスカンクワークスは大変だった。本来のＲＳは「偵察・攻撃（RECONNAISSANCE STRIKE）」を意味するが、ＳＲでは「戦略偵察（STRATEGIC RECONNAISSANCE）」の意味になる。スカンクワークスでは、この記号を「攻撃・偵察機（STRIKE RECCI）」の意味で用いている。

SR-71型機ではパイロットは前席に座り、偵察員は後席でカメラや航法機器を操作する。SR-71型機は初期のブラックバード・シリーズの機体より燃料をより多く搭載し、より進んだ偵察機器をより多く搭載するので、機体の重量はずっと重い。外観はそれまでのブラックバード・シリーズの機体と同じように見えるが、内部の構造はずっと改善されている。今回はブラックバードとしては三機種目で、エンジンの空気取入系統の開発には経験を積んでいたので、試験飛行は速やかに進んだ。

このSR-71型機の製造では、ワイマン・ゴードン社と共同作業で、切削加工により製造する部品の素材として、チタニウムの大型鍛造材の開発を行った。ワイマン・ゴードン社が大型の鍛造素材を製作する技術を開発するのに一〇〇万ドルを要したが、その鍛造素材から機体の部品を削り出す技術を開発するのに、スカンクワークスも一〇〇万ドルを要した。しかし、大型鍛造素材を使用する事で、機体のある部分を製作するのに九六個の部品が必要だったのが、大型鍛造素材からの削り出しでは一個で済んだ事もある。この技術開発の結果、軍、ひいては国民の税金を、この機体の製造契約だけで一九五〇万ドルを節約することができた。

私は米国も大型の鍛造成形機械を持つ事を、熱心に主張してきた。現在使用している最大の鍛造成形機械より五倍大きい二五万トン鍛造プレス成型機が必要だと考えていた。非常に大型の機体部品を製作する際には、単純な形状の素材からだと、九〇パーセント以上を機械加工で削り取る事が必要な場合がある。SR-71型機のチタニウム製のナセルのリングや脚、C-5輸送機のアルミニウム製の胴体のフレームなどはそうで、機械加工しているのを見ると、とても材料を無駄にしていると思う

ケリー・ジョンソンが開発に成功した事で、米国の安全保障に大きな貢献をした二つの傑作機、SR-71偵察機とTR-1偵察機。

(訳注7)。ソ連はこのような大型鍛造成形プレス機に多大な費用を投入していて、米国より大型で、プレス圧も大きな設備を持っている。

SR-71型機が世界のどこにでも進出できるようにするために、空中給油が導入され、日常的に利用されるようになった。一九八〇年代の初めまでに、空中給油を行った回数は一万八〇〇〇回以上で、どの空域であれ実行可能だった。

私は超音速旅客機の場合、空中給油を行う事で、ソニックブームの問題を解決できるのではないかと発言した事がある。ソニックブームの問題があるので、ブラックバード機を飛行させる場所には非常に注意する必要があった。衝撃波は超音速機が通りすぎた後に地表面に到達し、衝撃音などの影響を与える。ソニックブームに関しては、さまざまな苦情が寄せられた。イエローストーン国立公園での釣りの邪魔になったと言った苦情から、ラバの群れが驚いて駆け出したとかまで様々だった。私自身も苦情を言いたい事がある。私の知人の軍のパイロットが、私の牧場にソニックブームを見舞ったので、四五〇ドルもする窓ガラスが割れたのだ。当然ながら、私は誰からも同情されなかった。

ＳＲ‐71型機は戦略航空軍団で一九六五年以降、運用されてきている。ＳＲ‐71型機は公表されている範囲では、世界でもっとも高速かつ高い高度を飛行する機体である。ブラックバード・シリーズの機体は、マッハ三以上の速度で飛行する事に関して、世界のいかなる機体よりも実績がある。

一九七一年四月二七日、米空軍のＳＲ‐71型機は二万四〇〇〇メートルを越える高度で、一〇時間半で二万四〇〇〇キロメートルを飛行し、飛行時間と飛行距離の記録を樹立した。この飛行により、空軍は「その年の最も称賛に値する飛行」としてマッケイ・トロフィーを、「飛行技術と航空工学に関して、最も優れた国際的な業績を上げた」事について、一九七二年のハーモン・インターナショナル・トロフィを受賞した。

一九七四年九月一日、米空軍のＳＲ‐71型機は、隔年に開催されるファーンボロー航空ショウで、初めて各国の観客の前で公開される事になり、ニューヨークからロンドンに飛行したが、その際に五五八〇キロを一時間五四分五七秒で飛行して大西洋横断の速度記録を樹立した。ロンドンからロスアンゼルスへの帰りの飛行では、八七九〇キロの距離を三時間四七分三五秒で飛行して、長距離飛行での世界速度記録を樹立した。

一九七六年七月二七日、戦略航空軍団のパイロットはSR‐71型機でカリフォルニア州ビール空軍基地を離陸して、速度と高度に関して六つの世界記録を樹立した。その中には、閉回路コースの速度記録の三三五六キロ／時、直線コースの速度記録の三五二二キロ／時、到達高度及び水平飛行高度の記録の二万六二〇〇メートルが含まれている。

ブラックバード・シリーズには四番目の機体があるが、それについては私は最近まで発言できなかった。よくある事だが、機体の写真や情報がメディアに出てしまった事で、私が語る事ができるようになった。アリゾナ州のデビスモンサン空軍基地で、この機体が何機も長期保管されている写真が、一般のメディアに公表されている。

この機体はD‐21型機で、ブラックバード・シリーズの中でも最も高性能で、最も高く、速く、長距離を飛行できる。D‐21型機は遠隔操作の無人機、つまりドローンである。今後、製造される機体が、より有能、強力、高度な機体になってくると、私は人間が操縦する必要性があるのだろうかと考えてしまう。最終的には人間は地上に居て、機体を操縦する事になるのかもしれない。

第15章──病める時も健やかな時も

コロラド川からの導水路で、私の所有しているリンデロ牧場に水が供給されるようになると、不動産税は一〇倍に跳ね上がった。その当時の不動産税の課税額は、牧場としての価値ではなく、その土地の最も有効な利用法、この場合は住宅用に分割して使用した場合を基準にして決められていた。税金がこれほど高くなると、牧場を使い続ける事が不可能なのは明らかだった。売却するしかなく、一九六二年に売却した。

不動産業者は我々が売却した土地に、七四六軒の住宅を建設した。業者はベンチュラ・フリーウエイの近くに池を掘り、分譲地をレイク・リンデロと名付けて販売した。

妻のアルテアと私は、次に購入する牧場の地域をもう考えてあった。そこは良く知っている地域で、アリサル牧場の近くのサンタバーバラ・カントリークラブのある場所だった。我々はそこへ何度も行った事があり、ゴルフをしたり馬に乗ったりしていた。地域全体で四〇〇〇万平方メートルの広さがあった。美しい人の手で荒れていないその地域の上を小型機で飛んでいて、この場所を見付けた。実は、私は牧場の土地を探すために飛行機の操縦を習ったのだ。

そこで見つけたスターレーン牧場こそ、まさに我々が探していた牧場だった。我々はその牧場を一九六三年に購入した。スターレーン（星の小道）と言う名前は、初めから付いていた名前だった。ロッキード社の飛行機（最近では宇宙船、ミサイルも含めてだが）の名前は、ベガ、オライオン、シリウス、コンステレーション、シューティングスター、スターファイター、ポラリス、トライスター、ギャラクシーのように、天体に関連した名前を付けるので、牧場の名前はそのままにした。この牧場はサンタバーバラ市の北五〇キロ、サンタイネスバレーにある絵のように美しいデンマーク人の町のソルバングの北西に位置し、八〇〇万平方メートル近い広さがあり、そこで我々は家畜を三〇〇頭飼い、干し草用のオート麦を栽培した。長さ約六キロ、幅約一・六キロの谷間にあり、他の牧場からは全く離れていた。

前の所有者は映画の配給業者で、映画の映写室とプールを備えた家が建っていた。家はスペイン風で、我々のエンシノの家より少し広かった。プールはエンシノの家のプールより三メートル長く、一・五メートル幅が広かった。我々が手を加える必要は無かった。

この牧場は（多分この地区のほとんどの牧場もそうだと思うが）、カリフォルニア州のウイリアムソン法の適用対象だった。この法律は牧畜用に使用されている牧場を、我々をリンデロ牧場から居られなくしたような、過大な税金から守る法律である。勿論、この法律の適用を受けるためには、持ち主にも条件が課せられる。牧場の分割は制限されるし、もし牧場を牧畜以外の目的のために分割すると、遡って最も有効な利用法をした場合と同じ税金が課せられる。

購入した牧場はすでに立派な家もプールも有ったので、牧場に家を新しく建てる必要はなく、リンデロ牧場から家財、機材を運ぶだけで良かった。引っ越しは自分達で行った。トラクターや他の農業用機材を運ぶために、六・三メートルの長さの平床式荷台の大型トラックの新車を購入した。牧場用の機械類は毎日のように整備が必要なので、私が最初にしなければならなかったのは、機材の整備作業場を作る事だった。その設計をするのは楽しかった。作業場を持つ事は、子供の頃から私の夢だった。私は機械類が好きで、正しく取り扱うべきだと思っていた。牧場では私は機材を自分で整備し、おかげで費用をずいぶん節約できた。

今回の作業場は広く、幅一二メートル、奥行き三六メートル、切妻屋根は六・六メートルの高さが有った。屋根の構造は二・七トンの荷重に耐えるようにしたので、必要な時は重い部品を天井から吊るす事が出来た。作業場の扉は風速六〇メートルまで耐えるよう設計したし、建物全体は地震による横方向に〇・二五Gまでの荷重の耐えるようにした(訳注1)。

作業場には旋盤、グラインダー、鋸盤、溶接機械、エンジン修理用のホイストなど、農業用機械の整備、修理に必要な設備はすべて設置した。そこには農業用の車両である、六台のトラクター、四台のトラック、干し草梱包機なども収容できるようにした。

牧場の主任とその家族用に家を一軒新築し、その他の従業員用に元からの従業員用住宅を改装し、もう一軒、小さな木造住宅を建てた。

リンデロ牧場から風車を分解して運び、組立てて設置した。それに加えて新しく三台の風車を設置した。風車はひな菊のような黄色に塗装した。初めての訪問者には、この風車は実際には地下水の汲み上げや発電用だが、夏に牛を涼しくしておくための牛用の扇風機だとふざけて話す事もあった。牧場には井戸が七カ所あり、水は豊かだったが、電力を全て風車にたよる訳にはいかなかった。風が無い時の家畜用の水の汲み上げに、ガソリン・エンジン駆動のポンプを設置し、家庭の電気暖房には電力会社からの電気を使用した。

スターレーン牧場は、妻と私の望み通りの牧場だった。今回も妻は、牧場を私と共同して運営してくれた。妻は牧場での生活を私と同じ様に愛していた。そして、私にとって牧場は仕事のストレスから解放されて、元気になれる場所だった。

でも牧場はいつもそんなに気楽な場所ではない！　ある時、私はトラクターで牧草地を耕す仕事を中断して、ジープで牧場を横切って牧場の主任を迎えに行った事がある。ジープで走っていて、子牛が道の真ん中で寝ているのを見つけた。子牛が怪我をしていたり、病気ではないかと思って、調べるためにジープを降りた。

母牛が近くにいて、自分の命を失いたくないなら、やってはいけない事は子牛に触る事だ。しかし、牧場の主任は子牛が動けるか調べようとして、ブーツでお尻を軽く触った。子牛は動く事ができ、実際、動いたが、その時大きな声でうなった。私は主任はジープで彼の家に帰らせ、自分はトラクターでの耕作を済ませようと、歩いてトラクターに戻ろうとした。

三〇メートルも歩かない内に、私の背後で突然大きなうなり声がして、これまで見た事が無いほど大きく見える牛が、すごい勢いで突進してきた。勿論、子牛の母牛だ。母牛は主任を攻撃したかったのだろうが、彼がジープに乗って行ってしまったので、一番近くに居る私が攻撃目標になったのだ。

幸いな事に、私はその一帯をしっかりと耕していた。私は柔らかい土の上に、精いっぱいの速さで仰向けに横たわった。寝返りをして顔を下向きにする時間も無かった。母牛は私の上を通って行った。乳房が顔を擦って行ったが、ひずめで直撃される事はなく、怪我はしなかった。幸い、母牛は私を攻撃しに戻る事はなく、子牛の所へ行き、一緒に丘の上に戻って行った。

起き上がる事が出来、骨折はしていないようだったので、耕すのを済ませる事にした。作業をすればすぐに気持ちが落ち着くと思った。作業を済ませて、妻との昼食のために丘の上の家に戻った。妻は自分の目が信じられないようだった。

「あなた、何が有ったの？」と彼女は尋ねた。私の服は破れていたし、体は打撲でところどころ青黒くなっていた。牛が踏みつけた胸の部分は大きなあざになっていた。しかし、骨折はしていなかった。試作機で何千時間も飛行してきたのに、もし牛に踏まれて死ぬ破目になったら、何と不名誉な死に方になっていた事だろう！　私は飛んでいる時の方が地上にいる時より安全だと言ってきたが、その通りになった。

スカンクワークスへ戻って、この話をスペイン出身の技術者に話した。彼は闘牛の知識があり、闘牛士の赤いケープを私にくれて、もしまた突進してくる牛をかわす事が必要になった場合は、そのケープをどう使うかを教えてくれた。

スターレーン牧場を購入してからの二年間は、妻と私はほぼ理想的な田園生活を送った。つらい事や問題も有ったが、全体的にはとても幸せな時期だった。

P-38戦闘機における、空気の圧縮性から生じる問題に取り組んでいる時に、大学時代に悩まされた胃潰瘍が再発した。エンシノの家で夕食を食べている時、胃の痛みで私は椅子から床にくずれ落ちた。胃潰瘍の症状にはそれまでも悩まされてきたが、この時はひどい痛みで、胃に穴が開いたと思った。こんなひどい症状はそれまで経験した事が無かった。

妻は私にまずブランデーを飲ませた。通常の対処方法ではないが、それで痛みは楽になった。その時分はやらねばならない仕事が多く、翌朝には会社へ出勤した。胃潰瘍の箇所から出血していると思ったが、診療所の医師には二、三日は言わずにおいた。

その後、診療所のローウエル・フォード医師に、「ちょっと問題があります。」と話した。

私が体調不良でも仕事をしていると話すと、「君は病気なんだよ。それだのに仕事を続けるなんて、君は頭がおかしいよ。」と医師は私に言った。しかし、その頃には胃潰瘍は治っていた。アルコールは通常は胃潰瘍には良くなくて、摂取を禁じられるのだが、私の胃潰瘍の原因であるストレスを和らげる効果が有った。最終的には、自身も胃潰瘍を患っていたフォード医師を説得して、アルコールの摂取を、ほどほどにとの条件付きだが認めてもらった。

戦争の期間中は、私は同時に六機種の機体を担当し、一か月に一回か二回はワシントンに出張していた。出張には戦前の機体であるDC－3旅客機で行っていたが、給油のため途中で何度も着陸する必要があった。飛行機での移動は、現在の大型ジェット機での場合のように快適ではなかった。工場では私は午前六時には仕事を始め、まずF－80戦闘機の仕事を一時間程度していた。それからP－38戦闘機の問題がまだ決着していない間はそれに取り組んだ。ハドソン哨戒機からの発展型のベンチュラ哨戒機やPV－1哨戒機の開発の仕事もあった。コンステレーション輸送機の開発作業もまだ続いていた。ネイト・プライスが指揮するジェット・エンジンの開発も私の担当範囲だった。取り組むべき仕事が多く、私はいつも忙しかった。

会社での地位はどんどん高くなった。一九三八年に主任研究技術者になり、一九五二年には主任技術者になった。

担当する仕事の責任が重くなるにつれて、胃潰瘍もひどくなった。主任研究技術者の時代は、設計と試験飛行が担当だったので楽しかった。主任技術者になると、設計した内容を工場で生産に移す際の作業について、早急に学ぶ事が必要になった。私が担当する事になった技術部門は、五五〇〇人の従業員がいて、その内の約八〇〇名は設計技術者だった。図面の作成、コピー、発行、管理、生産用図面の改訂に関する複雑な仕組みも担当範囲だった。もっと少ない従業員で、もっと簡単な作業方法にしたかったが、五五〇〇人の集団にはスカンクワークス流のやり方は適用できなかった。

この職務でも私は同時に並行して多くの業務を行おうとした。コンステレーション輸送機の後期型の機体が開発中だったし、F－104戦闘機やU－2偵察機も開発作業中だった。この頃、担当している機体が事故を、とりわけ死亡事故を起こすと、私は二四時間以内に胃潰瘍になった。F‐80戦闘機とB‐25爆撃機が夜間の実用試験を行っていて、空中衝突して死者が出た時には胃潰瘍になった。コンステレーション輸送機が飛行停止になった時にも胃潰瘍になった。この飛行停止の原因の解決方法は、分かって見れば非常に簡単な内容だったので、設計変更には一五分かかっただけだった。私は自分で不具合箇所を見つけ出した。ある配線の取付金具が焦げていたのだ。熱からの保護が不十分だったので、エンジンのバックファイアが起きた時にこの不具合が生じた、その対策の一環として燃料噴射装置を追加した。

幸いな事に、緊急事態の時にすぐ胃潰瘍になる厄介なくせは、スウェーデン人の丈夫な体で乗り切った。胃潰瘍は一週間程度で自然に治癒していた。

しかし、こうした生活を続けた事で私の健康状態は著しく低下した。一九五五年三月二五日、管理職への社内通知では、「医師の勧告により……ジョンソン主任技術者は休養のため、しばらく業務を離れる事になった。……彼はここ何か月の間、職務遂行に当り過大な精神的圧力を受けたため、健康状態が低下している。……休養後に職務の復帰した後は、仕事の量を減らし、最も高いレベルの技術的業務だけに専念するものとする。」と発表された。

一九五六年には私は研究・開発担当の副社長になった。この職務では、会社内の様々な部門を訪問する業務が追加になった。例えば軍用機を生産しているジョージア工場や、北カリフォルニアのミサイル・宇宙部門へ行き、社内の研究・開発作業が、各部門で重複しないように調整するのも私の仕事になった。私には直接的に指揮命令する権限が無かったので、この仕事はやりたくなかった。

助言するだけなのは、私の仕事の流儀には合わない。私はスカンクワークスでのように、直接的な権限を持つ方がずっと良かった。スカンクワークスでは、何を、どのように行うべきかについて、議論しなくても良かった。そのため、自分は全社を守備範囲とする技術業務には全く適していないと感じた。一九五九年には私は決心して宣言した。「自分はもうこの職務から離れたい。会社のあちこちを出張して訪問ばかりする仕事はやりたくない。この職務は私の好む所ではない。スカンクワークス専任で働きたい。」

この宣言をした時点では、すでに一九五八年から私のために、先進的開発計画担当副社長の新しいポストが設置されていた。つまりスカンクワークス担当副社長と言う事だ。私の要望は採用してもらえたが、それはとても良いタイミングだった。その頃はとても忙しい時期で、オックスカート（A-12偵察機）の開発が始まろうとしていた。この機体の開発には私の持てる能力の全てが必要だった。それで私はまた胃潰瘍になった。

私が胃潰瘍で初めて胃に穴が開いてからほぼ三〇年後、定期健康診断でX線写真撮影をしたら、診療所のフォード医師からこう言われた。「ジョンソン君、君の胃の出口は鉛筆くらいの大きさにまで狭くなっているよ。すぐに治療しないと死んでしまうよ。それも数週間以内にだ！」

この時点では私の胃にはそれまでの胃潰瘍の傷跡の瘢痕が多く有り、その部分に潰瘍ができても痛みを感じないようになっていた。そこで一九七〇年に私は胃を半分切除する手術を受けた。胃に続く十二指腸でも潰瘍がときどきあったが、それも切除したので、それからは胃の調子は良く、胃潰瘍は再発していない。この手術は体重を減らすにも効果が有った。一キログラムの減量につき一〇〇〇ドルかかったが、これはC‐5輸送機における重量軽減に必要な費用を判断する際の基準値と同程度だ（訳注2）。

こうした病気と治療の期間を通じて、リンデロ牧場とスターレーン牧場は良い休息の場所になった。スターレーン牧場に移って一年後の一九六四年、私はロッキード本社の取締役会の一員になった。翌年、妻のアルテアは普段の元気がなくなり、体力の低下を感じるようになった。診察の結果、がんである事が判明した。

これは我々二人にとって衝撃的だった。二度手術をしたが、このがんから回復できない事が、妻にも私にも分かった。妻は落ち込んで、私に負担をかけるよりはと、睡眠薬を飲んで自殺を図った事がある。幸いこれは牧場での事で、私はその日は会社での仕事を予定より早く切り上げて家に帰ってきた。私は妻を直ちに病院に運び込んだので、妻は更に数年間、生きる事ができた。

数年前に、飲酒運転の車が我々の車に横からぶつかったひどい事故で、妻は頭部に負傷したが、それが後年の彼女の体調不良の一因になったのではないかとも感じている。

この時期はとてもつらい時期だった。友人のフォード医師は、良く我々の家に来てくれた。勤務の後に来て、そのまま泊まってくれた事も有った。フォード医師は妻ばかりでなく、私の心臓の痛みにも対応してくれた。彼が泊まってくれたその夜に、私は狭心症を起こしたのだ。

妻の願望の一つに、カリフォルニア工科大学に基金を寄付して、私の名前を冠した講座を設置する事が有った。妻はその手配をしてくれ、その講座は私の死後に開設されるよう、基金が設定された。妻は更に三度の手術を受けた後、一九六九年一二月に亡くなった。

妻は墓地に埋葬される事を希望しなかった。火葬にしてもらい、遺灰を彼女が愛したスターレーン牧場に撒いてもらう事を望んだ。しかし、それは法的には許されない事が分かった。そのため、フォード医師、テストパイロットのトニー・レビアを乗せて、私が小型機を操縦して、幸せな時期には乗馬を楽しんだ丘陵地帯の上空から、サンタバーバラ湾を経て海上遠くまで飛んで、遺灰をまいた。そこでは、彼女の最後の希望である遺灰の散布は許されていた。

第16章　スカンクワークスが秘密にしていない事

スカンクワークスが何をしているかは秘密である。しかし、仕事をどのようにやっているかは秘密ではない。

私は長年にわたり、他の人たちにスカンクワークスの業務実施上の原則や、仕事の方法を採用するように勧めてきた。基本的な考え方だけでなく、具体的なやり方も何度か紹介してきた。しかし、それが採用される事はほとんどなかった。例外的に採用したのは、ロッキード・ミサイル・アンド・スペース社におけるアジェナD人工衛星の開発作業だった。また、陸軍も師団防空火器システムの開発で採用した。

しかし、私がこれまでやってきたような、新しい航空機を設計し製造する手法は、これからはできなくなるのではないかと心配している。スカンクワークスでさえ将来は、これまで成果を上げてきた従来の手法で運営する事は不可能になるだろう。スカンクワークス方式で会社を運営するには、一人の人間に絶対的かつ最終的な権限を与える事が必要不可欠だが、これからは社内、社外の圧力が大き

スカンクワークスのキャラクター

くなるので、委員会方式や会議を中心として、関係者の合意を得ながら進めるやり方になって行くだろう。

必要な事項を即決し、それを速やかに実行するのが、スカンクワークスが成功できた基本原則である。少数の、非常に有能で責任感が強いメンバーが力を合わせて働く事も必要だ。報告書などの書類の作成を減らし、開発に従事する全員に参加意識を持たせて、それぞれの開発段階で高い士気が保たれるようにする事も基本的に必要な事だ。有能な人間による少人数のグループで作業する事により、作業を速やかに進めると共に、開発作業の細かな点まで目を配る事が出来る。

私が以前にホール・ヒバードから学んだ、部下を無理に働かせないという考えは、スカンクワークスでも役に立った。最善を尽くす様にはげませば、全力で働くものだ。例外的な状況を除けば、長時間労働を強いる事は無かった。

「もし君が徹底的に考えてもその仕事の見通しがつかないなら、残業して時間をかけてもその仕事はやりとげれないよ。」と私は部下に言ってきた。

我々が目的としたのは、難しい問題に対して、常識を働かせて、より良い解決策を、より安くより速く得る事だ。その解決策で上手く行くなら、それを変える必要はない。

「単純に考え、実行する。」が我々のモットーだ。

「速やかに、黙って期限を守れ。」がもう一つのモットーだ。

「他人の意見を良く聞け。自分がしゃべるだけでは何も学べない。自分の考えを修正できる能力で、その人間の賢さが分かる。」

こうした考え方で、スカンクワークスは時間、費用、担当者を減らす事ができた
ロッキード社のスカンクワークスの場所は最初の場所から四回移動した。最初は、一九四三年のエンジン輸送用木箱とテントを用いた作業場所で、最初の開発プロジェクトであるXP‐80ジェット戦闘機を一二〇名の人員と一四三日で完成させた。その時の設計技術者はたった二三名だけだった。ジェットスター・ビジネスジェット機の開発では設計技術者は三七名だった。何年か後のU‐2偵察機の開発では、試作機担当技術者と量産機担当技術者の双方合わせて、技術者の人数は五〇名だった。U‐2偵察機よりはるかに難しかったSR‐71偵察機の開発でも、設計技術者は一三五名だけだった。

現在の名前のスカンクワークス№5は、一九六三年一月に妻のアルテアが付けた名前だ。それま

でにスカンクワークスは一七の大型開発計画を手掛け、その他に二つの開発計画に参加していた。

スカンクワークスが秘密にしていないもう一つの事項に、スカンクワークスの人間関係がある。スカンクワークスでは深刻な労働問題は一度も起きていない。組合とは良好な関係を保ってきた。組合の委員長は、我々が問題を抱えている時にそれを説明すると、それを前向きに受け止めてくれていた。組合の職場代表委員も同様だった。ネバダ州の試験場では、私は職場代表委員から職場の問題点について話を聞くようにしていた。彼らの話は具体的で、多くの問題点を話してくれた。私はいつもそれらについて何とかしようと努力していた。

ある時、ロッキード社でストライキが起きそうな時、ロッキード社の従業員が属するＩＡＭ（国際機械産業労働者組合）七二七支部の支部長のトム・マクネットは私に「ジョンソンさん、もちろんだがスカンクワークスではストライキをしないよ。」と言ってくれた。

短期間のストライキは有った。ロッキード社の工場では、これまで労使関係は非常に良好だった。実際、ロッキード社は一九四〇年代初めに発行された、政府の「良好な労使関係」のパンフレットで、良いお手本として紹介されている。

組合がスカンクワークスに抗議行動をした証拠が必要な場合は、正門の横に入場禁止線が設置された。しかし、組合は操業を続ける事は認めてくれた。

私は在職中に、現場作業員が行うべき作業を、管理職の私が行ったと言う事で、労働組合から二、三〇通の苦情申立書を受け取っている。例えば、ジェットスター・ビジネス機のドア取付金具の溶接作業を、自宅の作業場で行った事がある。しかし、これらはひどく悪い事をしたとは受け取られていない。従業員たちは会社のトップの幹部が、現場作業員と同じような作業をするほど、仕事を真剣に考えている事を、楽しんで見ていたと私は思っていた。

従業員が私と違う意見を持っている時には、その従業員に二五セントを賭けようと声をかける事もあった。私はこれ見よがしに二五セント硬貨を持ち歩いていた。それは単なる硬貨ではなくて、それを貰った従業員に取って、ボスに勝った証拠の記念品となるからだ。従業員をやる気にさせる一つの方法だった。そして、私は時には、負けて二五セント硬貨を取られる事もあった。

スカンクワークスでは従業員が製作中の実機に触れる機会を多くして、従業員が開発の状況を直接的に分かるようにしていた。そうすれば、従業員は自分が作っている部品に責任を感じるだろう。もし部品を修正する必要が生じれば、その部品の修正をすぐ行うようになる。

設計変更をする場合には、技術者は現場へ出かけ、関係者全員に説明するようにしていた。私は設計担当者、材料を緊急に入手してもらう事がある購買担当者、治工具係、実際に部品を製作する現場作業員などと、密接に情報交換をするようにしていた。それを構想図を描き始めた時から、機体が完成して初飛行するまで、続けるようにしていた。

機体の開発に密接に関係してきた全員に、その機体の初飛行を見せるようにしてきた。これはスカンクワークスの最初の機体、ＸＰ‐80戦闘機の時からやっている事だ。関係者をバスで砂漠の試験用の飛行場へ運び、初飛行の後は祝賀会を行った。その際に腕相撲大会をするのが習わしになっていた。

従業員の家族とのつながりの機会を、できるだけ持つようにする事も重視していた。現在のスカンクワークスの工場の開所式では、新しい工場に全従業員とその家族を集めて、夕方に懇親会を開いた。従業員の家族にはスカンクワークスの仕事について、可能な範囲で説明をした。しかし、翌日からは、必要が無い人間に対しては厳しく秘密を守る規則を適用するようにした。

秘密保全規則が，個人的な事情を配慮せず、融通が利かないのはやむを得ない事だ。例えば、人間的にも優れて、尊敬すべき有能な技術者が、政府側にとって許容できない政治的信条を持つ親戚がいる人と結婚する事が有り得るが、その場合は彼を秘密が要求される仕事には従事させられなくなる。これはつらい状況だが、たとえ彼と親しくても、秘密関連の仕事からは離れてくれと言わざるを得ない。

たいていの会社は、その有効性は認めても、スカンクワークス的な組織運営にするために、業務の実施方法や規則を変更する手間と費用を掛けようとはしない。他社では、スカンクワークスの設立の時以来ロッキード社がやっているように、一個人に全権限を与える事はしない。一個人に全権限を集中するには、経営者側に信頼と大きな勇気が必要だ。

スカンクワークスの顧客である米軍と、勤務先のロッキード社から権限が与えられていなかったら、リスクがあってもやるべきだと思って実行してきた多くの事を、実行に移す事が出来なかったと思う。

スカンクワークスの仕事に対する考え方では、作業は速やかに、過剰な費用を掛けないようにし、設計内容をリスクの程度に応じて修正する事にしている。開発を行う際の実行方法は機体により異なり、どの機体にも当てはまる方法が有る訳ではない。

私は、航空機の設計、製作をする人は、飛行試験にも関与すべきだと思っている。新しい航空機を設計する能力を養うのに、飛行試験を経験しておく事は重要である。私は飛行試験は、自分の設計、製作した航空機がうまくできたかどうかを確認する良い手段だとずっと思ってきた。試作機や改良型の飛行試験で、パイロット達と一緒に作業した事は、非常に勉強になった。パイロット達について、私は特別な人達だと思っていて、高く評価すると共に尊敬している。もし自分が設計した航空機に対して、責任を負わず、飛行試験で確認する権限が無くなったら、その時点から我々の設計能力の低下が始まる。新しい航空機を開発する上での、競争力を失ってしまう。

私は好ましくないと思っているが、最近では、直接的に設計開発作業を担当していない人達による審査や委員会、会議、コンサルタントの勧告に従って設計を進める傾向がある。ひどい失敗は無くなるだろうが、輝かしい成功も無くなるだろう。大きな発展は、洞察力にあふれた個人の発想から生まれるものなのだ。

原爆、サイドワインダー空対空ミサイル、原子力潜水艦などの、米国で成功した目覚ましい開発計画の幾つかは、それまでの通常の方法とは異なる開発方法により成し遂げられてきた。

私が空軍の開発計画に全力で取り組んでいた時には、スカンクワークスのどんな問題に対しても、空軍に短時間内に決定を下してもらう事が出来た。例えば、私はデイトン市ライト飛行場の空軍航空機開発センターの、私の相手役に何かあればすぐに電話をして話す事ができた。彼はその開発プロジェクトを担当している少人数の事務局の長で、その開発を最後まで担当する事になっている。電話をすればその日の午前中に結論を出してくれた。今では、こんな事は通常の業務実施要領では許されていない。最初の内はこのようなやり方を採用してもらうのは難しかった。こんなやり方をする事は、通常の業務方法を捨ててしまう事になるからだ。

ロッキード社は我々に業務上で必要な権限を与えてくれたが、設計のための施設も与えてくれた。先進的な設計を行うのに、試験研究設備は基本的に必要である。ロッキード社の経営陣は、会社が出来た初期の頃から、この点については将来的な展望を持ってくれていた。ロッキード社はP－38戦闘機の設計を行っている時期に、民間企業としては初めて、自社の風洞を建設したが、現在はライキャニオン研究センターに、航空宇宙産業で最も充実した先進的な試験・研究設備を持ち、運営している。(この研究センターは一九八三年にケリー・ジョンソン研究開発センターに名称を変更した。)

一九五四年、私が主任技術者だった時、私はこのような研究センターの検討作業のために、会社の首脳部のグロス兄弟、シャペレット、ヒバードに一〇万ドルの予算を認めてもらった。その当時の構想には、超音速風洞も入っていた。現在では、極超音速風洞、超高速風洞、推進系統用風洞、真空試験室、電波暗室、低温試験室、音響試験室、熱環境試験室が設置されている。地上で、機体に飛行している時と同じ環境を与えたり、さまざまな供試体により予想運用寿命の何倍もの時間の使用状況を模擬する事は、それ自体、一つの技術分野になっている。航空機が飛行試験段階に達するずっと前に、その航空機がどう飛行するか、どのような機動飛行ができるか、装備している各系統の欠点はないか、どこが壊れそうか、などについて非常に正確に予測できる。このような高性能な研究設備が無かったら、スカンクワークスは、これまで開発してきた様な先進的な航空機を製造し飛行させる事はできなかっただろう。

ライキャニオンはサンガブリエル山脈の麓の、市街地から離れた、未開発の美しい場所で、そこに一〇〇万平方メートル規模の新しい研究センターを作ったが、その場所に決める前には他の場所も検討した。

最終的にライキャニオンに決めたのは、そこがバーバンクとパームデールの工場からほぼ等距離で、便利だと言う事が影響した。周囲の丘陵が、外部の目を遮り、風洞などの試験設備からの騒音が外部に影響するのを防いでくれる。最初、一九五八年に八〇万平方メートルの土地を購入したが、現在では二〇〇万平方メートルの広さに拡大されている。この研究センターは全て会社の負担で建設したものだ。各研究施設は、使用計画上で可能であれば、ロッキード社の他の事業部だけでなく、他社や政府機関の仕事を請け負う事がある。

スカンクワークスでは、通常の場合、私は午前七時に仕事を始める。問題が起きた時には、午前六時に会社に来て、軍の事務所があるワシントンとの三時間の時差に対応するようにしていた。ほぼ毎日、重要な問題に取り組んでいる技術者達と会議をした。ほとんどの場合、そうした会議に私の部下の中で最も上位の三名が参加した。スカンクワークスでは役職名はない。その三名は、ディック・ベーム、ラス・ダニエル、それに現在のスカンクワークスのトップのベン・リッチである。リッチは私から二五セント硬貨をせしめた事がある数少ない部下だ。賭けの対象となったのは、オックスカート（A‐12偵察機）で、機体の表面塗装により機体表面の温度がどれくらい変化するかについてだった。私は飛行中の機体表面温度は二五度低下すると予測した。リッチは熱力学の専門家で、五〇度は下がると断言した。彼が正しかった。温度は五二度低下した。

こうした朝の会議は短時間で、打ち解けた雰囲気で行われた。私は要処置事項や、当日やその週の業務予定を書くのに、無地で黄色の用紙を使用していた。大半の技術者が使用している罫線入りの用紙は、私は好きではなかった。この用紙を使い始めてから九年して、私の忠実な秘書のバーナ・パームが、この無地の用紙を私のために特注で作らせている事を知った。私は自分では安い市販の用紙を使用して、節約しているつもりだった。パームは私が主任研究技術者になったときに、初めて付けてもらった専属秘書だった。ヒバードと二人でパームに秘書をしてもらっていたが、私が主任研究技術者になって専属の秘書を付けてもらえるようになった時、ヒバードはいつもの親切心から、新しい職務を担当する際に、秘書は変わらない方が良いだろうと思って、彼女を私に付けてくれたのだ。彼女は退職するまでの一八年間、私の秘書を続けてくれた。

スカンクワークス流の仕事の進め方を実際に適用すると、それは効果を上げた。成功例の一つに、アジェナD人工衛星モジュールがある。ランド社はその開発の過程を記録にまとめ、興味を持つ人ならだれでも読む事ができるようにしてくれた。

この人工衛星モジュールは、米国の宇宙開発において様々な人工衛星と組み合わせて使用される事になっていたが、設計とコストで問題が有った。特に、信頼性が問題で、成功率は驚く程低くて、一三・六パーセントに過ぎなかった。私はこの人工衛星モジュール担当のロッキード・ミサイル・アンド・スペース・カンパニー（ＬＭＳＣ）社にかかりきりで問題の解決に当たる事となった。スカンクワークス流のやり方を、ＬＭＳＣ社のアジェナＤの主任技術者のフレッド・オグリーンを筆頭とする開発チームに適用する事にした。空軍ではハンク・クシュマン大佐が担当だった。

オグリーンの上げた素晴らしい成果は、リットン・インダストリー社に注目され、後に彼はリットン・インダストリー社の社長、そして会長になった。クシュマン大佐は将官に昇進して、フロリダ州エグリン基地にある、空軍の兵器開発部門担当の司令官になった。

このケースでもスカンクワークスの仕事のやり方の正しさが証明された。スカンクワークスでは、優れた社員がいる場合、彼に思う存分に仕事をさせれば、彼は良い成果を上げると考えている。現在ではこの考え方は、女性社員にも適用すべきだろう。

アジェナＤ衛星モジュールの開発状況を調べていて最初に気が付いたのは、品質保証部門だけで一二〇六名が従事していて、それでも信頼性は一三パーセントでしかない事だった！　これだけの品質保証部の人員がいれば、世界で最も信頼性の高い人工衛星ができるはずだ。品質保証だけでなく、設計と製作だって十分に出来るほどの人員数なのだ。

この人工衛星の水平姿勢センサーを製造しているベアード・アトミック社に、ＬＭＳＣ社は四〇名の社員を派遣して検査、業務の調整、報告をさせていた。それなのに、製造業者のベアード社では、そのセンサーの仕事に三五名しか従事していないのだ。このような状況を、製品の品質に関する責任を、その製品の製造会社に移管する事で解決した。スカンクワークスのいろいろな機体で、ベアード社の社長のウォルター・ベアードとは一緒に仕事をした事があったので、彼に直接電話をした。彼はすぐに自分の会社が品質保証責任を負う事を了承した。

他の機器製造会社でも、品質保証責任をその会社が負う事に同意してくれた。権限の委譲は、スカンクワークスの基本的な原則である。機器製造会社など、開発計画に直接的に参加している会社には、開発作業に関して我々が独自の業務要領や権限を持っているのと同様に、作業方法や責任をその会社にまかせるべきなのだ。そうする事で、官僚主義的な統制を受けなくてすみ、コストを削減でき、関係者は管理システムより製品そのものに集中する事ができる。単純な事だ。

他の対策も適用したので、政府は少なくとも五〇〇〇万ドルを節約できた。このスカンクワークス流の仕事のやり方により、当初予定していた一八か月の開発期間は九か月に短縮できた。三九〇〇点作成する予定だった図面は、三五〇点程度で済み、品質保証担当の人員は六九名にまで削減できた。治工具の費用は二〇〇万ドルの予定だったが、一五万ドルに下がった。作成した図面を正式に発行するのに要する期間を、一ヵ月から一日に減らせる手順を設定した。こうした対策は効果を発揮した。最初の一二回の打ち上げで、信頼性は九六・二パーセントに向上した。

しかし、スカンクワークス流の手法を適用する試みは、毎回成功するとは限らなかった。その例としては、米陸軍のリジッド・ローター方式のヘリコプターであるＡＨ‐56シャイアン攻撃ヘリコプターの開発がある。

陸軍はスカンクワークスの開発方法に興味を持つようになった。そのやり方なら従来の開発方法より開発期間が短く、変更にも柔軟に対応でき、開発費用も安く済むと思ったのだ。

このヘリコプターの開発に備えて、私は非常に有能な技術者で、開発の責任者となる事が予定されていたジャック・リアルと彼の部下の係長六名をスカンクワークスに呼んで、六か月間スカンクワークスのやり方を勉強させた。

バン・ナイズ空港に大型格納庫を借りて、そこに明るい設計室など設計作業に必要な環境を準備して、リアル達が作業できるようにした。私はリアルに、これから設計するヘリコプターでは、どのような工具でも良いが、六種類の単純な工具だけで整備できる事、と言う条件を付けた。これは難しい条件である。私は優秀な設計者は、製品の設計を単純な設計にしたいと考えると思っている。しかし、時には設計作業自体を楽しむあまり、設計を不必要に複雑にしたり、使い難くする事がある。

リジッド・ローター方式は、ロッキード社のアール・カルバーとフランク・ジョンソンが早い時期に手掛けたが、それまでのヘリコプターのローター方式よりずっと単純で安全であり、小型のヘリコプターでは成功している。AH‐56シャイアンは、リジッド・ローター方式を採用した最初の大型軍用ヘリコプターである。シャイアンは、性能と機動性が高く、対空砲火からの退避運動が容易にできるように設計され、超低空飛行には理想的な機体になるはずだった（訳注1）。

リアルの設計チームは、陸軍の要求性能を満足する機体を設計するために、スカンクワークスのやり方を喜んで採用して、作業を始めた。しかし、六カ月もしない内に、彼らの開発チームでは、購買部門の人数だけでも、スカンクワークス本体で七機種を担当している技術部門の人数より多くなっていた。開発チームはこれまでと同様に、書類作業に忙殺されていた。

陸軍は安全確実を期して、新しい武器システムの開発と調達に、一〇カ所の試験センターや基地を関与させていた。このように多くの組織が設計、開発に関係していて、陸軍を代表してまとめる人間がいない場合には、スカンクワークス流のやり方は上手く行かない。

顧客側にも、スカンクワークスの責任者と開発チームに対応する、少人数で、全面的な権限を持つ開発管理部門が有る事が、絶対的に必要である。通常の開発方式でやってきた人達は、この考え方を容易に受け入れられない。担当者に全面的に権限が委譲されていなければ、我々のやり方は機能しない。

シャイアンの開発は、ローター系統の問題が生じたために中止されたが、私はそれは賢明な決定ではなかったと思っている。ローターが壊れて、試験機が失われた。我々は原因を究明出来た。原因はローターのホワール・モードのためで、その解決方法も分かった。しかし陸軍は開発を中止し、改めて白紙からやり直す事にした。

その結果、開発されたヘリコプターの性能はＡＨ‐56シャイアンより能力が低かった。その開発費だけでも陸軍は四五〇機のシャイアンを調達できたはずだ。シャイアンの開発契約が中止された時点で、陸軍では一四五名が開発作業を管理していた。それとは対照的に、スカンクワークスのＵ‐２型機やSR‐71型機の開発の時には、CIAや空軍の担当者は六名以下だった。

軍が武器システムの開発方法を、より短期間により安くできるように改善したい意向は理解できる。重要な新しい開発計画を進めるには決断力が必要だ。五年も一〇年も前に、開発作業中に起こりうる技術的な問題点を全て予測し、解決策を考えておくのは不可能なので、状況の変化に対応して思い切った決断を下す事が必要になる。

陸軍はもう一度スカンクワークスのやり方を試みる事にし、今回は上手く行った。師団防空システムの対空火器とレーダーの初期計画において、開発への参加を希望している六社に、私は開発計画について説明する事を求められた。各社の代表者はスカンクワークスで数日を過ごした。彼らは陸軍から、数十億ドルの規模になる可能性のあるこの計画について、スカンクワークスの「一四か条の原則」に基づき提案を行うよう指示された。

そのスカンクワークスの基本原則は、
一、開発責任者は担当する開発計画に関して、あらゆる面で、実質的に全ての権限を与えられる事。彼の直属の上司は、担当事業部長以上の職位の人間であること。
二、軍、民の双方とも、強力だが少人数の開発管理部門を設ける事。
三、開発に関係する人数は最小限に制限する事。担当させるのは、少人数の能力の高い人間だけにする事（通常の考え方の場合の一〇から二五パーセント程度の人数とする。）
四、図面の作成と発行方式は簡単にし、設計変更に柔軟に対応できるよう配慮しておく事。

五、報告書は最小限しか作成しない。しかし、重要な事項については完全な記録を残す事。
六、月ごとに費用の調査をする事。すでに使った分と支払いを約束した分だけでなく、開発が完了するまでの費用全体を確認する事。集計を三か月も遅らせて、突然の予算超過で顧客を驚かせてはならない。
七、主契約者の企業は、適切な下請け業者を選定する権限を持ち、選定責任を負う事。民間の見積り方式の方が、軍用の見積もり方式より適している事が多い。
八、スカンクワークスで現在採用している検査方式は、空軍と海軍に承認されており、軍の規定を満足しているので、新しい開発プロジェクトでも採用すべきである。品質保証の責任は、各自の担当分については、基本的に下請け業者や機器製造業者に負わせる事。検査を重複して過剰に行う事は避ける。
九、企業は、完成した製品の飛行試験を実施する権限を持つこと。完成後の初期段階の飛行試験の実施を担当すべきであるし、実施しなければならない。試験を行わないと、その企業は将来の機体を開発する能力が低下する。
一〇、製品に対する要求仕様は、契約までに顧客との調整を完了する事。スカンクワークスで行っているように、軍からの要求仕様書の中に、適用規格の中で意図的に適用を除外する項目とその理由を明記する事を強く勧める。
一一、開発予算からの支払いは適切な時期に行われ、企業が政府との契約実行のために、銀行へ駆け込む事が無いようにする事。

一二、軍の開発担当組織と開発担当企業の間には、相互に信頼感があり、日常的に密接な協力と連絡調整がなされる事。そうする事で、誤解が生じる可能性と、文書のやり取りを最小限に出来る。

一三、部外者が必要がないのに開発関連の情報を得たり、関係者に接触するのを、適切な保安手続きにより厳格に制限する事。

一四、設計や他の関連業務を担当する人数は少ないので、給与は部下の人数ではなく、仕事の成果で評価する事。

私が初期の頃のスカンクワークスとは何かを説明した内容は、現在でも通用する。

「スカンクワークスは、有能な人間の少人数の組織である。新しい機体を開発するのに当たり、可能な限り最も単純で直接的な方法を採用する事で、先進的な課題を同業他社に比べてはるかに少ない費用で解決する。その作業方法の実体は、非常に難しい問題に対しても、一般的、普遍的な考え方を適用して対応する事である。」

私がその当時のスカンクワークスの従業員に対して約束した事は、現在でも通用する。

「私は諸君に挑戦的で、意義のある仕事を与え、適正な給与、昇進の機会、我が国の防衛に貢献できる機会を提供する。私は諸君が仕事をする上で、適切な管理と開発計画を提供し、仕事のために良い設備と場所を用意する……。」

スカンクワークスの従業員は、私がスカンクワークスとその従業員を信頼していたと言ってくれる

垂直離着陸可能なXFV-1艦載戦闘機の構想は成功しなかった。ケリー・ジョンソンは、航空機の開発を行っていて、その開発が成功しないと判断した場合には、それまでに投資した費用や労力にこだわらず、中止を勧める事をためらわなかった。

だろう。大事なのは誠実である事で、私は自分が良いと思う機体でなければ、機体を完成させた事は一度も無い。その例としては、前にも述べた液体水素燃料の機体、一九五〇年代の原子力エンジンの機体、垂直離着陸用のＸＦＶ‐１試験機がある。ＸＦＶ‐１は海軍が開発を要求した機体だが、我々は海軍に、開発が行われる一九五〇年当時のエンジンでは、エンジンの馬力が低すぎるので、危険な機体になると警告した。海軍は開発を中止する事に同意した。

私はロッキード社の社長への就任を三度要請されたが、三度断った。私にとって、会社の中で、先進開発プロジェクト社（ＡＤＰ：スカンクワークスの現在の名称）のトップである以上の職はない。私は自分が一二歳の時からやりたいと思っていた仕事をやっているのだ。

第17章 愛する妻との別れ

妻のアルテアは亡くなる前に、私に再婚を約束させた。彼女は私に一人で孤独な暮らしをさせたくなかったのだ。しばらくの間、私は一人で暮らした。この時期は幸いにも仕事が忙しい時期で、一人暮らしは苦にならなかった。しかし、自分でもこのままの生活を続ける事が出来ない事は分かっていた。私は仕事を愛しており、他の人に比べて、いつも仕事に恵まれていた。しかし、人生は伴侶と共に歩むべきであり、私生活を楽しく過ごす事で、仕事とバランスを取るべきだとも信じてきた。

その頃の私の秘書は、メリレン・エルバータ・ミードと言う、かわいい、小柄な赤毛の女性だった。彼女は私の秘書を一〇年勤め、ここ二年間は実質的には私の管理業務の補佐役もしてくれていた。彼女は美しいだけでなく、教育があり才能に恵まれ、以前はバレーを習っていた。彼女は私にとってだんだん重要な存在に成って行った。一九七一年五月、私は彼女と私の牧場の近くのソルバングの町の小さなルター派の教会で結婚式を挙げた。新婚旅行にはハワイに行った。

仕事だけでなく、個人的な生活でも幸せを取り戻した。彼女も幸せだったと思う。妻と言うより恋人と言える存在だった。しかし、それは一年半ほどしか続かなかった。

短くも幸せで楽しい時間を一緒に過ごし、メリレンは私と同じく、スターレーン牧場を愛するようになった。時間が有るときは一緒に馬に乗って牧場の中を巡った。彼女はゴルフも始め、私がずっとメンバーであるトルカ湖のそばのレイクサイド・ゴルフ・コースでプレーした。彼女は初心者だったので、ハンディキャップが同じ程度の、友人のナンシー・パワーズ・ホリガンと良く一緒に回っていた。

しかし、数年前にメリレンは糖尿病である事が分かっていて、治療で抑えていたが病状が悪化した。最初に悪い症状が出たのは視力だった。あらゆる治療を試みた。網膜の血斑を減らすためにレーザー治療を何百回も受けたが、効果はあまり無かった。

スタンフォード大学で開発された手術方法が有望そうだった。彼女はその手術を二度受けた。二度目の手術は眼球全体を摘出しなければならないかも知れないと分かっていても手術を受けた。彼女は視力が少しでも残るなら、あらゆる治療を受ける決心をしていた。手術は大きな苦痛を伴ったが、残念ながら効果が無かった。視力は徐々に衰えて行った。彼女は字を読むのに、テレビの画面程の大きさの拡大鏡を使った事も有った。最終的に彼女は両眼の視力を失った。

メリレンは腎不全になり、人工透析を一年以上行ったが、腎臓の移植を望むようになった。検査をしてみると、彼女の姉妹のイレーネの腎臓が移植に適合する事が分かり、イレーネの腎臓を移植する手術を受けた。拒否反応を抑えるには、数年間に渡り繰り返し処置を受ける事が必要だったが、最終的に移植された腎臓は上手く機能し、腎不全は解消された。それと平行して、メリレンはミネソタ州ロチェスターのメイヨー・クリニックで別の手術を受けた。姉妹から膵臓の一部を移植したが、一週間しないうちに拒否反応を起こした。

一九七五年、私は半ば引退する事にした。メリレンの治療にいくつもの病院に予約をして連れて行く必要があったのだ。ある時期には、一週間に三つから七つの病院で診察を受けた事もある。

メイヨー・クリニックに入院している時、彼女の右足の親指に腫れが見つかった。糖尿病の患者にとっては、壊疽の危険性があるので非常に危険な状況である。彼女がカリフォルニアに帰った後、何か月もしない内に親指、次いで右脚の膝から下を切断しなければならなくなった。彼女は義足を付け、義足での歩き方を覚えて、杖を突いて歩いていた。一年間の内に彼女は大きな手術を五回も受けた。

視力を失ったので、メリレンは体のバランスが取れなくなり、移動するのは車いすが必要になった。つらい状況が長く続いたが、彼女は勇気を失わなかった。彼女は私がアルテアの病気の時につらい思いをした事を良く分かっていて、再び同じ思いをさせたくないと思っていた。彼女を良く見舞ってくれる友人で、私が仕事でメリレンを治療に連れて行けない時に助けてくれたのはナンシー・ホリガンだった。しかし、大きな手術の時は私がメリレンに付き添った。

メリレンの体調は別の病気で悪化した。彼女は狭心症に見舞われた。体力が低下し、体重は五三キロから四〇キロに減少した。

メリレンがインシュリン注射の分量を間違えて意識不明になり、彼女を病院に急いで運んだ事も何回か有った。彼女の病状は安定していなかったので、インシュリンの量を判断するのは難しかった。私は彼女の血糖値を測定する測定器を購入し、一日に何回か行うインシュリン注射の量を決める事にした。バレー・プレスビティリアン病院のハワード・ローゼンフィルド医師は、ずっと私達の面倒を誠実に見てくれた。

一〇年間の結婚生活の大部分は、悪くなる一方の体調との、長くつらい戦いだった。私自身も健康問題を抱えていた。一九七〇年には私は、胃を半分切除した。それによって胃潰瘍は起きなくなった。その後、誤って飲み込んで、下部結腸まで行ってしまった竹の切れ端を取り除くための、不愉快だが単純な手術も受けた。心臓の冠動脈のバイパス手術も受けた。手術は上手く行き、健康を回復した。

しかし、メリレンは最後の一年間はほとんど寝たきり状態だった。最後まで彼女を良く見舞ってくれたのは、ベン・リッチの妻のフェイ・リッチとナンシー・ホリガンだった。

私は、自分自身が病院や医師の世話になり、医療の現場を経験したので、家族が大々的な治療を受けたり、本人が大きな手術、不治の病、その他の何であれ病院に通わねばならない場合の助けになりたいと考えた。私はバーバンク市のセント・ジョセフ医療センターに、ホスピス病棟を寄付する事にした。その病棟は簡素な内装の部屋が二〇室で、そこでは患者の家族が快適に宿泊、休憩、入浴ができ、電話などの設備があり、患者を慰め、安心させるために近くにいる事ができる。一九八〇年代の中ごろには完成する予定である。

死期が近い事を悟ったメリレンは、アルテアと同じく、私に一人で孤独な暮らしをしてはいけないと言った。最愛の妻は一九八〇年一〇月一三日、エンシノ市で亡くなった。

彼女をサンフェルナンド・バレーを見下ろす、緑の丘の中腹に葬った。多くの友人、スカンクワークスの仲間たちが来てくれた。葬儀の参列者が去って行くと、私は墓地に一人で残された。ナンシー・ホリガンは私が一人で立っているのに気づくと、私の傍らに来てくれた。私達は一緒に丘を下って行った。彼女はここ七、八年の間、メリレンだけでなく。私もしっかりと支えてくれた。彼女は濃い茶色の美しい髪で、知性的で素晴らしい人物だった。私はこれからも彼女の助けが必要な事に気付いた。メレリンの死のわずか一か月後に私は彼女に結婚を申し込んだ。ナンシーは早すぎると見られるのを心配した。私はだれかがそう思うとしたらそれは残念だが、他人がどう思うかを私は気にしないと答えた。人生は短いのだ。私はメリレンの最後の数年、彼女の苦しみを一緒に味わいながら過ごす事で、彼女に対する私の愛情と感謝を表してきたと思っている。

「過去は過去として、これからの人生を生きて行こう。」と私は彼女に言った。「人目を気にして時間を無駄にはできない。新しい人生を一緒に始めよう。」と彼女に結婚を申し込んだ。ナンシーは同意し、我々はその年の一一月に結婚した。

第18章――自分の国を守る

国防計画を作成する際に危険な事は、第二次大戦をもう一度繰り返すとして計画を立てる事だ。これから起こりうる戦争では、その危険を認識して計画、準備した側が勝利者になる。もし第三次世界大戦が起きるとすれば、それはこれまでとは大きく異なる戦争となるだろう。

米国の現在の国防計画は本当に役に立つだろうか？　将来の事態を十分に考慮しているだろうか？　必要以上のリスクを冒していないだろうか？　投じる費用に見合う効果が期待できるだろうか？　費用が掛かりすぎていないだろうか？　国の防衛は「金がかかりすぎて実行不可能」だと言われる事があるが、本当にそうだろうか？　長い歴史の流れの中で、米国は歴史上最も豊かな国でありながら、戦争に敗れて滅亡した国にならないだろうか？

それとも、新しい技術革新に応じた防衛力を整備できる財政的余裕のある国はもはや無いと考えて、戦争をする事はこれからは考えられないという前提の上に、国防を外交政策にゆだねる事になるのだろうか？

人類の歴史を振り返って見ると、そうはならないようだ。文明はこれまでも「究極的な兵器」により繰り返し破壊されてきた。

長弓やその後に出現したクロスボウ（弩）の発明は、出現した時には、現在から将来にかけての究極的兵器である原子爆弾、レーザー兵器、高エネルギー粒子兵器と同じくらい戦争には大きな影響を与えた。

人がまだ裸馬にまたがって戦争をしていた時代には、馬を挟み付ける膝の力と、たてがみを引っ張る事だけで馬を操ってきた。そのため、徒歩の兵士でも騎馬の兵士を馬から引きずり降ろし、刀で刺したり石斧で殴りつける事が可能だった。しかし、騎馬の兵士にとって航空機の操縦系統に相当する、手綱、鞍、あぶみが発明されると、徒歩の兵士が騎馬の兵士と戦う事は極めて危険な事になった。

英国で発明された長弓は、フランスの騎馬武者を当時の常識を覆す、四〇〇メートルの距離から殺傷する事が可能だったので、ローマ法王が「長弓を使用する者よ、呪われよ」と言わねばならない結果をもたらした。名も無い農民上がりの兵士が、高貴な身分の騎士を倒すなどとは、それまでは考えられない事だった。長弓は速射能力にも優れていた。ヨーロッパ本土で最初に使用されたのは、一三四六年のクレシーの戦いだったが、英国側は長弓の射手が矢を数秒間隔で発射する事で、フランス側を殲滅した。

クロスボウは発射間隔は長いが、弓を引き絞るのにクランク機構を使用するためより強力で、より遠くまで矢を飛ばす事ができる。

次に戦争に大きな影響を与えたのはケンタッキー・ロング・ライフルだった。ライフル銃は一五世紀から存在したが、ペンシルベニア州に移住してきたオランダ人が開発したこの銃は、一八〇三年に戦場に現れると、その高い命中精度で、英国の長弓より大きな影響を与えた。と言っても、この銃が戦場で重要な役割を果たしたのは、殺傷効率が高いだけでなく、発砲時の煙と音が馬を驚かせたからでもあった！

第一次世界大戦で使用されたマスタードガスは、そのあまりの残虐性のために、全ての国家によりその使用は違法とされた。毒ガス兵器は第二次大戦では使用されなかったが、それは戦場では毒ガスが風に乗って流れるので、自軍の有利になるように使いこなすのが難しかったからだ。また、使用した場合の国際的な非難が不可避であり、軍事的な有効性がそれに見合わないからでもある。しかし、朝鮮戦争以降、神経ガスの使用が何回も報じられている。歴史を振り返ると、人類の道徳性の向上により、命がけの闘争が無くなる事はあまり期待できない。

これからは、技術開発競争の結果が世界規模の戦争の結果を左右するだろう。新しい兵器を保有する側が戦争で勝利するだろう。防衛用のレーザー兵器や荷電粒子兵器、攻撃してくる航空機を発見できなくする「ステルス」技術、航法やミサイル発射探知用の人工衛星などがそうした兵器に該当する。コンピューターの能力は、兵器を誘導し標的に正確に命中させる能力を左右するので、戦争に勝利するための最重要な要素になるだろう。

米国は自国の技術を他国に売り渡してはならない。一例を挙げれば、ミサイル、航空機、潜水艦、人工衛星の誘導に用いられる、コンピューターの大容量メモリーに使用する高性能な半導体素子の、最高の性能の物は売ってはならない。

コンピューター関連の技術は、米国がずっと世界をリードしてきた技術分野である。この技術は大陸間弾道弾の防衛に不可欠なものである。大出力のビーム兵器は、宇宙空間の基地からでも地上基地からでも、飛来するミサイルを破壊する事ができる。大陸間弾道弾には一二個もの弾頭を装備する物があり、一六〇キロ以上の高度で、まだ大気圏の外にいる間に、一〇〇パーセントに近い確率で、探知し破壊しなければならない。

迎撃して破壊するのが低高度になってはならない。低高度でミサイルを破壊すると、破壊された弾頭から放射性物質が落ちて来るかもしれない。低高度で迎撃すると、その爆風で自分達の基地や都市に損害を生じる事も考えられる。破壊されたミサイルの弾頭が地上に落下すると、爆発しなくても汚染された塵や破片で大きな被害を受けるかもしれない。

航法用の人工衛星は、潜水艦発射ミサイルを地上発射ミサイルと同程度の精度で誘導するために必要不可欠なものだ。もしこの種の人工衛星を敵の攻撃から守れなければ、発射するミサイルの精度を確保できない。

技術開発競争では何をするかだけでなく、何をしないかも重要な結果につながる。米国の防衛態勢は、何らかの対策を取らなかった事で脅かされる事もありうる。例えば、次の様な事態が考えられる。必要不可欠な物資の入手ルートを確保できない。自国にある資源を有効利用できない。革新的技術を考え出せない。基礎的な研究開発が不十分。研究者、技術者、物理学者を育成する努力の不足。技術の流出の防止に失敗する、などだ。

第二次大戦で米国とソ連が同じ側で戦っていた時には、当然ながら両者の間に、活発な技術の交流が有った。ある種の装備品では、ソ連は米国と同程度かまたはより優れた装備品を持っていた。米国の戦車は冬季の運用ではソ連の戦車に劣る。ソ連の航空機は寒冷対策が米国製の機体より優れているので、米国製の機体がエンジンを始動できないような低温の環境でも運用できる。寒い冬はソ連にとってはありがたい友人のような存在だ。それに対して、米国の戦車はアフリカ戦線での使用を考慮して砂漠対策がされているが、ソ連の戦車は対策がされていないので、砂漠地帯ではすぐに動けなくなるだろう。

意図しない技術移転も有った。米国の飛行機がソ連領内に着陸せざるを得なかった場合、機体を返還してもらうのは極めて困難だった。そのような事態が生じないように、米国側は努力した。しかし、ソ連領内に二機のB‐29が着陸した時には、ソ連はその二機を押収し、それをコピーした機体を量産した。

米国はソ連に対する技術の流出を制限するが遅かった。特に、一見すると特別な技術ではないようだが、戦略的な重要性がある基本的技術については、制限するのが遅れた。

例えば、コンクリートの硬度の測定器は、戦略的な重要度が有りそうには思えなかった。この測定器は米国では橋や道路の強度を測定するのに使用されていたが、ミサイル発射施設の強度測定にも使用されていた。この測定器による測定結果で、発射施設を破壊するのに必要な兵器の破壊力の大きさを判断できる。輸出が差し止めになる前に、数台が輸出されてしまった。

米国の潜水艦はソ連の潜水艦より優れた静粛性を長年にわたり維持してきた。それを可能にしてきた歯車製造機がソ連に売却された事がある。同様に、ミサイルの命中精度を八倍から一〇倍向上させるのを可能にする、高性能なボールベアリングの鋼球の研磨機も輸出された事がある。

米空軍でさえ技術移転に協力した事がある。数年前に米空軍は、一機の航空機が輸送した貨物の大きさの記録を認定された事がある。C-5輸送機で一八トンの大型大電力用開閉器（スイッチング装置）をソ連まで輸送した事で、記録を認められたのだ。その開閉器の用途は何だったのだろう？その開閉器は極めて大きな電力を、ナノセカンド（一〇億分の一秒）単位で切り替えができる装置で、電磁流体力学を利用して、高エネルギーの放射光を電力または原子力を利用して発生させるのに必要な装置だ。米国側の推測では、ソ連は新しい兵器の基本的要素として、非常に強力で短いパルスを発生させ、それを利用する構想を持っていたが、それには米国製の装置が必要だったのだ。

ソ連が、しばしば殺人光線と表現される、次世代の主力兵器の候補であるレーザー兵器や荷電粒子兵器の分野で、米国よりも何倍も努力をしてきた事は秘密でも何でもない。もしソ連が米国のミサイルを無力化する能力を米国より先に手に入れたら、もはや戦争をする事は無理で、降伏するしかない。荷電粒子兵器ではソ連は米国より進んでいるかもしれない。レーザー兵器では米国の方が進んでいると思われる。赤外線の分野では米国の方が進んでいるのは確かだ。だからと言って、このような分野で技術移転をしてソ連の技術開発を助けるべきだとは私は思わない。

一九七〇年代前半には、ソ連がロッキードL‐1011旅客機を購入しようとした事があった。この機体は旅客機として最先端の技術を取り入れた新鋭機だった。ソ連は三機だけ購入する意向だった。そうすればソ連は機体の全ての図面を三セットと、世界で唯一の自動着陸可能な最新の自動操縦装置を含む、全ての取扱説明書を入手できる。全天候型の爆撃機の開発には非常に参考になるだろう。長期間の研究開発を行わずに、最新の技術を入手できるとても安上がりな方法だ。またこの機体のロールス・ロイス製のエンジンは、ソ連のどのエンジンよりもずっと優れている。私は売却に反対したが、それは私一人ではなかったはずだ。どこかの時点でこの商談は中止になった。英国はまだエンジンを売りたいと思っているらしいとの噂もある。

これからの軍用機は非常に高価なものになるだろう。最新の、レーダーに探知されない「ステルス」技術を用いた戦闘機、爆撃機、地上攻撃機、輸送機から構成される航空部隊を編成するのは、あまりにも費用がかかるので現実的には不可能だろう。

新しく開発される先進的な機体の種類は少なくなり、機数も減少する。機体価格がとても高価なため、新しい機体が使われるのは重要な任務の時だけになるだろう。最新型の機体が損害を受ける可能性は、旧型の機体と一緒に使用すれば低く出来るだろう。旧型の機体は支援任務に使用したり、無人化して爆撃機、ミサイル搭載・発射用機、おとり用の機体として使用できる。

新しい機体を設計する時は、過去にとらわれず、機体の運動性を最優先にして設計してはならない。

運動性は搭載するミサイルに持たせれば良い。非常に危険な任務に使用して、搭乗員を危険にさらす必要は無くなるだろう。

未来の戦争をどう戦うかはよく考えねばならない。新しい機体ではより優れた性能が必要だろう。そのためには、幾つかの基本的な技術分野で研究開発が必要だ。第二次大戦での航空技術の大きな進歩は、米国ではなくドイツで成し遂げられた事を忘れてはならない。

例えば、後退翼、三角翼、ジェット・エンジンなどはドイツで開発された。

戦闘機については、燃料消費率が大きなアフターバーナーを使用しなくても超音速を出せるようして、現在の亜音速での航続距離より長い飛行距離を、超音速で飛行できるよう研究する必要がある。F‐15戦闘機が低高度を超音速で飛行する場合、飛行を続けられる距離は、一〇〇キロ弱でしかない。F‐14戦闘機もそれより大幅に長いわけではない。航続距離を延ばすのは、ブリストル社製でコンコルド旅客機に使用されているオリンパス・ジェットエンジンの改良型を使用すれば可能になるだろう。このエンジンでは、超音速に加速する時にはアフターバーナーを少し使用し、マッハ二の巡航ではアフターバーナーを切って、燃料消費率が小さい状態でエンジンを運転する事で、燃料の消費量を大きく減少させている。

研究が必要なもう一つの領域は、マッハ〇・九から一・一の遷音速領域だ。この速度域では、圧縮性の影響が大きく、特別に対策をしないと、空気抵抗は亜音速領域の場合の三倍から一〇倍も大きくなる。この抵抗増加を抑えるのに、まだ初歩的な対策に頼っているのが現状だ。この空気抵抗の増加を軽減する方法は分かったが、もっと根本的な対応方法があると思う。

この抵抗増加を最小限に抑える方法はいくつかある。F‐104戦闘機ではカミソリのように薄い主翼を使用した。主翼に大きな後退角を付ける事でも抵抗増加は小さくできる。YF‐12戦闘機では強力なエンジンで遷音速領域を突破して、遷音速領域より抵抗が小さくなる超音速領域に到達するようにした。しかし、こうした方法は基本的な問題を解決するための効率的な方法ではないように感じている。

問題の根本に迫る研究が必要だ。そのための研究機関は、論理的にはNASAが最適だろう。NASAは巨額の費用を掛けた素晴らしい研究施設を持っている。たとえ研究費が有ったとしても、民間企業がNASAのような施設を重複して保有する事は無駄である。

同じ研究を繰り返す事は、資金と労力の無駄遣いである。しかし、そのような事態が起きた事がある。具体的には次の二つの例がある。二六〇℃の温度に耐える航空機用のレドームと、チタニウム製の降着装置の研究開発だ。ロッキード社のブラックバード・シリーズは、チタニウム製の降着装置を二二年間も使用してきたし、そのレドームは三四〇℃でも良好な性能を有しているので、新たな研究は必要ではなかった。

すでに達成されている成果が十分に利用されなかった事もある。実績のある装備品をずっと安いコストで使用できる場合でも、新しい装備品を使ってみたくなる事がある。多額の費用がかかる開発作業を繰り返すべきではない。前に述べたランサー戦闘機と万能型練習機に関するロッキード社の提案を思い出してもらいたい。実績があり、すぐに実用になる安価な機体の代わりに、軍は同程度の性能でありながら、開発に長い期間と多額の費用が必要な新しい機体を選んだ。

防衛計画の弱点になりそうな点を検討すべきだ。国の防衛を時代遅れの巨大システムに依存してないだろうか？　敵国の防衛網を突破するのが必要になった時に、最善の方法は何だろう？

Ｕ－２偵察機や偵察衛星で撮影した写真により、ソ連のレーダー基地、ミサイル基地、工場、その他の戦略目標の位置が分かっている。

何年も前に、スカンクワークスではソ連本土への侵入方法を検討した事がある。爆撃機で低高度を侵入する場合とか、二万四〇〇〇メートルの高度で侵入する場合を想定し、それぞれの方法における予想損失率の推定計算を行った。この研究では、レーダー反射面積を小さくする設計の機体は含まれていない。評価を行ったのは、Ｂ－１爆撃機相当の機体が、亜音速で低高度で侵入した場合と、マッハ三の機体が高度二万四〇〇〇メートルで侵入する場合だ。

我々の検討結果では、低高度を侵入する亜音速機は、古いＭｉＧ－15から、より新しい高速の機体に至る全てのソ連の戦闘機の攻撃を受ける。既存の機体にレーダーの探知を避ける対策をしてもあまり効果はない。損失率は三五パーセントにもなると推定された。しかも、爆撃機の一機の価格は二億ドル以上であり、更に搭乗員の訓練費用や、運用支援のための費用もかかる。

超音速で高々度から侵入する爆撃機は、低高度侵入する機体より機体の価格は高いが、侵入の成功率は三倍以上になる。

こうした検討結果から、私は有人爆撃機の必要性には疑問を感じている。大陸間弾道弾で必要な精度が実現できるなら、危険な敵本土への攻撃任務に有人機を使用する理由はないと考える。

有人機の利点として、侵攻の途中でも呼び戻す事が可能な事が挙げられている。しかし、ミサイルでも途中で自爆信号を送れば自爆させる事ができる。

ある種の偵察飛行を除けば、有人機をソ連領内に侵入させる必要性はほとんど考えられない。その場合でも、生きて帰るためには、搭乗員は放射能で汚染された雲の中を、四五分も飛ばないといけないのだ。

ソ連も米国も大気圏内で水爆を実験していた数年前に、高空の大気の観測をしていたU‐2機は、放射性物質を含んだ雲に遭遇した。観測を行った結果、その雲はジェット気流に乗って地球を周回しており、米国の北部上空を六回も通過している事が分かった。

核戦争にせよ通常兵器による戦争にせよ、海軍の艦隊部隊の脆弱性も心配な事項の一つだ。監視用の人工衛星が九〇分ごとに頭上を通過するので、二〇ノット（三六キロ／時）で移動する艦隊の位置を追跡するのは容易だ。ある時など、ソ連の衛星による米国の艦隊の位置情報が、実際にソ連から米国にもたらされた事もある。しかし、米国の人工衛星は、陸上の情報収集に関しては、ソ連の衛星より優れている。

航行中の艦隊に対して、陸上から多弾頭のＩＣＢＭやＩＲＢＭを打ち込む事も十分に考えられる。真上から高速で落下してくるミサイルに対する防衛方法は、現時点では存在しない。

ソ連のバックファイア爆撃機は、胴体下に搭載した対艦ミサイルを、四〇〇キロも離れた地点から発射、誘導し、我々の主力艦艇を攻撃する事が可能だ。このバックファイア爆撃機を阻止する能力は重要だ。

米海軍の能力を維持し続けるのは決定的に重要だ。軍事作戦行動以外にも、アフリカ大陸や中東から海を越えて原油を輸送してくるタンカーを守る任務も重要である。こうした海上輸送路の自由な使用を維持するのが重要である理由は、原油輸送以外にもいろいろ有る。バナジウム、クロミウム、プラチナなどの戦略的物資の産出量は、国内だけでは不十分だ。こうした原材料はアフリカなどの発展途上国から供給されている。

ソ連は非常に優れた潜水艦を保有している。米国の潜水艦より大型で、速度が速く、より深くまで潜れる。しかも米国より多数を保有している。ソ連の最新型の潜水艦は、ほとんど巡洋艦に近い大きさだ。ソ連の潜水艦は水中で時速八〇キロを出す事ができ、米国の潜水艦よりずっと速い。最新の潜水艦では、船体がチタニウム製のものがあり、探知が難しくなった。チタニウムは非磁性体で、磁気を利用した手段では水中の潜水艦を探知できないからだ。ソ連はチタニウム加工用の巨大なプレス機械を保有しているので、深々度まで潜航できるチタニウム製の潜水艦を製造できるが、米国はそのような設備がないので製造が出来ない。

もしソ連が潜水艦を総動員して米国の海上輸送を阻止しようとするなら、それは大問題だ。もちろん、米国はソ連の潜水艦の高性能化に対抗する別の手段を開発できるだろう。米国の潜水艦発射ミサイルのトライデント・ミサイルや初期のポラリス・ミサイルを放棄してはならない。

対潜水艦作戦は変化が激しい。ロッキード社の米海軍用のS‐3艦載対潜機は、五、六年運用されただけで、潜水艦の位置を捜索するための電子機器を全面的に更新した。

何年か前に、潜水艦の出す運転音は各潜水艦ごとに特徴がある事が分かった。完全な無音化が理想だが、まだそれに成功した潜水艦はない。運転音のデータは分類されてデータベース化されている。対潜哨戒機、艦艇、陸上監視局のソナーなどで潜水艦の音を探知すると、その音響情報で艦の大きさ、使用中の動力がディーゼル、電気、原子力なのかなどが分かり、個別の艦名まで識別して追跡を行う事ができる。

ロッキード社のハドソン爆撃機が第二次大戦で英空軍に採用され、航空機で潜航中の潜水艦を見つける事が出来るようになった事で、本格的な対潜哨戒機が誕生する事になった。それ以降、ロッキード社は他の航空機メーカー全てを合わせたより多くの対潜哨戒機を生産してきている。

対潜水艦作戦は最初から技術開発が重要だった。潜水艦が電池を充電するためにシュノーケルを使用できる深度まで浮上が必要だった時代から、現在の何日間でも潜航を続けられる原子力潜水艦の時代に至るまで、対潜水艦作戦では常に技術的な進歩が追及され続けてきた。しかし、歴史的に見ると、潜水艦の方が相手側より進んでいる事が多かった。時には探知や攻撃技術が潜水艦の進歩を上回る時も有ったが、すぐに潜水艦は相手を出し抜いてきた。

そんな事は不可能なので冗談だが、私は次の大戦争の時には、ニッケル製の船体の原子力潜水艦で、食料と本をたくさん持って、水中深くに潜っていたいと言う事がある。水中深くに潜っているのは、他のどこにいるよりも安全だからだ。ニッケル製の船体の潜水艦は、船体を非常に滑らかに出来、航行音を大幅に静かにできる。勿論、そんな潜水艦は高価すぎて実現不可能だが、潜水艦の静粛化のために、船体に鉄以外の材料を使用する事は現在でも真剣に検討されている。

「オペレーションズ・アナリシス」とか「オペレーションズ・リサーチ（ＯＲ）」と呼ばれる手法は、第二次大戦中やその直後から、科学的な意思決定のための方法として利用されるようになった。ロッキード社は対潜戦の分野での事業を続けたいと望み、そのためには関係する科学や技術を研究する必要があると考えた。第二次大戦後、ロッキード社は米海軍から対潜戦関連の研究の契約を、無償契約でも良いので獲得するよう努力した。私はロバート・ベイリイを長とするグループを設けて、潜水艦と対潜戦に関連する、ソナー、音響分析、海中雑音などあらゆる分野について調査、研究を行わせた。

我々は対潜戦関連の情報を米海軍から提供されたが、その代わりに数か月おきに、我々の調査や研究の成果を米海軍に報告していた。オペレーションズ・リサーチを行う上で重要であり、有益で正確な結果を得るための唯一の条件は、純粋に理論に沿って作業を行う事だ。受注や販売用に利用しようとして、分析方法に手を加えてはならない。そんな事をすると、正しい分析結果が得られず、長期的に見ればそのような分析は役に立たない。

米国に敵対する国が、米国にとって必要不可欠な物資の輸入を妨害する方法は他にもある。例えば、米国に敵対的な国が、米国が戦略物資を輸入している開発途上国の政府を転覆させたり、敵対的な国に盲従する政府を樹立させたりする事も考えられる。

基本的な原材料の生産地点を、可能な限り米国内や北半球の他国に確保する事は、供給ルートに関する脅威の可能性を考えると、非常に重要である。

SR‐71型機のチタニウムの板材や棒材の原材料のスポンジチタンは、供給可能量が多いオーストラリアや日本から輸入した。しかし、ブラックバード・シリーズの後期の機体では、ソ連から輸入した事もあった。ソ連はチタニウム製造施設を建設し、他国より安い価格で販売する事でチタニウムの供給市場で有利な立場に立とうとした。しかし、我々は一回購入しただけで、後は輸入するのを止めた。チタニウムの生産にソ連が進出するのを助けたくなかった。

米国内で見つかる天然のチタニウム鉱石は、スポンジチタンの原材料となるルチルではない。別のチタニウム酸化物であるイルメナイトである。過去にはイルメナイトは国内で採掘するより、外国から輸入する方が安かった。イルメナイトからチタニウムを作るには、ルチルの場合よりエネルギーを多く必要とするが、チタニウムの供給確保を含む全体的な観点からは、引き合うと思われる。イルメナイトからの製法は分かっているが、そのための生産設備を設ける費用が大きく、チタニウム材を輸入する方が安いので、イルメナイトの利用の実用化は遅れた。

そのため、米国でチタニウムを製造する方法を実用化し、チタニウムの価格を他の金属材料に対して妥当な水準にまで下げる事を、私は自分の課題と感じるようになった。そのためには、イルメナイトを採掘し精錬する事、圧延を行い板材を製造する工場を建設する事、とりわけ、ソ連の潜水艦が深くまで潜航できるのを可能にしている潜水艦用の大きな厚板を鍛造したり、航空機の着陸装置用の大型鍛造素材を製造できる大型の鍛造機械を製作する事が必要である。

このような大型の鍛造機械だけでも、そのための投資額は莫大な物になるだろう。しかし、チタニウムの使用範囲を拡げ、製造時間を短縮し、チタニウム製品の品質が向上する事の国防上の重要性を考えると、費用に見合う意義があるだろう。

技術開発競争において我々が実行すべき重要な事項の一つは、極めて複雑で複合的な開発作業を遂行できる、若い設計技術者、科学者、作業員を育成する事だ。米国では高い技能を有する作業員が特に不足している。そして、これからの技術の進歩に対応するためには、これまでの在来型の航空機を設計している技術者を、新しい技術を採用した機体の設計に配置換えしても、すぐに役立つわけではない事を認識する必要がある。米国の防衛システムを設計し、実現させるためには、設計技術者がもっと必要だ。それだけでなく、これからの防衛システムの在り方を決めて行くのは、物理学の知識がある人達だろう。

ソ連では毎年、米国の五倍の設計技術者が大学を卒業している。彼らの就職先は保証されている。残念ながら米国では技術者の育成システムは安定していない。教育し、雇用し、そして解雇しているのが現状だ。

米国や自由主義の諸国を防衛するには、オペレーションズ・リサーチの手法を利用する事が必要だ。防衛システム全体を、その基本から客観的に見て考えるのだ。これからの戦争はどのような物になるだろう？　核戦争なのか核を使用しない戦争なのか？　どのような兵器が実際に必要になるだろう？　巨大な費用を投じた原子力空母が、二、三日で使用不能にならないだろうか？　潜水艦のように、空母を潜航させる事が必要ではないだろうか？　地上発射のミサイルを正確に目標に誘導できる時代に、有人の航空機は必要だろうか？　最新の非常に複雑で高価な先進的な機体が目標を攻撃しようとする時、古い時代遅れの機体をおとりとして使用すべきだろうか？　オペレーションズ・リサーチでは風変りな考え方も除外してはならない。あらゆるアイデアを、有効性、必要な費用、複雑性、柔軟性、信頼性、管理の容易性、その他関係するあらゆる観点から評価する必要がある。

スカンクワークスでは常時二、三〇名の人間を、「彼ら」が何を考え、「我々」は何ができるかについて、さまざまな観点からの調査、検討作業をしている。「彼ら」の地対空ミサイルの能力はどの程度だろう？　レーダーの能力は？　次の新型機は？　どのような分野について研究開発を行っているだろう？　戦争になったら、相手の国土にどのように侵入したら良いのだろう？　と言った疑問について検討を続けている。

国防の方針を決めるために、このような検討を行うのは、自国を守る上での基本作業である。

第19章　技術の進歩と将来の展望

西暦二〇〇〇年になる頃には、コミックやサイエンスフィクションに出てくる「殺人光線」が現実の物になっているかもしれない。レーザービームや荷電粒子兵器が、次の核戦争では敵からのミサイルやロケット攻撃に対して、米国の防衛に用いられるかもしれない。この種の兵器をコンピューターで制御して作動させれば、敵の弾頭を宇宙空間で破壊するのが可能になると思われる。

このような予想を立てる事は出来るが、それを実現するのは容易ではない。

レーザービームは秒速三〇万キロの光の速さで進む。レーザーには、医療、物の加工など、平和的な利用法がある。兵器として使用できれば、レーザー砲はマッハ二四にも達する速度で飛来してくると予想されるミサイルでも撃ち落す事が出来るだろう。

防衛用のレーザーの使用は、まず宇宙空間で始められるだろう。レーザーの威力は、大気を通過させると、その通過距離に応じて低下するからだ。

レーザー兵器を宇宙空間に配置して使用する際には、極めて大きな出力が必要だが、地上から大気を通過させて使用しようとすると、もっと大きな出力が必要になる。

従って、核攻撃用のミサイルに対する防衛兵器は、まず最初は、地上発射型の弾道弾迎撃ミサイルになるはずだ。戦略兵器制限交渉（ＳＡＬＴ）ⅠやⅡがあるにしても、こうした弾道弾迎撃ミサイルをできるだけ早く開発すべきだと私は考えている。それと平行して、攻撃してくるミサイルの迎撃のためにはより有効な手段になると思われる、宇宙空間に配備するレーザー兵器や荷電粒子兵器の開発を進めるべきだ。それは可能であり、必要な事だと私は考える。

標的を発見し、レーザーで攻撃するための最初の装置はとても大きくて不格好な物だったが、Ｃ-１４１輸送機に搭載した装置で低高度から標的を攻撃する試験は成功した。実用化される装置は、レーザー発射装置に、赤外線、レーダー、電子光学的な装置を組み合わせた装置になるだろう。

レーザー兵器を軌道上の二〇個程度の人工衛星に配備すれば、打ち上げ後の加速中の弾道弾を、何百発でも続けて破壊する事が可能になるだろう。防衛用の兵器としては、攻撃してくる弾道弾の迎撃に当たっては、目標を速やかに攻撃できるだけでなく、同時に発射された多数の弾道弾に対して、次から次へと狙いを定めて、攻撃を正確に繰り返せなければならない。そのためにはかつてない程の優れた攻撃管制システムが必要になるだろう。

荷電粒子兵器は、原子力兵器の一種であるが、放射能汚染は生じない。実質的にはエネルギーを放射するだけで、質量のある物体を発射して攻撃するものではない。電気または放射性物質を使用して、電磁流体力学的効果により発生させた高エネルギーの放射光を、相手に向かって放射する兵器である。

まず、発生装置内で非常にエネルギーの大きな電子の流れを作り出す。荷電粒子のビームを装置内に閉じ込めた状態で十分に増幅してから発射するが、その際の装置内の温度は、太陽の内部温度に匹敵する数百万℃の温度になる。そんな温度を人工的に作り出すのだが、そのプロセスの時間は非常に短時間で良い。ナノ秒（一〇億分の一秒）単位の時間なので、総出力は大きくない。

このような兵器がどんな形になるのか、まだわからない。基本的には、巨大な発電機を用いて電子を閉じ込める事ができる装置に、電子ビームを作るための何らかのガスを注入する事になるだろう。こうして発生した電子ビームを正確に発射する方法を開発するのはとても難しい。この分野の研究で、ソ連が極度に大きな電力の切り替えに使用しているのが、米国からの技術輸出により入手した電力切り替え装置であり、米国が輸出した事を私は非常に残念に感じている。

私はこうしたレーザーや荷電粒子兵器の威力を、自国のミサイル基地、大都市、政府所在地などの、攻撃目標になりそうな地点の上にかかる、巨大な保護テントに似ていると思っている。この保護テントは地表から大気圏の上まで拡がっていて、何もそれを通り抜ける事は出来ない。我々を攻撃してくる核弾頭は宇宙空間で破壊され、放射性物質が降ってくる事はない。原子力を利用して原子力兵器を防衛するのだ。地上にそのような防衛基地を建設するには、当然ながら膨大な費用と労力を必要とする。米国ではその研究が進行中だ。

宇宙空間で運用される人工衛星の役割は極めて大きい。特に重要なのは、米国の潜水艦発射ミサイルであるポラリスやトライデントの誘導に不可欠な航法用の人工衛星である。この種の人工衛星を利用する事で、潜水艦発射ミサイルは陸上発射ミサイルに等しい精度が実現できた。数年以内、西暦二〇〇〇年より前に、地球上のどこでも自分の位置を三メートル以内の精度で分かるようになると思われる。こうした人工衛星を守るためにも、レーザー兵器や荷電粒子兵器は必要である。

西暦二〇〇〇年の世界で航空機はどの分野で重要な役割を担うのだろう？　防衛分野だろうか、民間分野だろうか？

航空機の設計者としての立場に反するようだが、私は有人の航空機の重要性は低下し、遠隔操縦の無人機やミサイルの重要性が増すように感じている。人間が耐えられるのは、自分の体重の九倍の力がかかる九Gでしかないのに、ミサイルは旋回で二〇Gを掛ける事ができる。ミサイルが目標を捜索する能力を持ち、高々度を飛行するU‐2型機や人工衛星からの画像信号などを、ワシントンで無人機を遠隔操縦する人間に、リアルタイムで迅速に伝える事ができるなら、敵地の上空に人が乗った機体を送り込む必要があるだろうか？

有人の戦闘機や爆撃機を地上の目標を攻撃するのに使用する場合、地対空ミサイルや敵の戦闘機の攻撃を受けないためには、どの高度を飛ぶにしても敵に探知されない方が良い。

「ステルス」性は航空機による戦闘の在り方を一変させる技術である。敵がレーダーで機体を探知できないのであれば、その機体を攻撃する事は出来ない。戦闘機や爆撃機の搭乗員が、地上目標を攻撃する事に専念でき、地上からの反撃を考えなくて良いなら、その戦闘能力が向上した事になる。

「ステルス」技術は日進月歩で進歩している。スカンクワークスではステルス技術をブラックバード・シリーズの最初の機体用に開発し適用した。ブラックバード・シリーズの機体の外形形状は、レーダー反射面積を減少させる事を基本的条件として決められた。また、機体の表面積の二〇パーセントは「ステルス」性を有する材料だった。それでもこのシリーズの機体は、敵の探知を避けるのに、高度、速度、電子妨害装置などの他の手段も利用していた。

このステルス技術は、ロッキード社が独占しているわけではない。航空機業界で競争が激しいのは他の業界と同じである。スカンクワークスが自発的に独自の提案を行い、それにより多くの契約を獲得した事は、他社から羨望の目で見られていた。私はスカンクワークスのこれまでの契約獲得実績を誇らしく思っている。それに対して、政府は航空機産業の各社の間で競争させる事を方針としている。これは理解できる事だ。競争が有る事で、各社はいつも他社を一歩でもリードしようと緊張感を持ち続けられるからだ。

このような状況のため、会社と軍が義務付けている厳しい守秘義務の条件があるにも関わらず、スカンクワークスや重要な関係機関の退職者で、好条件で業界の他社で働く人が居るようになってきた。パートタイムのコンサルタント契約でも、給与が六割も増えたり、ストックオプションの権利や社用車の提供を受ける場合もある。こうした好条件を提供される退職者に共通する点は、彼らが「ステルス」技術の仕事をしていた事だ。

二〇年後には西暦二〇〇〇年になるが、私はそのずっと先までの予測をしようとは思わない。例えば、一九三八年の時点で、一九五八年には音速の三倍で飛ぶ機体が実現するなどと予測した人がいただろうか？　もちろん、こうした機体の開発は秘密に行われ、機体が飛ぶ時点でも、そんな機体はあり得ないと言っている人も多数いたくらいだ。また、一九七七年から一九八二年のわずか五年間に、ジェット旅客機の値段が三倍も跳ね上がるなど、誰が予想できたろう？　また、ジェット燃料も一リットル当たり四・五セントから四〇セントに暴騰する事が予想できたろうか？

過去を振り返って見ると、米国が一九六〇年代に超音速旅客機（ＳＳＴ）の開発を中止した事は賢明だった。ロッキード社はＳＳＴの設計競争に負けて幸運だった。ＳＳＴが就航したとしても、オイルショックによる燃料の高騰に見舞われて、商業的には失敗したであろう。ＳＳＴは騒音でも社会に受け入れられなかったろう。ＳＳＴは現在の状況では、民間機として運航できる機体ではない。英仏のＳＳＴであるコンコルド機は実用化されたが、それは両国の政府の補助が有ったからだ。

ロッキード社のＳＳＴの設計案は、基本的には、飛行実績があるＳＲ-71偵察機を三倍の大きさにした設計だった。エアライン各社は、機内の座席配置の自由度が高くなるので太い胴体を好むが、ロッキード社の設計では胴体は太くしなかった。音速の三倍の速度を出すには、重量と抵抗をできるだけ小さくする事が重要で、太い胴体は不利な事が良く分かっていたからだ。

エアライン側はボーイング社の幅の広い胴体の方が好ましいと考えた。政府の開発計画に選ばれたが、後にキャンセルされたのは、アフターバーナー付きエンジンやソニックブームの経験の無い、つまり、超音速について経験がゼロの会社であるボーイング社の設計案だった（訳注1）。ロッキード社は自社の設計案をボーイング社に開示し、ボーイング社の設計は、競争に負けたロッキード社の設計にだんだん近づいてきた。それでも、契約がキャンセルされた時点でのボーイング社の設計では、航続距離は大西洋横断路線に対して一一〇〇キロ不足していた。私はその機体の不時着した乗客を大西洋上で救出する作業の権利を貰いたいと思ったものだ。

ＳＳＴの燃料消費率が非常に高い事は、民間機としては問題だ。経済的に引き合う機体にするためには、エンジンの重量に対する推力の比率がずっと大きなエンジンを開発して、アフターバーナーを使用しなくても超音速が出せるようにする事が必要だ。そのようなエンジンを西暦二〇〇〇年までに開発できるかどうかは、開発資金を確保できるかどうかに掛かっている。

また、民間旅客機として成功するためには、ＳＳＴはまず騒音問題を解決しなければならない。そのためにも、より進歩したジェット・エンジンを開発する事が必要だ。

離陸時の騒音を減らすのに、完全な解決策ではないが、今すぐにでも使用できる手段がある。しかし、その手段が民間旅客機として適用可能だとは、まだ誰も納得してくれてはいない。乗客達はその手段が使用されている時でも、それに気付きもしないはずなのだが。私は言っているのは空中給油の事だ。一九八〇年までにブラックバード・シリーズだけでも、一万八〇〇〇回以上の空中給油を行っている。

ＹＦ－12型機の後席でＫＣ－１３５タンカーからの空中給油の体験をした時には、機体が旋回、上昇などの運動を行っても空中給油が迅速かつスムーズに実施される事に驚きを感じた。空中給油の技術は、航空の歴史で最も重要な技術の一つだと私は思っている。何故そう思うのか？　例えば、空中給油をしなければ、爆撃機をロシアに出撃させ帰投させる事が出来ない。C‐5輸送機が行っているように、大量の物資を無着陸で海外へ運ぶ事はできない。また、戦闘機を地球の裏側まで一挙に進出させる事も出来ない。SR‐71型機に五時間で一万二〇〇〇キロの距離を飛行させて、太平洋を横断させる事もできない。空中給油により海外の基地の必要性を減らす事ができる。

空中給油を利用すれば、離陸時の燃料搭載量を少なくしても、必要な燃料を空中給油で補給すれば、目的地まで飛行する事ができる。現在使用されているコンコルド旅客機を例に取れば、ロスアンゼルス空港を乗客を満載して離陸する場合でも、機体重量が軽いので騒音の大きなアフターバーナーは使用しなくて済む。ハドソン湾の上空でボーイング707型機などの旧式になった旅客機をタンカーに改造した機体から空中給油を受け、そのまま無着陸でロンドンまで飛行できる。現実的にはそのような飛行方式が採用されるのは難しいとは思うが、技術的には可能だ。

SSTの分野ではソ連が米国を追い越す事はないと私は思う。一九七三年のパリ・エアショーで、あの悲劇的な墜落事故の前だが(訳注2)、ソ連のSSTに関連する面白い出来事が有った。招待された人たちは、機体の内部や実際の飛行状況を見学する事を勧められた。ロッキード社の人間も地上の機体に乗り込むだけでなく、飛行に同乗する事も許された。私はソ連の八名の技術者に付き添われて、機体の外側を見て回った。私は機内を見たいと言ったが、それは許可されなかった。そこで私は外側から詳しく見るしかなかった。

ソ連の大型プレス鍛造機械による鍛造素材から製作した部品には感心した。このような部品の製作には大型の鍛造設備が必要だが、米国には無い。しかし、機体の外板に関する工作技術は非常に粗雑だった。リベットの頭部が機体表面に対して平滑ではないのだ。胴体の製造方法は一般的な方法なのだが、外表面を滑らかにするために米国のメーカーが掛けているほどの、多くの手間と注意が掛けられていない。

ソ連の設計で、安全性に対する考慮が欠落している部分があるのにも驚いた。彼らの安全性に関する基準は、軍用機はもとより、民間機でも米国の基準を満足しない。ソ連の旅客機の多くは、ＦＡＡ（連邦航空局）の離陸におけるエンジン一発停止の試験に合格できない(訳注3)。

朝鮮戦争の時代の軍用機は、離陸中断速度が規定されていなかった。四発の爆撃機の離陸重量は、滑走路の長さを全て使って離陸できる重量になっていた。もしエンジンが一つ停止したら、残りの三発のエンジンだけでは滑走路の端までに離陸できない。ソ連側がこの問題に対応できなかったのではない。彼らは別の事項を優先して、この件については対応しない事にしたのだ。

極超音速旅客機（ＨＳＴ）は技術的には次の世代の機体である。現実的には、旅客機でマッハ四から七の速度で飛ぶ必要性は少ない。そこまで加速するのに時間がかかり、巡航速度に達したらすぐに着陸のために減速を始める事になる。全体の飛行時間の内、極超音速で飛行する時間は、三分の一以下でしかない。

ＨＳＴは民間旅客機としては使用されないと思われる。この種の機体が使用される唯一の路線である非常に長距離の路線においてでさえ、我々の計算では、飛行距離の三七パーセントは上昇と設計巡航速度までの加速に費やされ、路線距離の三〇パーセントを巡航すると降下を開始しなければならない。

極超音速用のエンジンの燃費は、現時点では、また将来でもそうだと思うが、実用機としては悪すぎる。そのため、旅客機としては、HSTは経済的に成立しない。軍用機としては、おそらく無人機として使用されるだろう。それにしても、SR-71型機はすでにマッハ三以上の速度で、三万メートル以上の高度で飛行しているのだ。

未来の航空機としては、原子力を利用する航空機も検討された。第二次大戦が終わってすぐに、戦略空軍（SAC）との契約で、ロッキード社は原子力を動力とする爆撃機の設計を検討した事がある。まだスカンクワークスが組織として正式に発足する前だった。私はその時はロッキード・カリフォルニア社の主任技術者だった。

その当時のSAC司令官のカーティス・ルメイ将軍は、高々度を超音速で飛行する機体を希望していた。その計画はNEPA（核エネルギー利用エンジン搭載機）計画と呼ばれた。六、七社が検討に参加した。その当時の空軍長官はジェームス・ダグラスだった。三〇年後に彼にワシントンで会った時、原子力航空機の開発が中止になるようにした事で、彼に御礼を言われた。

SACは原子力には適してない使用方法を要求したが、私はそれをはっきりと否定したのだ。大きな原子炉を搭載するので、機体は巨大な大きさになる。操縦席関連だけでも一八トンの重量になる。搭乗員鉛の放射能遮蔽壁が、操縦席と原子炉が搭載されている機体後部との中間に必要になるのだ。搭乗員が一年間に三〇時間この機体で飛行する事が許される程度まで放射能を遮るために、鉛の遮蔽壁が必要になる。

放射能があまりに強いので、設計案によっては四基又は八基搭載するエンジンで、その原子力部分の交換作業はロボットを遠隔操作して行う事になっていた。原子力エンジンだけでは離陸できないので、エンジンの排気にジェット燃料を噴射して燃やすアフターバーナーの追加も必要である。原子力エンジン・システムは巨大で、扱いが難しくならざるを得なかった。

検討を続ける予算は認められたが、私は反対した。しばらく激しい議論をしたが、最終的に他の関係者もこの計画を中止すべきとする私の意見に同意した。原子力を動力源とする機体が西暦二〇〇〇年に実現するとは思えない。

スペースシャトルは、国民に大きな期待を抱かせた構想だった。哲学的に表現するなら、人を宇宙まで運び、地上へ帰還させる事は、我々に大きな自信をもたらしてくれる。スペースシャトルが経済的、商業的に引き合うかどうかは、私には分からない。一年間で一機のシャトルが可能な飛行回数と、利用料金が実際にはいくらになるかは、まだ決まっていない。

スペースシャトルの最初の頃は、私はその安全性が心配だった。二回目の飛行では、三つある電源のうちの二つが故障して、一つだけが残ったが、搭乗員は対応するのが大変だった。

安価な無人の衛星打上げロケットでも多くの事が出来る。通信衛星は何年も軌道を回り続けて、とても役に立っている。商業的にも非常に有望だ。

もう少し日常的な事で言えば、次の世代のジェット旅客機は開発されるが、紀元二〇〇〇年の時点では現用の旅客機、貨物機などから大きくは変わっていないだろう。重視されるのは、ある時期のように大型化ではなく、現在利用できる技術を利用した、現実的、実用的で、商業的に有利な機体だろう。

ずっと私が考えているアイデアの一つに、軍艦を核兵器はもとより、在来型の爆弾も使用せずに撃沈する方法が有る。それはまさしく「きれい」な爆弾である。私はこのアイデアを、プエブロ号やマヤゲス号が拿捕された時に思いついた。乗組員が退去した後なら、誰も傷つける事無く、残された船を沈める事が出来る。

工具鋼で製作され、衝突しても粉々にならない一・一トンの重量の流線形の弾体が、高々度を飛行するSR‐71型機から投下されると、弾体は海面に落ちる時にはマッハ三を越える速度に達する。その貫通力は大きく、どんな船でも貫通してしまい、船は沈没するか、貫通した際に生じた高熱で火災を起こす。この兵器は核兵器のように周囲を汚染する事はないし、通常の兵器よりずっと安価である。

このような弾体は地表から九〇メートルの深さまで貫通する。そのため、ウラル山脈に掘られたトンネルを破壊する事ができるし、一〇メートルの厚さの強化コンクリートでさえ貫通する事ができる。以前にYF‐12戦闘機でミサイルの発射試験をした事があるので、このような物体を搭載し投下するのが可能な事は分かっている。

このような弾体は、非常に硬いのに加えて、衝突した際に砕けてしまわないように、工具鋼で製作する必要がある。肝心なのは投下精度で、二万五〇〇〇メートルの高度から投下して、目標点の一〇メートル以内に着弾する必要がある。その貫通力は、重量と命中時の速度から簡単に算出できる。弾体の設計そのものは単純だ。このアイデアをソ連に教えようは思わない。ソ連にはこの兵器に必要な高空を高速で飛行できる機体は無いからだ。

海底からの資源採掘については、新しい技術を導入すれば海底の資源を利用できる見込みがある。海底には現在はアフリカから輸入が必要な、クロミウム、バナジウム、白金、その他のレアメタルなどが有る事は知られている。その採掘方法も分かっている。実現には資金が必要で、採算が取れるようにするには何百億円かの資金を投資する事が必要なだけだ。

グローマー・エクスプローラー号は、ヒューズ航空機社、グローバル・マリン社、ロッキード・ミサイル・アンド・スペース社が担当した船で、海底資源開発用に設計された。真空掃除機のような採掘機械が数千メートルの深さの海底に下ろされ、海底から資源を含んだ団塊を拾い上げる。採掘実験はハワイの西と西南の海域で行われた。船に搭載された精錬設備が、採取した団塊を資源の含有量を高めた精製用の塊に加工する。採取技術は今でもあるが、公海における資源の採取では、その資源採取の権利を関係国の間でどのように扱うのかについての議論に結論を出さねばならない。

グローマー・エクスプローラー号はもう一つ、非常に重要な能力を有している。潜水艦の救難と回収だ。

グローマー・エクスプローラー号の開発でロッキード社が担当したのは、四五〇〇メートルの海底に沈没して放置されているソ連の潜水艦を吊り上げる装置の設計だった。遠隔操作のチタニウム製アームの強度試験を行わないまま、潜水艦の回収作業を行ったため、回収作業は完全な成功にはならなかった。沈没した潜水艦の位置を特定し、吊り上げ作業を行ったが、海底から海面までの三分の二まで吊り上げた所で片方のアームが壊れ、潜水艦の一部が沈んでしまった。しかし、残りの部分は回収でき、米国の潜水艦関係者の役に立った。

後に米国の潜水艦が東大西洋で遭難した。その事故は、ソ連の潜水艦が他国の潜水艦に対して仕掛ける執拗な追跡行動の際に、米国の潜水艦に接触したために起きたかもしれない。しかし、沈んだ潜水艦の回収どころか、捜索のためにせよ、二七〇〇メートルの深度まで潜水できる手段が無かった。このような場合を考慮すると、グローマー・エクスプローラー号のような船は、軍用にも民間用にも必要な事は間違いない。しかし、グローマー・エクスプローラー号を使用可能に戻す費用は大きい。修理用ドックに入れておくだけでも、月に三万ドルは必要だろう。だが、その有用性は明らかだ。この船を使う事ができれば、とても役に立つ場合があるだろう。

米国の武器は軍事能力だけではない。経済的能力も武器になる。将来、一番重要な役割を担う航空機は、私の考えでは、輸送機でも爆撃機でも戦闘機でもない。一番重要なのは農業用の機体である。何故なら、これからは世界の膨大な人口を維持するために、十分な食料の供給が必要だからだ。我々を取り巻く環境を管理し、森林を守り、畑で作物を育て、森林火災と戦い、気象状況に対応し、万が一にも核爆発があり環境が汚染されたら、放射能を除去する作業に農業用機が必要になる。

農業用機には派手な面はない。ただ他の機種に比べて、より多くの人たちに対して、より重要な役割を果たす機体なのだ。私は航空機が平和的な目的に使われると良いと思っている。

第20章　素晴らしい生活

今年の春、スターレーン牧場では土曜日の朝、五二頭の子牛に焼き印を押した。前年より一〇頭多い。その日は、友人、隣人、近所の牧場の人たちが六四人も来るし、作業や見物にカウボーイ達も来て、作業の後にはいつものバーベキュー・パーティをするので、私と妻は朝から忙しかった。それは毎年の牧場での楽しみであり、大好きな行事だった。

牛を駆り集める作業は前日から始まっていた。我々の牧場のカウボーイ達が牧場中から牛を集めるのを手伝うために、隣の牧場主のディー・マクベイは自分の牧場から九名のカウボーイを連れてきてくれた。毎年捕まえられない一頭を除いて、牛は全頭集める事ができた。捕まえられなかった牛は、鹿のように足が速かった。我々は成牛も子牛も、すべてを集めた。

去勢した牛や、子供を産まず、乳が出ない牝牛は何頭か売却する。生後六か月から八か月の子牛は、ハエやダニ除けのスプレーをかけ、口蹄疫などの予防注射をし、結膜炎予防の目薬をスプレーし、去勢し、星印と「L」を並べた焼き印を押す。毎年、全ての牛に予防注射を年に一回、虫よけと結膜炎の予防のスプレーを年に二回行う。

翌日の作業に備えて、金曜日の日没までに全ての牛は幾つかの囲いに入れられる。土曜日の午前八時、馬に乗ったカウボーイ達を、三、四人ずつのグループに分ける。最初に行うのは、子牛を親牛から離す事だ。それから子牛を一〇頭程度の群れに集める。その群れを次の作業のために囲いに入れる。作業に当たるカウボーイは、一つの子牛の群れの作業が終わると、次のカウボーイのグループと交代する。

午前の半ばが過ぎた所で、休憩してコーヒーやソフトドリンクを飲み、甘いパンをつまむ。これは疲れる作業だ。しかし、カウボーイの多くは髪に白髪が混じる七〇歳以上の年齢で、七五歳の人もいる。彼らはロープを掛ける作業をずっとやって来ている。飛行機の操縦と同じく、経験が物を言う仕事なのだ。何人かは若いカウボーイもいて、その中の一人は牧場の主任の息子だ。

焼き鏝で印を押すのは、私が自分で行う。私の長年にわたる友人のローウエル・フォード医師は、けが人が出た場合の処置のために来てくれているし、獣医の助手をしている若い女性がフォード医師の助手をする。フォード医師は獣医ではないが、この行事に参加するのを楽しみにして、毎年参加してくれる。彼は今ではカーンビルの町からやってくる。その町で長年要望されていた診療所の開設を、フォード医師は手伝ったのだ。彼は多能な人物で、知的で人間性が豊かで、オクシデンタル・カレッジで宗教哲学を教えた事がある。フォード医師にとって、医療行為と宗教哲学を教える事は、何の問題もなく両立するのだ。

子牛の処置が終わると、今年の作業は終わりだ。お昼になっており、バーベキューの時間だ。主催者として働くために、私は母屋に戻り、シャワーを浴びてから着替えをした。カウボーイ用ズボン、刺繍入りのシャツ、大きなソンブレロと言った、主催者らしい服装にした。これで午後、参加者をもてなすのだ。

バーベキューの場所は、何本かの大きな樫の木の下の草地である。そこにはバーベキュー用の炉が設置されており、炭火がもう起こしてある。長いテーブルとベンチも置いてある。テーブルの端には大きな箱を利用した飲み物コーナーが設置してあり、ソフトドリンク、ビール、ワインや、強い酒も置いてあり、つまみ類もテーブルの各所に置いてある。

親しみやすい人ばかりなので、新しく参加した人もすぐに親しくなれる。

つまみを食べながら飲み物を何杯か飲むと、いよいよ本番の食べ物の番だ。ソーセージ、ステーキ用の牛肉、豆、何種類かのサラダやデザートが運ばれてくる。どんなに空腹なカウボーイでも満足させるのに十分な食べ物がある。

食事の後は、年配者と私はポーカーをして遊ぶ。ディーラーが自分の持ち札を見て、どんなゲームにするかを決めると言う、乱暴なやり方のポーカーだ。誰も大勝したり大負けはしない。しかし、このポーカーは毎年、この行事の主要なエベントの一つだ。

日没が近付くと、お客さん達はぼちぼち帰って行き、妻と私、それに家族や友人で泊まって行く人は丘の上の母屋に戻る。一日の間にも、季節の変化に対しても、この丘陵地帯にはその時々に応じた特別な美しさがあるが、一日の仕事が終わり、満足して迎える夕暮れの時間は、私にとって最も心地良く、満足感を感じる時間だ。

専属の牧童頭がいても、牧場主に興味が有れば、牧場でやるべき作業は一杯有る。妻のナンシーは、亡くなった妻のアルテアと同様に、牧場の生活を喜んで受け入れていた。我々夫婦は、牧場で行う事には何でも関与してきた。牧童頭と作業予定を検討し、土地を耕し、オート麦を栽培し、雑草対策に農薬を散布し、牧草を刈り取り、ロールにして貯蔵する。

その年の牧草の出来は良かった。夏の終わりには刈り取った牧草を乾燥し、一万個のロールにして三棟の納屋に収納して、高値になる冬に売る準備をした。多くの牧場では牧草を早めに売却する。牧草を保管する納屋の床面が、ホリネズミの食害を防ぐしっかりしたコンクリートの床になっていないからだ。

しかし、全ての牧草のロールが納屋に運び込まれる前に、五〇万平方メートルの牧草地で火災が起きて、牧草全体が被害に遭いそうになった。その火災は、牧草をロールにして積み込む機械からの火花で発生した。火花防止装置はまだ新しく、二回も点検したのに火花が出たのだ。牧童頭はその日は真夏の特別に暑い日だったが、遅くまで働いた。彼が機械を止め、牧草地から帰るときには、周囲はほとんど暗くなっていた。彼が家について振り返って見たら、暗くなった空に炎が上がっているのが見えた。

周囲の牧場主や農場主の反応は、困った時には助け合っていた開拓時代の精神を受け継いだものだった。牧場の南側の農場主はトラックに水タンクを積んで我々の牧場に駆けつけてくれた。その隣人にはまだ顔を合わせた事は無かった。協力はとてもありがたかったが、その必要性は無くなっていた。通報から間もなく、消防署が消火用に三機のヘリコプターと二機の飛行機を飛ばしてくれて、火災は一時間しない内に鎮火した。

この地域では同じ原因で、何回か火災が発生していた。原因となった牧草用機械の火花防止装置は、通常の亜鉛メッキの金網を使用していて、数か月の使用で焼けて穴が開いてしまう。法的な基準は満足しているが、明らかに耐久性は十分ではない。私は自分の牧場用に、ステンレススチール製の火花防止装置用金網の設計を行っているところだ。

農場で毎年収穫する作物にクルミがある。四〇本のクルミの木から実を収穫するが、これは販売用ではなく、友人へのクリスマスのプレゼント用だ。

野菜栽培はやりたいができない。ホリネズミが多くて、それを駆除する方法がないからだ。

自分達が乗る馬は自分達で世話をしている。妻のナンシーには月毛の若い馬をプレゼントした。彼女はその馬にいつも乗っている。私は乗馬する事が少なくなり、もうやめるつもりだ。この年齢で、落馬して背骨を折ったりしたくない。

私はトラック、トラクターなどの機械や器具を良い状態に保つため、手入れに長い時間をかけてきた。私は機械の手入れが今でも大好きだ。作業場では何時間でも過ごす事が出来る。作業場はいろいろ設備が整っているので、外部へ依頼する必要は滅多にない。牧場の仕事が大好きな大きな理由の一つは、いろいろな機械や設備を良好な状態に保つための作業が出来る事だ。こうした作業を自分でしないと、牧場を運営していく費用は二倍はかかると思う。

牧場を整備していく上で、やりたかった主な事は今ではほとんど完了した。スターレーン牧場を購入した時、まず最初に手掛けた作業の一つが、牧場の中を流れる小川に、橋と兼用のダムを造る事だった。まず決めないといけなかったのは、そのダムの強度を、干し草を積んだトラックが通るだけで良いのか、ミニットマン大陸間弾道弾運搬車のような重い車両も通れるようにするかだった。ミニットマン用の車両が通れるようにする事にした。そこまでの重量の車両なら、私の牧場の小川にかかる橋を渡る事ができる。もし近くにあるバンデンバーグ空軍基地からミサイルなどの兵器を外部に分散させる事が必要になった場合、スターレーン牧場はそうした兵器類を周辺の山地へ展開させる際に、車両が通過できる。

私にとって仕事は常に興味深かったし、今でもそうだ。難しい事を、一生懸命勉強する事はいつも楽しみだった。私は、自分の仕事で必要な、空気力学、数学、物理学、機械工学など全ての学問分野を心から愛している。自分の職業人生を、まさしく自分が望んできた通りに送る事が出来て、自分は非常に幸運だったと思っている。

子供の頃は、自分がトム・スイフトだと想像して楽しんだ。今でも想像して楽しむ事があるが、それは自分が、どこかの島で脱出の方法がない状態に居るジュール・ベルヌだと想像する事だ。自分の牧場のプールやエンシノ市の自宅のプールで泳いでいる時に、自分に質問してみる事がある。製造するための基盤が全くない状態で、飛行機を作るとしたら、どうやって作るだろう？　材料を得るために、原料の鉱石をどうやって見つけ、採掘し、精錬したら良いのだろう？　鋼鉄はどうやって作るのだろう？　エンジン、キャブレター、点火装置を自分で製作できるだろうか？　トラクターは？　船は？　離れ小島のジュール・ベルヌよりは有利としても、牧場にある工具だけで何を作り出せるだろう？　このような問題について考える事は楽しい。

私があこがれる人物は空想の中の人物だけではない。現実の世界でも何人か居る。ゼネラル・モータース社で長年、研究開発を担当してきたチャールス・ケタリング博士は私のあこがれの一人だ。私は彼に会った事はないが、彼の人物や業績について読むだけでも多くを学んだ。彼は優秀な研究室を率いて、多くの成果を上げた。その中には、女性が自動車を運転するのを易しくした、電動スターターの開発も含まれている。それ以前は、エンジンを始動するには、クランク・ハンドルを手で回す事が必要だった。

トーマス・エジソンも、私は尊敬している。彼はさまざまな発明をしたし、目標を達成する手段を考えるのが巧みだった。彼はまだ試されていない分野に乗り出す事も、それを批判される事も恐れなかった。彼は電球の場合のように、発明に熱中するだけではなく、それを実用にする事まで行った。

私の人生は、一周して元へ戻ってきた。ミシガン州北部の厳しい気候の土地から、南カリフォルニアの美しい山や谷のある場所にやってきた。しかも、ここには子供の頃に好きだったのと同じ環境がそろっている。牧場は森の中の隠れ場と同じだし、大好きな馬や犬もいる。作業場で働く事は私の趣味であり、一番楽しい時間だ。そしてもちろんだが、書斎には本が一杯ある。楽しく感じる対象物は同じだが、昔持っていたより、もっと魅力的なものをもっと多く持っている。

私は幸せな私生活を取り戻した。妻のナンシーと私は、エンシノ市の自宅と牧場で生活している。私は週に何日かはロッキード社で仕事をし、航空宇宙関係の顧問としての仕事で頻繁にワシントンDCに行っている。妻も同行してくれて、さまざまな人たちとの交流を楽しんでいる。カリフォルニアに居て他の用件が無い時は、週末は牧場で三日間を過ごしている。

とても平穏な生活だ。アリサル・リゾートでゴルフをし、金曜日の夕食は外で食べる。妻は料理が上手で、家では自分達だけで過ごしている。エンシノ市の家には住み込みの家政婦が居て、二匹の番犬が居る。結婚した最初の年には、感謝祭は牧場で、クリスマスはエンシノ市の自宅で家族と過ごした。

この本を書き終える頃、私はジェローム・サックス博士に、二度目となる心臓のバイパス手術をしてもらった。最初の手術から九年後だった。

私の人生の最終章はまだ書かれていない。しかし、もし神が今晩にも私をお呼びになったとしても、私は人生に満足している。貧困から裕福になり、頑張って成功をおさめた。無名の存在から社会に認められた存在になれた。病気になり回復した。悲しい時もあればうれしい時もあり、幸せと愛情に恵まれた。

とても恵まれた人生だった。

付録　受賞歴、表彰歴

一九三七年　ローレンス・スペリー賞。航空学会（現在の米国航空宇宙学会）より、モデル14型機のファウラー・フラップの開発による「高速民間機の空力設計における重要な改良」に対して受賞。この賞は、その年の「航空に関して優れた成果を上げた若い人」に対して贈られる賞である。

一九四一年　ライト兄弟メダル。自動車技術者協会（ＳＡＥ）より、四発機の操縦系統の問題解決に関して受賞。

一九五六年　シルバヌス・アルバート・リード賞。航空学会より、「高性能の亜音速機及び超音速機の設計および速やかな開発」に対して受賞。

一九五九年　コリアー・トロフィを、Ｆ‐１０４スターファイター戦闘機の機体の設計者として、ＧＥ社（エンジン）及び米空軍（記録飛行の実施）と共同で受賞。Ｆ‐１０４型機は前年の「米国航空界における最も大きな成果」に選ばれている。

一九六〇年　ハップ・アーノルド元帥金メダル。対外戦争退役軍人協会から、Ｕ‐２高々度偵察機の設計に対して受賞。

一九六三年　テオドール・フォン・カルマン賞。空軍協会からU－2型機の設計と開発のリーダーを務めた事により、「自由圏の諸国に自由主義を守る有益な手段をもたらした」として受賞。

一九六四年　大統領自由勲章。リンドン・B・ジョンソン大統領よりホワイトハウスにおいて授与された。大統領が民間人に授与する最高の栄誉であり、「米国人の生活の質の向上に対する貢献」に対して授与される。ケリー・ジョンソンの場合は、航空の進歩に対する貢献により授与された。

一九六四年　優秀業績賞。ワシントンDCの米国航空クラブより、「コンステレーション旅客機、P－80戦闘機、F－104戦闘機、ジェットスター・ビジネス機、U－2偵察機の設計・開発、A－11（YF－12A）型機における金属工学と飛行性能の飛躍的向上を含む、長年に渡る航空機の設計、開発における業績に対して」表彰された。

一九六四年　コリアー・トロフィ（二度目の受賞）。三二〇〇キロ／時の速度を実現したYF－12迎撃戦闘機の開発により受賞。彼の成し遂げた業績は、対象年度における米国航空界における最高の成果とされた。

一九六四年　テオドール・フォン・カルマン賞（二度目の受賞）。A－11（YF－12A）迎撃機の開発に対して、空軍協会から受賞。

一九六四年　ミシガン大学から名誉工学博士号を授与される。

一九六四年　南カリフォルニア大学から名誉科学博士号を授与される。
一九六四年　カリフォルニア大学ロスアンゼルス校より名誉法学博士号を授与される。
一九六五年　サンフェルナンド・バレー年間最優秀技術者。カリフォルニア州サンフェルナンド市の技術者評議会により選ばれる。
一九六五年　全米技術アカデミーの会員に選ばれる。
一九六五年　全米科学アカデミーの会員に選ばれる。
一九六六年　シルバヌス・アルバート・リード賞（二度目の受賞）。米国航空宇宙学会より、「実験的、理論的調査研究による航空宇宙工学に対する卓越した貢献を評価して」授与された。
一九六六年　アメリカ国家科学賞。ホワイトハウスにてリンドン・B・ジョンソン大統領から授与される。
一九六六年　トーマス・D・ホワイト国家防衛賞。コロラド州コロラドスプリングス所在の空軍士官学校から授与される。
一九六七年　米国航空宇宙学会の名誉特別会員に選ばれる。
一九六八年　英国の王立航空協会の特別会員に選ばれる。
一九六九年　ウイリアム・ミッチェル将軍記念賞。アメリカ在郷軍人会所属の団体、アビエーターズ・ポスト743より、バルチモア・ホテルにおけるウイングス・クラブの会合にて授与される。

一九七〇年　スピリット・オブ・セントルイス賞。米国機械工学学会より受賞。

一九七〇年　ロッキード社先進開発計画部門（スカンクワークス）を代表して、アメリカ金属協会の第一回目の工業用材料功績賞を受賞。ジョンソンは一九七五年に退職するまで、その部門の指導者だった。先進開発計画部門は「チタニウムを研究段階から航空機用材料として全面的に利用される段階まで進歩させた。」と評価された。

一九七〇年　工学功績賞。工学発展協会よりカリフォルニア州ビバリイ・ヒルズにて授与される。

一九七〇年　P-38戦闘機の設計に対して、空軍協会よりワシントンDCにおいて表彰される。

一九七一年　創立者記念賞（第六回）を、全米技術アカデミー（NAE）より工学に関する重要な貢献を評価して、ワシントンDCのスタットラー・ヒルトン・ホテルにて授与される。

一九七二年　シルバー・ナイト賞。ロッキード社の発展に対する貢献に対して、ロッキード・カリフォルニア社マネージメント・クラブより、ハリウッド・パラジウム・ホテルで授与される。

一九七三年　第一回の「クラレンス・ジョンソン賞」を、航空と飛行試験工学に関する貢献に対して、飛行試験技術者協会よりネバダ州ラスベガス市で授与される。

一九七三年　キティホーク記念賞（民間人部門）を、航空分野における卓越した貢献に対して、ロスアンゼルス地区商工会議所より授与される。

一九七四年　空軍特別功労賞を、一九三三年から一九七四年の期間における、彼の米空軍に対する数

一九七四年　多くの卓越した貢献に対して授与された。マクルーカス空軍長官から授与された。
一九七五年　航空に対する大きな貢献を称えて、オハイオ州デイトンの航空の殿堂に登録される。
一九七五年　米国の中央情報局の情報活動貢献賞を、彼の偵察活動に対する業績に対して授与される。この賞が情報収集関係者以外に贈られる事は滅多にない。
一九七八年　ライト兄弟記念トロフィ。彼の四〇年以上に渡る軍用、民間用の航空機の設計、開発に対する、重要かつ継続的な貢献に対して授与される。
一九八〇年　米国航空宇宙学会は、「ケリー・ジョンソンへの敬意の表明」の催しを開催。一時間に渡り、マルチメディアで彼の生涯を紹介。
一九八一年　バーント・バルチェン・トロフィ受賞。この賞はニューヨーク州空軍協会の最高の賞で、毎年、「航空の分野において、類を見ない、広範囲、又は大きな意義を有する貢献を行った全国的に高く評価されている個人に対して」授与される。受賞に続いてＳＲ-71型機の紹介があった。
一九八一年　国防省メダル社会に対する大きな貢献に対して受賞。ハロルド・ブラウン国防長官より授与される。
一九八一年　自動車技術者協会（ＳＡＥ）の名誉会員に選ばれる。「少人数の集団を率いて、厳しい日程と予算の制限内で、革新的な航空機を設計した」業績を称えて推挙された。
一九八一年　米空軍は「ケリー・ジョンソン・ブラックバード功労賞」を制定。「この一年間の間の、

U‐2、SR‐71、TR‐1型機に関連して、最も顕著な貢献をした個人またはグループ」を称えるため。

一九八一年　ダニエル・グッゲンハイム賞。「彼の、時代をリードする民間機、軍用機、偵察機などの広い範囲に渡る輝かしい設計実績と、革新的な組織管理方法により、それらの航空機を記録的短期間かつ最低限の費用で開発した事」に対して受賞。

一九八二年　航空界への有益な貢献賞。米国ビジネス航空機協会より。「世界で初のビジネスジェット機であるジェットスター機の設計を含む、四〇機種以上の設計を行った事」を称えて授与される。

一九八三年　南カリフォルニア航空クラブは、一九八二年度のハワード・ヒューズ記念賞を、ケリー・ジョンソンに対して、航空界のリーダーである事を評価して授与。人生の大部分を、航空活動を科学かつ芸術として追求した人にのみ授与される。記念メダルには、「先見性により新しい構想を作り出し、勇気をもって実現に努めた」と刻まれている。

一九八三年　国家安全保障褒章を受章。ロナルド・レーガン大統領よりケリー・ジョンソンに「国家の情報収集に対する卓越した貢献」に対して授与された。

一九八四年　名誉工学ロイヤルデザイナー（HONRDI）の称号を授与される。技能、製造、商業振興のための称号であり、航空機の設計に関する業績を称えて王立協会（ロンドン）より贈られた。

訳注

第1章　貧しくとも志は高く

（訳注1）アンドリュー・カーネギー：アメリカの実業家。鉄鋼業で財をなし、慈善活動にも熱心だった。ニューヨークのカーネギーホールも建設している。1835年生、1919年没。

（訳注2）トム・スイフト・シリーズはスタラトメイヤー・アダムス著の少年少女向けの読みもので、一九一〇年から発行され、多くの作品が刊行された。発明家を目指す少年の話で、このシリーズに啓発されたアメリカの子供は多い。日本でも何冊か翻訳されて出版されている。

（訳注3）トム・スイフト・シリーズと同じ著者が、別名で発表した児童文学作品。

第2章　新しい町での生活

（訳注1）キワニス・クラブ：社会奉仕活動を目的とする世界的な団体で、日本にも各地に存在する。

（訳注2）アメリカンフットボールを指す。以下も同じ。

（訳注3）ミシガン大学は一八一七年に創立され、米国の公立大学では有数の名門校で、ノーベル賞受賞者を何人も輩出している。授業料も高い。

第3章　技術者になる

（訳注1）ドン・パーマー：大学卒業後、バルティー社に入社して各種の航空機の設計を担当。後にロッキード

社に移り、設計を担当し、スカンクワークスでもジョンソンを補佐して活躍した。

（訳注2）縦安定：機首を上げたり、下げたりした場合の、その後の機体運動の収まり具合の事。安定性が高いと、機体はすぐに新しい姿勢に落ち着くが、安定性が悪いと上下の動きがなかなか収まらない。

（訳注3）偏揺れ方向：機首の左右方向の事。ラダーペダルを踏んだ側に機首が振れる。

第4章　成長を続けるロッキード社

（訳注1）通常はこのような場合は、治具に部品や組立て品を立てた位置に固定し、両面から作業が容易にできるようにしたり、加工対象物を工作がやりやすい角度まで回転できるように治具を設計する。

（訳注2）垂直尾翼を水平尾翼の上に付けたので、いわゆる翼端板効果と類似の効果があり水平尾翼の効きが増加した。垂直尾翼は三枚にして、元の一枚の時より面積を大きくしたので、安定性が増した。

（訳注3）カウリング：エンジンの外側を覆う整形カバー。抵抗を減らすと共に、内部の空気もスムーズに流す事により、エンジンの冷却にも良い効果がある。

（訳注4）ヒバードはこの時はこう書いたが、結局は会社を辞めずに留まり、後に技術担当の副社長にもなった。

（訳注5）ジミー・ドーリットルは、第二次大戦で活躍した名パイロット。空母から発進したB‐25爆撃機による東京空襲で有名だが、一九四四年には中将に昇進してイギリス駐在のアメリカ第八空軍の司令官になっている。一九三〇年から一九四〇年の間は軍を離れて、民間人として飛行していた。

（訳注6）エディ・アレン：伝説的とも言える名テストパイロットで、ボーイング社、ノースロップ社、シコルスキー社などで各種の機体の初飛行を担当している。後にボーイング社に移ったが、一九四三年、B‐29爆撃機の2号機の試験飛行で、エンジンから火災が発生し、飛行場に戻る途中で墜落して死亡した。

第6章　偉大な飛行家達との交流

（訳注1）成層圏：地球の大気の層で、対流圏の上の層。この層の高度約一〇キロから二〇キロの間は気温はほぼ一定で、対流圏より気象現象の影響が少なく、安定して飛行ができる。巡航速度が速くできる事もあり、現代の旅客機は長距離路線では成層圏を飛行する。

（訳注2）ブッシュパイロット：アラスカの辺境を小型機で飛行するパイロット。登山のサポート、釣り客の輸送などを行う。遭難救助など困難な条件下での飛行を行う場合がある。

（訳注3）日中戦争が始まる時期であり、日本の信託統治領だった南方諸島をイアハートがスパイしたため撃墜されたとの説があった事を指している。

（訳注4）グラウンド・ループ：地上滑走でブレーキを掛けた時に直進性を失い、自動車で言うならスピンをしてしまう事。重心と主脚の位置関係で、尾輪式の機体で起こしやすい。グランド・ループと言われる事もある。

（訳注5）速度の計測：飛行速度を正確に計測するには、機体の影響のない位置で気流を測定する必要があるので、このような曳航型の計測装置が使用される。類似の装置が現在でも使用されている。

（訳注6）バーンストーマー：アメリカの国内の各所を回って、展示飛行をしたり、体験飛行を行って生計を立てていたパイロット。納屋（バーン）の屋根をかすめる程低く飛ぶので、この名前が付いた。

第7章　ロッキード社の様々な機体

（訳注1）フラップ・トラック：ファウラー・フラップではフラップを主翼の後方まで張り出すように動かすのが、その際のフラップの案内金具（ガイドレール）の事。

（訳注2）操縦舵面には、飛行中の舵面に位置を保つのにパイロットが操縦装置を保持し続ける必要がないよう

に、舵面の後縁に位置を調節できる小さな補助舵面であるタブが点いている機体が多い。簡単な機体では舵面によってはついていない場合があるし、最近の旅客機のようにフライバイワイア方式の機体では必要がないので、タブはついていない（別の方法で対応している）。

（訳注3）機体はアルミニウム製だが、操縦索は鋼索から出来ているので、温度が下がった時、機体の収縮率の方が操縦索より大きい。そのため、操縦索は緩んで、張力が下がる。温度が上がると逆の現象を生じる。大型機では張力を一定に保つようテンション・レギュレーターを組み込む機体があるが、この機体ではそれが無いので、温度により張力が変化する。

（訳注4）毛糸だが「気流糸」と呼ばれる。気流がきれいに流れている場所では気流糸は機体の表面で、気流方向で張り付いて見える。気流が乱れると、気流糸は激しく振れ、逆方向を向く事もある。

（訳注5）カルバーは優秀な空力技術者で、各種の機体の設計に参加している。「スカンクワークス」と言う名前を初めて使ったのはカルバーだったとも言われている。

第8章　第二次大戦での大増産

（訳注1）日本でも第二次大戦後、ロッキード社製の対潜哨戒機は何機種も導入した。ＰＶ‐２ハープーンが供与され、Ｐ２Ｖ‐７ネプチューン、Ｐ‐３Ｃオライオンはライセンス生産された。

（訳注2）ＰＶ‐２機のエンジンの馬力は二〇〇〇馬力、それに対してエレクトラ機のエンジンは七六〇～一二〇〇馬力なので、大幅に馬力が大きくなった。

第9章　未知の領域に挑む

（訳注1）プレストン冷却器は、液冷エンジンの冷却液にエチレン・グリコールを使用した時の冷却器（ラジエ

ター）。エチレン・グルコールを圧力が高い状態でエジンの冷却に使用する事で、冷却器を小型に出来、空気抵抗を減らす事ができる。

（訳注2）プロペラへの出力を変えると、プロペラの後流が変化し機体に影響する。左右のプロペラの回転が逆だと打ち消しあって影響がない。左右の回転が同じだと、後流は影響しあって斜めに流れるので、機体は機首を横に振ったり、横方向に動かされる。単発機だとプロペラを少し斜めに付けたり、垂直尾翼を斜めに取り付けて対処している機体もある。

（訳注3）ベンジャミン・ケルシー中尉。MITを出た技術者にして空軍のパイロット。P‐39戦闘機の開発の担当者でもあった。戦後も空軍の航空機開発の中心となった人物。

（訳注4）高度が高くなると周囲の大気の温度がさがり、その高度での音速が下がる。飛行機の速度もエンジンの出力が維持できれば高度が低いときより速くできるので、飛行速度が音速により近づく。P‐38機は大馬力のエンジンを二基装備し、過給機を装備していたので、それまでの機体より高空を高速で飛ぶ事ができたので、圧縮性の問題に直面した。

（訳注5）ブースター：飛行速度が速くなったり、機体が大型化すると舵面を動かすのに必要な力が大きくなる。そのため油圧でパイロットの操縦力を補助する装置をブースターと言う（自動車のパワーステアリングに相当）。ロッキード社はこの後、P‐80戦闘機、コンステレーション旅客機、P‐3対潜哨戒機にも用いている。

第10章　飛躍の時代

（訳注1）カナード方式：カナード方式は実用的ではないとするジョンソンの意見は彼個人の見解である。大型旅客機にはないが、戦闘機ではビゲン、ラファール、ユーロファイターなどはカナード方式。民間機でも、小型、中型機ではカナード方式の機体はいくつも存在する。

（訳注2）ターボ・コンパウンド・エンジン：R3350エンジンは排気でタービンを回し、その回転力を流体継ぎ手でクランクシャフトに伝える事で、エンジンの出力を増強できる機構を持つので、ターボ・コンパウンド・エンジンと呼ばれた。

（訳注3）現在のようにボーディングブリッジ方式ではなかったので、乗客はタラップで地面に降りると、そこに機体の下の手荷物収納部があるので、便利で安心感があったと思われる。現在でも、軽飛行機でこの種の容器を装備できる機体がある。

（訳注4）スピン風洞。きりもみ（スピン）特性を調べるための特別な風洞で、縦型の風洞で下から空気を上に向かって流し、そこに上から飛行機の模型を入れてきりもみ状態での飛行特性を調べる。

（訳注5）L‐1011とDC‐10：どちらも大型ジェットエンジンを三基搭載した旅客機で、ほぼ同等の機体のため、ロッキード社とダグラス社の間で激しい販売競争が行われた。日本ではANAがL‐1011型機を、JALがDC‐10型機と発展型のMD‐11型機を導入している。L‐1011の開発では搭載エンジンのメーカーのロールス・ロイス社が倒産、ロッキード社も後に巨額の赤字で旅客機ビジネスから撤退した。ダグラス社もMD‐11型機の不振がボーイング社に併合される原因になった。

（訳注6）ジャック・リアル：一九一五年に生まれる。ロッキード社で設計、飛行試験を担当。スカンクワークスでSR‐71偵察機の開発にも参加。AH‐56ロッキード・シャイアン・ヘリコプターの開発責任者。ハワード・ヒューズと個人的に親しく、ヒューズ本人からの強い要請でヒューズ・ヘリコプター社に移り、AH‐74アパッチ攻撃ヘリコプターの開発を指揮。ヒューズの死まで一緒に過ごした。偏屈とみられるヒューズとの強い友情はそれ自体、一つの物語である。リアルについては本書第一八章にも触れられている。

（訳注7）ヘンリー・カイザー：造船所などの経営者。戦争中の標準型輸送船リバティ船の開発で有名。

（訳注8）ヒューズH‐4ハーキュリーズ（愛称はスプルース・グース）飛行艇は、翼幅九七・五メートル、エ

（訳注9）ンジンは三〇〇〇馬力八発で、完成当時は世界最大の航空機だった。
ターボプロップ・エンジン：通常のジェット・エンジンは排気を後方に噴出して推力を得るが、ターボプロップ・エンジンではその排気のエネルギーをタービンで回転運動に変えてプロペラを回す。ジェット・エンジンより遅い速度での効率が良いので、高速性がそれほど必要とされない、近距離用の旅客機、輸送機に用いられている。

第11章　ジェット機の時代の到来と、スカンクワークスの始まり

（訳注1）この改善後にも何回かは同様な事故が生じた。海兵隊のエース、ボング少佐は離陸後に同じ原因でエンジンが止まり墜落し死亡した。この機体には非常用燃料系統が装備されていたが、彼はそれを認識していなかった。

（訳注2）アルバート・ボイド大佐：当時の米空軍の代表的なテストパイロット。二万三〇〇〇時間の飛行時間、七二三種類（各種の改良型、派生型を含む種類）の機体で飛行している。チャック・イエーガーがX-1機で世界最初の超音速飛行を成功させた時の、彼の司令官。

（訳注3）写真はF-80戦闘機ではなくT-33練習機であるが、どちらも愛称は「シューティング・スター」で同じである。

（訳注4）日本でもこの種の機体は自衛隊、民間の双方で試験、訓練用に何機種も製作された。岐阜かかみがはら航空宇宙博物館にも展示されている機体がある。

第12章　朝鮮戦争の教訓とF-104戦闘機

（訳注1）パイパー・カブは軽量小型の二人乗りの軽飛行機。尾輪式で着陸の際はごく低速で着陸できる。

（訳注2）Ｆ‐１０４では主翼の面積が小さいのを補うために、フラップにエンジンからの高圧空気を導いて、フラップの前縁から噴き出して揚力を増加させている。そのため、エンジンが停止するとフラップの効きが悪くなり、着陸が難しくなる。

（訳注3）固定価格。軍用機の生産は受注から納入まで数年を要する。価格には不確定要素もあるので、通常は上限を決めて、その範囲内で必要な費用を認める方式がとられるが、固定価格制度では、契約する時に価格を固定するので、途中で物価の上昇があったりすると契約メーカーは赤字になる事がある。

第13章　スパイ機を開発する

（訳注1）マーチンＲＢ‐57偵察機シリーズを指す。二〇機以上生産された。

（訳注2）滑走路は舗装の種類、厚さにより着陸できる機体の制限がある。同じ重量でもタイヤの数、大きさ、内圧により接地面の圧力が変わるので、機種により着陸できる重量が変わる。

（訳注3）ポーポイジング：飛行機が着陸する時、主車輪か尾輪のどちらかが先に地面に着くと、その時の降下率が大きいと、機体が跳ね上がると同時に姿勢が変化してはまた地面に落ちて跳ね返る運動を繰り返す事。例えば、Ｕ‐２型機のように主車輪と尾輪があり、主車輪から接地すると次に尾輪がその時の落下の力で地面に打ち当てられる。そうすると姿勢が機首上げになって揚力が増えるので機体は跳ね返されるように浮き上がり、次に地面に落ちる時に機首が下がって落ちると、その勢いで尾輪が下がって再び跳ね上がるが、このような運動を繰り返す事を、イルカ（ｐｏｒｐｏｉｓｅ）が水面で飛び上がるのを繰り返すのに似ているのでポーポイジングと呼ばれる。

（訳注4）キャンバー：翼の断面形で、前縁と後縁を結ぶ厚さ方向の中心線の上向きの反り。キャンバーの大きさを適当に設定すると、設計揚力係数を出す時の抵抗を小さくできるが、本文にあるようにキャンバーが大きいと、頭下げ方向のピッチング係数は大きくなる。

第14章　ブラックバードは音速の三倍で極秘に飛行する

（訳注1）ラムジェット：通常のジェットエンジンでは、吸入した空気を圧縮機で圧縮し、そこに燃料を噴射して燃焼させ、高温になった空気を後方に噴き出して推力を得る。飛行速度が速くなると、圧縮機を使用しなくても、エンジン内部で吸入した空気を減速するだけで、吸入した空気の圧力が高くなり、燃料を噴射して燃焼させれば推力が得られるようになる。エンジンの構造は簡単になり、音速の三倍を超える速度でも使用できるが、自立して運転できるようになるためには、別の手段でその速度まで加速する必要がある。なお、SR‐71型機のJ‐58エンジンでも、速度が大きくなると吸入空気の一部をバイパスさせて燃焼室に導く事で、ラムジェット・エンジン的な作動をさせている。

（訳注2）B‐70爆撃機：米空軍がマッハ三の速度の大型戦略爆撃機としてノースアメリカン社に開発させた機体。マッハ三における機体温度の上昇に対して、B‐70型機はステンレススチールのハニカムを使用する事で対応した。二機の試作機が製作され、マッハ三の速度が出せる事を実証したが、運用構想の変化、機体価格が高い事から量産はされなかった。

（訳注3）SR‐71機は惜しまれつつ1998年に使用が中止された。しかし、いまだにそれを上回る性能の機体はない。なおU‐2型機のシリーズは今でも使用が続いている。

（訳注4）液体水素：宇宙ロケットの燃料にも使用される。沸点はマイナス二五二・六℃（絶対零度はマイナス二七三℃）。なお、液体酸素の沸点はマイナス一八三℃である。

（訳注5）機体がブレーキを使用すると、ブレーキは機体の運動エネルギーを吸収して温度が上がる。ブレーキの熱はホイールを経てタイヤとその内部の空気（窒素ガス）の温度を上昇させる。温度上昇が大きいと、タイヤの内部の空気圧が上昇し、タイヤが破裂する事も有りうる。破裂すると機体や人員に対して危険なので、ホイールに穴が開いていて、それを鉛で塞いでいる。温度が高くなると鉛が溶けて、内部

の空気を放出する仕組みになっている。

（訳注6）スパイク：超音速機ではエンジンへの空気取入口で衝撃波が発生する。効率的に空気を取り入れるには、空気取入口の前で衝撃波を発生させ、衝撃波が取り入れ口の縁に一致する必要がある。そのためにスパイクと呼ばれる円錐形の部品を前方に突き出させる方法がある（ほかの方法もある）。衝撃波の角度は速度と共に変化するので、スパイクの位置を速度に合わせて調節する。ソ連のミグ戦闘機やイギリスのP－1戦闘機も同様の装置を使用している。F－104型機は円錐を半分に割った形のスパイクを胴体側面に装備している。

（訳注7）素材を、製作する部品の概略の形状で鍛造加工すると、材料の強度が向上し、切削加工して除去する素材の量も減る。ただし、鍛造する時に、部品形状に合わせた型が必要なので、素材の価格は上昇する。素材の価格上昇分と、加工コストの低減分を比較して、どちらを選ぶかを決める。この前提は、その鍛造を行える設備が有る事なので、ジョンソンはまず設備を準備して最適の加工方法を選ぶべきだと主張している。

第15章　病める時も健やかな時も

（訳注1）震度5程度に相当する荷重。

（訳注2）一般的に重量を減らすにはコストがかかる。そのため、重量減とコスト増を比較して、その重量削減対策を採用するかどうか決める。民間機では重量を減らせば、その分、燃料を減らせたり、旅客を増やせるので経済効果を定量的に算出でき、判定する基準を設定するのに役立つ。

第16章　スカンクワークスが秘密にしていない事

（訳注1）AH－56シャイアン：それまでのヘリコプターではローター（回転翼）の付け根は大きな曲げがかか

るため、ヒンジでハブに取り付ける方式だった（全関節型）。しかしシャイアンはヒンジを省略する方式（リジッドローター方式）にしたのに加えて、尾部の推進用のプロペラを装備し、高速を出す事が可能になっていた。問題があったにせよ、実用化されていたら最大速度が四〇〇キロ／時に近い高性能な攻撃ヘリコプターになっていたと思われる。なお、AH‐56シャイアンの開発責任者のジャック・リアルは後にヒューズ・ヘリコプター社の社長になって、AH‐64アパッチ攻撃ヘリコプターの開発に関係している。

第19章　技術の進歩と将来の展望

（訳注1）有人航空機ではないので、ジョンソンの念頭にはなかったようだが、ボーイング社は長距離対空ミサイルのCIM‐10ボマークを一九五二年に初飛行させ、多数が実戦配備された。このミサイルは大型で、ラムジェット・エンジンを二基装備し、マッハ三の速度で飛行できた。射程は七〇〇キロメートルもあった。

（訳注2）ソ連のツポレフTu‐144旅客機の事故を指す。この事故では、低速時の特性を改善するために、操縦席の付近に低速時にのみ展開して使用するカナード（先尾翼）を追加した量産型の機体が墜落した。ジョンソンがカナードに不信感を持っている理由の一つがこの事故だと思われる。

（訳注3）ソ連が安全性に無関心だったとは言えない例もある。Tu‐144の試作機では、操縦席には非常脱出式座席（エジェクション・シート）が装備されていた（他の国では例がない）。VTOL戦闘機でも異常姿勢になると自動的に射出座席が作動するシステムを採用していた。それだけ危険性が大きいとも考えられるが、ソ連なりに安全性を考えたと思われる。カモフの戦闘ヘリコプターでは緊急時には操縦席の上にあるローターを根本から爆破して切り離した後、射出座席で脱出可能になっていた。

訳者あとがき

本書はアメリカのロッキード社で主任設計者を長らく努め、先進的な機体を開発するスカンクワークスの創始者のケリー・ジョンソンが晩年に自分の人生を振り返って語った記録です。彼は戦闘機、旅客機、対潜哨戒機、ビジネスジェット機など幅広く、数多くの機体を設計しています。その内のＰＶ‐２ハープーン、Ｔ‐33練習機、Ｆ‐１０４戦闘機は日本でも使用されています。

本書では貧しいスウェーデンからの移民の息子が、航空機設計を志し、その夢を実現していく姿が本人自身の言葉でつづられています。ジョンソンは自分で設計するだけでなく、その設計を実現するための組織、スカンクワークスを作り出しました。開発を速やかに、効率的に、無駄な費用を省くやり方は、一つの理想像として評価され、彼の後も組織は存続して大きな成果を上げ続けています。個人の能力が組織の中に埋没しやすい現代において、ジョンソンの生き方は一つの理想像です。だれもが彼のようになれないにしても、彼の情熱、設計に向き合う姿勢は航空機だけでなく、どの分野でも参考になると思われます。

一九〇三年にライト兄弟が初めて飛行機による飛行に成功して以来、数多くの飛行機が、世界各国で設計、製作されてきました。その中でも優れた機体、歴史的な進歩を実現した機体は名機と呼ばれ、その設計者は名設計者と呼ばれます。その中でも特に業績の優れた人が大設計者（グランドデザイナー）と呼ばれる事が有ります。

本書の主人公のケリー・ジョンソンは、数多くの設計者の中でも最高の設計者と言われている大設計者です（その一人ではなく、文字通り最高の存在です）。なぜそう評価されているのかは、本文の彼の回想と、末尾の表彰歴を見ていただければお分かりいただけると思います。

私は航空機の設計に従事した事があり、大設計者とは何かと考えた事が有ります。私の考えた条件は、次の三つでした。

一、成功した機体を数多く設計した事（失敗作はあってもそれ以上の成功作があれば良い）。

二、技術の進歩に対応し、時代の最先端の機体を設計出来た事。

三、高い識見を持って設計作業をリードできた事。

個人としての設計者が評価され、認知されているのは一九〇〇年代初頭から一九七〇年代までくらいでしょうか。時代が進むにつれて航空機の設計も、膨大な作業が必要で、個人としてのリーダーは必要でも、その個人としての役割はそれ以前より減らざるを得なくなっています。

そうした中でも私が特に素晴らしいと思うのは次の人たちです。

ジャック・ノースロップ（無尾翼機の提唱者として有名。初期には構造設計者としてロッキード社の機体の設計にも従事。）、エド・ハイネマン（ダグラス社の海軍機の設計者で、日本と戦った艦上攻撃機ドーントレスを始め、Ｆ４スカイレイ、Ａ３艦上爆撃機、小型軽量のＡ４スカイホーク艦上攻撃機などを設計。）、エドガー・シュミード（ドイツからの移民だが、ノースアメリカン社でＰ‐51、Ｆ‐86、Ｆ‐１００戦闘機を担当。）、テディ・ペッター（イギリスの設計者で、ライサンダー直協機、第二次大戦中のウエストランド社の双発戦闘機、戦後はキャンベラ、Ｐ‐1ライトニング、ナット・トレーナーなどを設計。）。

それ以外にも英国ではスピットファイアのレジナルド・ミッチェル、ハリケーンのシドニー・カム、ドイツのメッサーシュミット、クルト・タンクなど素晴らしい設計者がいます。日本でもゼロ戦の堀越さん、飛燕の土井さん、隼や疾風の小山悌さんなど多くの優れた設計者がおられますが、戦後のジェット機の設計では，ＹＳ‐11以外では設計の機会をお持ちになれなかったのは残念です。

そのような数多くの名設計者の中でケリー・ジョンソンが最高と呼ばれるのはなぜでしょうか？

私が考えるケリー・ジョンソンの優れていた点は以下の通りです。

一、最後まで設計者を貫いた事。ジョンソンの時代かその前は、米国では有能な設計者は経営者に転身する例が多い。本書にもあるように、ジョンソンは経営者になるのを断り、設計の最前線にとどまり続けた。

二、設計では、目的を果たすために論理的に最高の機体を追求した。それと同時に搭乗員、整備員への配慮も忘れなかった。

三、顧客も社内も説得して、自身が信じる機体の開発を実現させる能力。ハドソンに始まり、Ｐ‐38、Ｐ‐80、Ｕ‐2、Ｆ‐１０４などをジョンソンの説得力、行動力、彼に対する信頼で実現した事は本書に詳しく述べられている。

四、ジョンソンを支えた有能な設計、製作、試験スタッフ。半年で設計、製作したP‐80の開発では、受注して一週間後に木型審査を受けている。ジョンソンが一言いえば、彼の意図を直ちに図面上に具現化できるスタッフがいた。しかもそれらの図面は実用的で、そのまま使用され続けた設計が多い。そのような設計チームを編成し、指導したジョンソンの能力は素晴らしい。

このような優れた点があるとは言え、彼が最高の設計者と言われるのは、SR‐71などのブラックバード・シリーズがあるためだと思います。現在でもマッハ三で巡航できる機体は実現していません。空力、材料、推進系統の設計を見ても、よくぞここまでの設計が出来たと驚嘆するしかありません。しかも、ステルス性まで織り込んだ先見性には言葉を失います。ジョンソンの設計した他の機体なら、もしかして他の設計者も同程度の機体を実現できたかもしれません。しかし、ブラックバード・シリーズの出現当時は他に例を見ない高性能機でしたし、その後、現在に至るまで匹敵する機体も実現していません。ジョンソンしか設計できなかった機体であり、尊敬するしかありません。

ある意味、ジョンソンは独裁者だったと思われます。自分で考え、決断し、他人の容喙は許さないし、それが良かったと自分で語っています。抜きんでた指導者にしか許されないあり方です。ジョンソンの実績により（あまり成功とはいえない機体もあったにせよ）、会社も顧客もジョンソンの在り方を許し、支援して彼の偉大な業績を実現させました。

現在のように航空機の開発計画が巨大化してくると、若いうちに設計をリードする機会がなく、自分も周囲もその能力を絶対的に信頼する事が難しくなって来ています。衆知を集めて失敗をさけるようになる事は理解できます。航空機の設計もそれだけ成熟してきたともいえるでしょう。その意味で大設計者の時代はもう終わったと言える状況になっています。

しかし、バート・ルータンの存在があります。ルータンは独力で各種のホームビルト機を設計、製作し、スケールド・コンポジッツ社を設立して各社の新型機の概念設計実証用の試験機を設計、製作しました。そして、航空史に残る無着陸世界一周を成し遂げたボイジャー機、続いて単独世界一周飛行を実現したグローバル・フライヤー機を世に送り出しました。ついには宇宙旅行にも挑戦し、スペースシップ・ワンで人を宇宙空間に送り出す事にも成功しました。ジョンソンが未踏の速度域に挑戦したのに対し、ルータンは航続距離と宇宙飛行に挑戦しました。

手掛けた機体の性格は違いますが、航空界の挑戦は終わってはいませんし、大設計者の時代も終わってはいないのかも知れません。大設計者ケリー・ジョンソンの挑戦は、新しい形で受け継がれているし、これからも受け継がれて行くと期待したいものです。

◉訳者略歴

高田　剛（たかだ つよし）

1944年中国東北地区（旧満州国）生まれ。

名古屋大学工学部、同大学院（修士課程）で航空工学を専攻。

1968年川崎重工業㈱に入社。設計部門を主に、飛行試験部門での技術業務も経験（約890時間の試験飛行に従事）。設計部門では対潜哨戒機、輸送機などを担当。救難飛行艇の開発にも参加。子会社で航空機の製造にも関与。現在は航空機の技術資料の英訳アドバイザーを担当。

趣味はグライダーの飛行と整備。自家用操縦士、操縦教育証明、整備士、耐空検査員。飛行時間は約1,100時間。

訳書『月着陸船開発物語』

　『点火！―液体燃料ロケット推進剤の開発秘話―』

　（以上プレアデス出版）

史上最高の航空機設計者
ケリー・ジョンソン 自らの人生を語る

2020年8月1日　第1版第1刷発行
2023年5月23日　第1版第2刷発行

著　者　クラレンス・“ケリー”・ジョンソン
　　　　マギー・スミス
訳　者　高田　剛
発行者　麻畑　仁
発行所　㈲プレアデス出版
　　　　〒399-8301 長野県安曇野市穂高有明7345-187
　　　　TEL 0263-31-5023　FAX 0263-31-5024
　　　　http://www.pleiades-publishing.co.jp
組版・装丁　松岡　徹
印刷所　亜細亜印刷株式会社
製本所　株式会社渋谷文泉閣

落丁・乱丁本はお取り替えいたします。定価はカバーに表示してあります。

Japanese Edition Copyright © 2020 Tsuyoshi Takada

ISBN978-4-903814-98-8　C0098　　Printed in Japan